사랑한다는 말밖엔 …

정혜신

_____ 님께

당신이 옳다

정혜신의 적정심리학

당신이 옳다

지은이 정혜신
영감자 이명수

해냄

이 책은 한 번 읽고 덮어둘 수 없는 책입니다. 출간한 날부터 지금까지 늘 함께하고 있습니다. 마음이 어떠냐는 질문은 저에게 세상을 뒤흔드는 질문이었어요. 더듬더듬 내 마음에 귀를 기울이고 더듬더듬 상대의 마음을 묻는 과정은 돌쟁이 아기가 걸음마 하는 것처럼 비틀대지만 결국엔 내 걸음으로 내 길을 가게 하는 힘이 되어주었습니다. 저의 숨통이 되어준 산소 같은 이 귀한 책을 세상에 내어주셔서 깊이 감사드립니다. ─ 김태희 님

저는 저를 제외한 많은 이에게 좋은 사람이었습니다. 이 책을 통해 다시 태어난 저는 달라졌습니다. 이제 모든 순간 제일 먼저 제 몸과 마음의 요구를 묻고 주위와 조율합니다. 단 한 번뿐인 인생을 제가 좋아하는 것들로 구성할 자유가 있으니까요. 『당신이 옳다』는 우리 모두의 자서전입니다. 이 책을 깊이 읽으면 누구나 자신의 내면을 궁금해하고, 자주 묻고, 정확히 알 수 있습니다. 미래의 오천만 치유자들에게 '저마다가 지닌 고유한 삶의 힘을 존중하는 품격 있고 아름다운 세상'을 위해 이 책을 읽자고 간절히 권하고 싶습니다. ─ 김선희 님

옳고 그름이 분명했던 저에게 모든 것을 옳고 그름으로 나누지 않아도 된다는 걸 알게 해주었습니다. 저는 친구가 힘든 일이 있어서 전화를 했을 때도, 그 일의 옳고 그름을 말하는 사람이었습니다. 그 잣대는 스스로에게도 향하고 있었고, 이걸 깨닫는 순간 그동안 올곧고 엄격하게 살아왔던 제 자

신을 위로할 수 있었습니다. 이제서야 타인의 이야기도 옳고 그름이 아닌 마음으로 듣고 있습니다. 인생에서 '충조평판'을 내려놓았을 때, 저는 편안한 삶을 살 수 있게 되었습니다. ― 정하나 님

오랜 시간 동안 저를 습관적으로 미워하면서 살아왔습니다. 그러다 더 이상 못하겠다고 주저앉아 버렸을 때 이 책을 만났습니다. 그토록 찾아 헤매던 삶의 정답지를 받아서 든 것처럼 눈앞이 환해지고 가슴이 두근두근하던 느낌을 잊을 수 없습니다. 여전히 삶은 힘든 것투성이지만, 마냥 캄캄하지는 않습니다. 저에게든 곁에 있는 누구에게든 다정하게 묻고 끝까지 들을 수만 있다면, 벼랑 끝에서도 지도가 펼쳐진다는 것을 『당신이 옳다』를 통해 알게 되었기 때문입니다. 그럴 수 있는 제 자신이 이제는 참 좋습니다. ― 이누리 님

밤새 울고 웃으며 읽었습니다. 마지막 페이지를 덮으며 고개를 드는데, 깜깜했던 제 앞에 커다란 철문 하나가 덜커덩 열리는 것 같았어요. 햇살 가득한 들판이 보였습니다. '이렇게 라면 정말 나도 남도 도울 수 있겠다. 나는 이제는 괜찮을 수 있겠다.' 희망에 차서 새벽을 맞았던 기억이 납니다. 상담대학원에서 수많은 것을 배우고 느꼈지만, 수년간의 그 과정과 이 책 한 권 중에 단 하나만을 선택해야 한다면, 저는 이 책을 고를 것입니다. ― 최민선 님

이 책을 통해 내 안에 숨어 있던 진짜 내 모습을 들여다볼 수 있는 용기가 생겼고, 진짜 나를 안아 줄 수 있었습니다. ― 김수진 님

『당신이 옳다』를 마주한 그해에 저는 아주 캄캄하고 끝이 안 보이는 터널을 지나고 있었습니다. 때가 되면 해야 할 일(이라고 하는 것)들을 열심히 성

실하게 수행하며 살아왔을 뿐인데, 제게 남은 건 번아웃과 우울이었습니다. 설상가상으로 사춘기에 접어든 아들과 가부장적인 남편 사이의 갈등은 저를 깊은 지옥 아래로 끌어내렸고 하루하루 버티는 게 버거웠습니다. 그러던 어느 날 만난 이 책은 그 구렁텅이에서 저를 건져 올려 준 황금 동아줄이었고 숨구멍이었습니다. 여전히 저는 충조평판이 난무하는 삶의 전쟁터에 있지만, 덕분에 오늘 하루를 살아냅니다. — 위니 님

친구에게 가스라이팅을 심하게 당하고 난 후 심리적으로 가장 약해졌을 때, 공감보다 공격을 받아 아픈 저에게 스스로도 공감하지 못하고 있을 때 만난 책입니다. 이 책을 통해 제가 느끼는 감정은 타당하다는 것을 알게 되었고, 스스로의 감정에 공감할 수 있게 되었습니다. 책 제목 그대로 '나는 옳다'라는 확신을 스스로에게 주면서 내면이 조금 단단해졌습니다. 아무도 내 편이 되어주지 않을 때에도 스스로는 내 편이 되어주겠다고 다짐했어요. 저에겐 아주 고마운 책입니다. 마음이 힘들 때, 나조차도 내 편이 되어주지 못할 때 읽어 보면 좋을 것 같습니다. — 제이 님

『당신이 옳다』는 이 세상에 태어난 한 존재로서, 단단하게 버텨내야만 한다는 생각으로 버틴 지난 나날을 위로하고 쓰다듬어 주었습니다. 누군가와 주고받는 공감에 늘 목말라 있었던 것 같습니다. 진짜 공감을 찾아 허덕이다 만난, 세상에서 가장 완벽한 공감은 한 친구의 '오죽했으면'이라는 다섯 글자였습니다. 가만히 내 이야기를 들어주던 그 사람은 내게도 있었습니다. 이 책에서 '당신'은 우리 모두이며, 특히 '나'였습니다. — 이한솔 님

전쟁 같은 일상에서 나와 내 소중한 사람들을 살릴 수 있는 지침서. 소박해 보일 수 있지만 집밥 같은 정말 든든한 책. 한 문장씩 음미해 가며 읽으면

더욱 포만감이 느껴집니다. 이 책을 진작 알았더라면 하는 아쉬운 마음과 지금이라도 알게 돼서 너무 다행이라는 마음이 공존합니다. 이 책은 살면서 가져야 할 우리들의 심리적 무기가 될 수 있습니다. 또한 살아가며 내가 틀렸다고 뭔가 잘못됐다고 자책할 때 옆에서 소리 내어 내 마음이 옳다고 안정감과 위로를 느낄 수 있게 해줍니다. ─ 윤효빈 님

『당신이 옳다』를 알기 전과 후, 완전히 다른 세계에 살고 있습니다. 소심하고 예민한 나 자신과 도무지 이해가 안 되는 요즘 아이들에게 늘 자책과 충조평판만 늘어놓았는데, 이 책을 읽고 나서 사람에게는 마음이 있고, 모든 사람은 완벽하게 불완전하며 모든 생명은 존엄하다는 것을 알게 되었습니다. 그 후 저의 삶은 온통 사랑밖에 없습니다. 아픔과 슬픔, 사랑을 간직한 전 세계 모든 이들이 읽어야 할 책! ─ 양승님 님

이 책은 제 삶의 과거와 현재의 관계에서 일어나는 문제들을 객관화하게 하고, 반복적이고 사소한 일이 상대방의 문제가 아니라 저에게 원인이 있었음을 깨닫게 해주었습니다. 특히 의견이 대립하는 상황에서 '내가 옳다'고 여기는 태도는 상황을 더 악화시키는 반면, '당신이 옳다'고 먼저 말하는 방식은 관계를 긍정적인 방향으로 이끕니다. 제 습관들로 충조평판할 때가 있지만 적정심리학을 적용하면서 앞으로의 삶을 살아간다면 가정과 직장에서의 관계는 좋아질 것으로 생각합니다. ─ Alex 님

'작정'하고 만든 '적정'심리학 책이라는 느낌이 들 정도였습니다. 나만 이런 게 아니라는 것, 내가 이래도 괜찮다는 것을 알게 해준 따뜻한 책이었습니다. ─ 레몬트리 님

저는 제 마음과 감정임에도 불구하고 확신하지 못하고 마치 제 마음은 다 오답인 것처럼 줄곧 외면하며 힘겹게 살아왔습니다. 하지만 이 책을 읽고 큰 위안과 용기를 얻었습니다. 덕분에 지금은 전보다 따뜻하고 관심 어린 시선으로 제 마음을 들여다보고, 제 감정을 존중하며 살아가게 되었고, 이 깨달음을 주변의 사람들과 나누는 행복까지 알게 되었기에 마음 깊이 감사드립니다. ─ 김도연 님

인간관계에 있어서 충조평판을 삼가라고 작가님은 말씀하셨지만, 저도 모르게 무의식적으로 그러면서 살고 있었습니다. 상대방에게 상처 주고 있는 것도 모른 채로 말입니다. 그래, 그럴 수밖에 없던 거였고, 어떤 상황이 되었더라도 그 자체로 네가 옳다고, 있는 그대로를 봐 줘야 하는 것을, 믿어줘야 하는 것을, '나만 옳다'고 하며 살고 있었습니다. 흠…… 나에게도 상대방에게도 미안합니다. ─ 이선경 님

오랫동안 마음을 두고 정의로운 삶을 살았습니다. 곧고 올바름은 칼날처럼 날카롭고 아름다웠지만 정작 따뜻한 마음의 온기가 빠져 있었습니다. 조직의 권위에 눌려 사람이 지닌 마음보다는 사람이 만든 규칙에 따라 누군가를 충조평판했던 어느 날 밤, '당신이 옳다'는 책 제목을 듣는 순간 울컥했습니다. 사람은 누구나 각자 다른 고유한 마음결이 있고, 마음 그 자체로 존중받아야 합니다. 이 책을 읽은 이후로 제 삶의 기준은 정의가 아닌 다정함입니다. 세상에 함부로 대해야 할 마음은 없습니다. ─ 조윤숙 님

이 책을 통해 우선 제가 충분히 수용될 수 있음을 경험했고, 그 경험이 저로부터 주변으로 뻗어 나가는 것도 느낄 수 있었습니다. 주변에 '당옳'을 실천하며 열심히 살아내는 사람들의 이야기가 힘이 되었고, 그들의 솔직한 실패

담 역시 큰 힘이 되었습니다. 무엇보다 이 책의 내용대로 살고자 하는 사람들과의 교류가 정말 큰 힘을 주었습니다. 그렇기에 이 책은 꼭 따로 또 함께 읽고, 각자 자신들의 삶을 나눌 수 있는 모임으로 이어지는 것이 필요하다고 생각합니다. ― 힐러비나 님

나와 타인에게 억압받던 나를 자유롭게 만들어주는 책. ― 최용주 님

저는 늘 관계 맺기에 자신이 없었습니다. 어른이 되고 결혼을 하고 아이를 낳고 나서도 변한 건 없었고, 크게 불편함은 모르고 지금껏 살아왔습니다. 그런데 아이가 커가니 관계 맺기의 필요성을 절실히 느꼈습니다. 인터넷에서 찾을 수 없는 육아나 교육에 대한 정보를 또래 아이들 엄마에게서 구할 수 있었거든요. 그러던 중 만난 이 책은 소극적이고 방어적인 제 태도와 성격에 자신감과 용기를 불어넣어 주었습니다. ― 수기 님

『당신이 옳다』를 읽으며 상대를 공감하는 연습을 꾸준히 하고, 제 마음도 공감받았습니다. 그러던 중 공황장애가 발생하여 교통수단을 이용할 수 없게 되었습니다. 제가 오랫동안 믿고 의지했던 친구가 저를 그림자 취급하는 일이 있었거든요. 이 책에서 말한 "공황장애는 존재소멸의 신호다"라는 이야기를 떠올리며 '내가 지금 많이 힘들구나' 싶어 다른 친구들과 상담사에게 적극적으로 공감을 받았습니다. 이제 갑자기 가슴이 답답할 때 남을 공감하듯이 저를 따뜻하게 공감해 줍니다. 그러면 정말 금방 괜찮아지더라고요. ― 소피아제니 님

오랫동안 고통에서 벗어나려 시도한 다양한 방법들이 모두 소용없다고 느

껴졌고 지쳐 있었을 때, 정혜신 선생님의 유튜브 채널을 접했습니다. 더 이상 헤매지 않아도 된다는 확신이 들었고, 이 책을 읽으면서 내게도 마음이 있다는 사실을 처음으로 제대로 인지했습니다. 그리고 그 마음을 들여다보며 지긋지긋해도 그러려니 달고 살던 불안이 줄고, 자신감이 생겼습니다. 무언가 성공해도 늘 자신 없던 제게 큰 변화가 생겼습니다. 저처럼 지친 이들이 그저 그런 위로의 말이겠거니 하며 지나치지 않고, 인생에 가장 큰 축복을 만났으면 좋겠습니다. — 코알라 님

저의 감정에도 객관적인 잣대를 들이대곤 했습니다. '이건 그리 슬퍼할 일이 아니야. 울어서 해결될 건 없어.' 누군가의 슬픈 일을 함께 슬퍼할 수도 없었습니다. 그러면 제가 겪은 일은 걷잡을 수 없이 슬프고 아픈 일이 되었기 때문입니다. 저를 지켜내기 위해 저조차도 인정해 주지 않았던 마음을 이젠 받아들이게 되었습니다. 부정하며 억누르던 저의 감정은 비로소 자유롭습니다. 『당신이 옳다』는 제게 '그래도 괜찮다'고 다정히 말을 걸어주었습니다. — 배지원 님

『당신이 옳다』는 나의 감정과 느낌, 마음, 곧 내가 느끼는 모든 것들이 늘 옳음을 확인받을 수 있는 심리 바이블입니다. 이 책은 마음이 힘들어질 때마다 어떤 상황이든 다시 펼쳐보아야 해서 종이책과 전자책으로 한 권씩 구비해 두고, 두 사람에게 선물까지 했습니다. 셀프 충조평판으로 자욱해진 머릿속에서 잠시 빠져나와 생각을 멈추고, 책을 통해 내 마음이 옳음을 확인하고, 감정들을 충분히 수용한 후 내리는 선택들이 모여 점점 더 나다운 삶을 살게 해줍니다. — 로미 님

불안한 출발선에 서서 매일 망설이는 나에게 넉넉한 다짐을 알려준 책.
— binz 님

제가 본 책 중에 가장 많이 읽었습니다. 읽을 때마다 살아갈 숨을 불어넣어 주는 느낌을 받습니다. 언제 한번 책을 폈는데 제가 한 줄 평으로 '자살하고 싶은 마음이 들 때 지푸라기보다 먼저 잡아야 할 존재'라고 적어 놨더라고요. 이 책은 힘들 때마다 저에게 위로가 되어주었습니다. 살려주셔서 정혜신 선생님께 진심으로 감사드립니다. ― 오대운 님

『당신이 옳다』는 심리학 책이란, 가격이 매겨져 있는 상품이란 사실을 떠나서 하나의 존재로 느껴졌습니다. 이 책에는 나를 향한 우리를 향한 치유자 정혜신 선생님의 생생하고 뜨거운 진심이 아낌없이 담겨 있습니다. 이는 다시 나 자신으로 돌아와야 한다는 것을 일깨워주었고, 저 또한 누군가를 절실히 온 체중을 다해 구원할 수 있을 것이라는 믿음을 안겨주었습니다. ― 정지민 님

인생에서 가장 중요한 것을 담은 책! 이 책을 네 번이나 구매했습니다. 한 권은 저에게 세 권은 친구에게 선물했습니다. 이 책을 모든 사람이 읽는다면 자살을 택하게 되는 사람은 없을 텐데……. ― *** 님

이 책은 저에게 한없이 매정했던 제가 '나'에게 죄책감과 연민의 마음을 갖게 했습니다. 제가 순수한 '나'에게 천천히 다가가 다정한 손길을 내밀고, 관심을 쏟기 시작하게 해주었습니다. 그렇게 저는 치유의 길로 저를 천천히 이끌어가고 있습니다. ― 박성지 님

내 아내의 모든 것

내 아내는 정혜신이다. 그녀와 나는 일년 363일(이틀 뺀 거 맞다) 24시간 함께 있다. 무엇보다 연인이고 같은 일을 하는 도반이었으며 서로에게 스승이었고 특별하게는 전우였다. 심리적 참전의 현장에서 그녀는 치유자로 나는 심리 기획자로 서로를 보호하는 전우로 함께 했다. 눈에 보이지 않지만 심리적 참전의 현장은 참혹했다. 국가 폭력이든 가정사든 불행한 사고든 트라우마 피해자들의 고통은 상상을 초월한다. 집단적 고통처럼 보이는 일도 한 개인에 이르면 각자가 오롯이 감당해야 하는 개별적 고통이 된다.

지난 십수 년, 정혜신은 고통의 총알이 빗발치는 전장에서 온몸으로 그것을 감당하며 전진해야 하는 최전방 치유자였다. 그녀가 그룹 치유의 형태로 진행한(주로 5~6명 때론 수십 명 단위) 심리적 참전의 현장을 나는 수백 회 참관했다. 단지 참관하는 것만으로 참전한 것 뿐인데 그때마다 고통으로 항문이 움찔움찔했다.

신기하게도 그런 치유의 과정을 통해 어떤 이는 목숨을 건졌고 어떤 이는 몸을 추슬렀으며 또 어떤 이는 희미하게나마 웃었다. 우리와 함께 트라우마 현장에서, 고통의 당사자가 치유자 정혜신을 만나고 나온 광경을 목격한 자원봉사자들은 내게 묻곤 했다.

"저 (상담실) 안에서 무슨 일이 일어난 건가요. 저분 얼굴빛이 달라졌어요."

실제로 얼굴빛이 달라진다. 밤새 끔찍한 생각을 하거나 심하게 싸우고 아침에 거울을 보니 얼굴이 악마처럼 변해 있었다는 고백을 많이 들었다.

나도 그런 경험이 있다. 그러니 얼굴빛이 바뀐다는 말은 과장이 아니다. 누구라도 확연하게 알 수 있다. 비유적으로, 어떤 이는 들것에 실려 상담실에 들어갔고 어떤 이는 성난 코뿔소처럼 펄펄 뛰며 들어갔다. 그런 이가 비포애프터처럼 으스러진 뼈를 추슬러 걸어 나왔고 사슴 같은 눈으로 순하게 나왔다.

'어디서 약을 팔아' 코웃음칠 수도 있고 '간증록도 아니고 이게 무슨' 의아할 수도 있다. 다 맞다. 약 파는 것도 맞고 간증하는 것도 맞다. 다만 부작용 없는 약이고 사람을 살리는 비종교적 간증이다. 그룹 치유의 현장을 직접 참관한 이도, 얼굴빛을 통해 치유적 공기를 짐작한 이도, 심지어 같은 일을 하는 나조차도 눈앞에서 목격하고 전해 들은 간증록 같은 일들의 원리와 맥락을 정확하게 알 수 없었다. 그녀와 고통받는 사람 사이에선 무슨 일이 일어난 걸까.

이 책은 그것을 설명하기 위해 치유자 정혜신의 현장 경험과 내공을 집대성해 놓은, 쉽고 전문적인 책이다. 읽는 책이 아니라 행하는 책이다. 심폐소생술(CPR)은 내용보다 내용을 정확하게 몸에 익히는 게 중요하다. 그래야 위급한 상황에서 사람을 구한다. 이 책은 심리적 CPR에 관한 내용을 담고 있다. 그러니까 그냥 책이라기보다 행동 지침서다.

이해하고 알아야 행동할 수 있으니 읽는다고 표현하지만 궁극은 '공감' 행동 지침서다. 세상에 무수한 사랑이 있어도 누구의 사랑이냐에 따라 전혀 다르듯 그 흔하디 흔한 공감이 무슨 새로운 원리냐고 따져 묻는다면 '정혜신의 공감'이라고 토를 달아야겠다.

이해가 쉽도록 '적정심리학'이라는 새로운 패러다임에 '정혜신의 공감'을 얹었다. 이론 정립과 검증에 3년쯤 걸렸다. 내가 보기에 그녀는 정신과 의사라는 전통적인 틀에서 벗어난 지 오래다. 자격증이 있어야 치유자가 아니라 사람을 살리는 게 치유자라는 생각이 확고하다. 정신의학 쪽이나 관련 자격증을 가진 전문가들은 불편할 수도 있다. 예를 들어 우울증 진단 등과 관련한 부분 등은 도발적이다 못해 전투적이다.

물론 나는 그녀의 의견을 지지한다. 내 편이라서가 아니라 실제로 현장에서 그녀의 그런 내공과 태도로 고통받는 사람의 낯빛이 바뀌는 걸 수도 없이 목격했고 그와 관련해 논문을 내도 될 만큼 토론도 했기 때문이다. 심리치유와 관련해 자신을 구하고 다른 사람을 돕는 일에 관심이 많다면 일반인은 물론 전문가들에게도 요긴한 책이다.

일말의 과장도 없이 모든 심리치유의 토대가 되는 내용이라고 단언할 수 있다. '정혜신의 공감'이 심리치유의 모든 것이 될 수는 없지만 적어도 심리치유의 베이스캠프는 될 수 있을 거라고 나는 믿는다. 오랜 경험을 가진 전문가들을 대상으로 검증도 했다.

상담가, 목사, 학교 선생님, 신부, 수녀, 직장인 멘토 등 심리적으로 누군가를 도와주려는 이들이 보면 좋겠다. 상처 입은 가까운 사람을 연민하고 보호해 주려는 사람이 보면 좋겠다. 일반인들에겐, 엄마라면 대부분 가지고 있다는 책 『삐뽀삐뽀 119소아과』처럼 상비 치유 지침서쯤을 예상했다. 몇 번 읽었다고 다른 사람에게 빌려주지 말고 필요할 때마다 펼쳐 읽고 되새김질하면 결정적 도움을 받을 수 있다. 나 같은 심리 전문가도 그러고 있고 그때마다 도움을 받는다.

상담 전문가든 관계의 고단함에 지친 사람이든 누구라도 상관없이 무차별적으로 효과를 볼 수 있는 행동 지침이 가득하다. 밑줄 그을 필요도 없다. 몇 번 읽으면 그 다음부턴 어떤 문제가 닥쳤을 때 『잠언서』처럼 아무 페이지나 펼쳐도 현재 내 상황에 맞는 실제 처방이 나온다. 그렇게 설계됐고 그렇게 썼다.

내게만 선언한 거지만 그녀는 7년 전에 절필했다. 그 이후 제법 많이 쓰던 글들을 쓰지 않았다. 현장에서 고통받는 이들과 몸으로 부딪치는 게 훨씬 가치 있고 효율적이라고 판단해서였다. 나는 그녀의 결정을 존중하고 열렬하게 지지했다.

치유의 영역에서 그녀는 내 스승이다. 그녀의 말에 의하면 글쓰기 영역에선 내가 그녀의 스승이다. 7년 만에 그녀가 쓴 글을 1차 독자로, 한때의 글쓰기 스승으로 받아본 나는 호흡을 가다듬었다. 전에 비해 그녀의 글은 훨씬 원시적이고 직접적이었다. 무언가 전하고 싶은 마음이 예전보다 간절해졌다는 느낌이었다. 아름다운 문장을 추구하지 않았고 같은 내용을 의도적으로 반복하는 듯했고 무엇보다 누군가의 육성을 있는 그대로 전하고 싶어 했다.

서로의 글에 대해 늘 빨간펜 선생님 입장이었는데 나는 이번에 그 역할을 축소했다. 최소한의 의견만 보탰다. 이건 글을 위한 글이 아니고 '정혜신의 공감'을 전달하기 위한 치유자 정혜신의 녹취록이구나. 그 흐름에 몸을 맡기면서 몇 번은 전율했고 몇 대목에선 목울대가 후끈했다. 육성이 즐비한 사례가 많이 등장한다. 처음에 개념 설명만 읽으면 이해 못 할 수도 있다. 쉬운 말이지만 한번도 생각해 보지 못한 영역이어서다. 그때는 사례를 보고 다시 읽으면 된다. 그러면 몸에 스민다.

이 책을 읽고 충조평판(충고, 조언, 평가, 판단)만 안 할 수 있어도 공감의 절반은 시작된 거다. 충조평판을 빼고 도대체 무슨 말을 할 수 있을까. 그 의문만 풀 수 있어도 이 책은 충분한 가치가 있다.

내가 읽을 때마다, 의견을 보탤 때마다 울컥했던 대목들은 항상 같았다. "네가 그렇게 힘들었는데 내가 몰랐었구나" 하는 망치 같은 각성, 상대의 힘든 시간을 알게 되는 부분이었다. 초등학생 아이가 학교에서 어떤 다툼 때문에 선생님에게 혼나고 집에 와 엄마에게 얘기했더니 엄마가 다음부터는 그러지 말라고 충고하는 장면. 아이가 울면서 말했다.

"엄마는 그러면 안 되지, 내가 왜 그랬는지 물어봐야지. 선생님도 혼내서 얼마나 속상했는데 엄마는 나를 위로해 줘야지. 그 애가 먼저 나에게 시비를 걸었고 내가 얼마나 참다가 때렸는데. 엄마도 나보고 잘못했다고 하면 안 되지."

아아. 아이의 그 말. 엄마는 나한테 그러면 안 되지. 내 편이어야지. 내게 물어봐야지.

어린이 집에서 왕따 경험을 한 여섯 살 아이가 오랜 시간에 걸쳐 엄마의 세심하고 과감한 지지를 받은 후 홀가분한 표정으로 했다는 말.

"엄마, 고마워. 나는 이제 자유야."

그게 이 책의 전부다. '정혜신의 공감'의 핵심이다.

치유자 정혜신의 모든 치유적 내공과 정성이 집대성된 행동 지침서가 이 책이다. 지극히 개인적으로 말하면 내 아내 정혜신의 모든 것이다. 그 모든 것으로 누군가를 구하고 상처에 연고를 바르고 관계를 편안하게 할 것임을 믿고 기대한다.

2018년 가을 초입에,
이것으로 누군가 구해질 것이라 설레며
이명수

소박한 집밥 같은 치유, 적정심리학

어떤 단어가 사냥매처럼 마음속에 내리꽂히거나 저녁 강물처럼 흘러 들어올 때가 있다. '적정기술'이란 단어가 그랬다. 이런 사람 살리는 개념이라니. 심플하고 아름다웠다. 매혹당하지 않을 도리가 없었다.

아프리카 어느 마을. 식수가 부족해 아이들은 아침 일찍 물동이를 지고 물을 길러 나선다. 몇 시간을 걸어가서 물을 길어 이고 지고 되돌아오는데, 아이들의 불완전한 걸음과 부실한 물동이 때문에 절반은 돌아오는 동안 흘러서 사라진다. 그 딱한 사정을 접한 디자이너가 사람들과 힘을 합쳐 큰 공(드럼통) 모양의 물통을 만들었다.

그후 아이들의 삶은 달라졌다. 아이들은 물을 꽉 채운 물동이를 놀이하듯 굴리며 돌아온다. 더 짧은 시간에 더 많은 양의 물을 운반

할 수 있는 것은 물론 저장도 가능하게 되었다. 마을 주민들의 삶도 달라졌다. 아이들은 물 긷느라 갈 수 없었던 학교를 다닐 수 있게 되었다. 아주 간단한 물통 디자인 하나가 바꿔놓은 일상의 기적이다. 흔하디 흔한 적정기술의 한 사례다.

적정기술은 화성 이주를 꿈꿀 정도로 환상적인 과학기술이 넘쳐나는 시대에 간단하고 일상적인 기술의 결핍으로 인간다운 삶을 살지 못하는 사람들에 대한 연민과 주목에서 비롯한 개념이다. 전 지구적으로는 식량이 넘쳐나는데 굶어 죽는 사람이 그토록 많은 이유를 따져묻는 것과 비슷한 의문에서 출발한다.

인간의 윤택한 삶이 최종 목표인 과학, 그것도 과학만능주의 시대에 여유롭고 행복한 사람이 넘쳐나지 않는 건 이상하다. 어떤 이들은 그 이유를 우리에게 최첨단 과학기술이 부족해서가 아니라 일상에 필요한 적정기술과 그것의 적정한 분배가 이뤄지지 않아서라고 요약했다. 소박하지만 위대한 성찰이다. 그래서 적정기술의 개념과 적용 사례를 처음 접했을 때 흥분했다.

간단한 과학과 평범한 기술들이 전해주는 결과는 결코 소박하지 않았다. 우뚝하고 놀라웠다. 주머니 속에 있던 구겨진 종잇조각이 마술사의 콧김을 만나 비둘기가 되어 하늘로 날아가는 모습을 보는 것 같았다. 특별할 것 하나 없는 디자인이나 단순한 기술 하나가 고통 속에서 살아가는 삶들의 바탕색을 회색에서 파랑으로 바꾸었다.

단 거기에는 '누군가의 고통에 눈길을 포개는 이들의 섬세한 뜨거움'이 필요하다. 그것이 비현실을 현실로 바꿔내는 신묘한 힘, 마술사의 콧김 같은 것이다. 적정기술이란 개념이 화선지 위의 먹물처럼 내게 스민 건 그때 내가 움켜쥐고 있던 문제의식과 맥이 닿아 있어서였을 것이다. 눈물 흘리는 사람들의 속마음을 듣는 현장(주로 트라우마 현장)에서 생긴 문제의식이기도 하지만 무엇보다 심리치유와 관련해 오래전부터 이어져온 전문가로서의 문제의식이기도 했다. 전문가들의 심리학이 아닌 적정한 심리학이 필요하다!

자격증이 무용지물인 트라우마 현장

최근 15년을 1970~80년대의 고문 생존자와 자살이 이어지던 해고 노동자 집단, 세월호 유가족 등 여러 형태의 국가 폭력 피해자들과 함께 있었다. 현장에서 그들의 신음 소리를 생생하게 들었고 회복이 불가능할 것 같은 그들의 내상을 목격했다. 트라우마 현장에선 심리치유 관련 전문가 자격증이 무용지물이라는 걸 숱하게 목격했다.

사회적 재난 현장에는 심리치유 전문가들뿐 아니라 시민운동가, 일반 자원활동가 등 많은 사람들이 모인다. 그런데 초기 몇 개월이 지나면 (치유 관련) 자격증을 가진 전문가들은 현장에서 찾아보기 어렵다. 오랜 세월 각기 다른 현장에서 반복적으로 접한 일이다. 자격증을 가진 전문가들의 철수는 상황이 정리되거나 피해자들의 상태가 호전되어서가 아니다. 혼돈의 시간을 거치면서 심리적 내상이 더 또렷하게 드러나고 그에 따라 치유와 관련한 일들이 엄청나게 많아지는 때임에도 그랬다.

세월호 참사 때도 마찬가지였다. 초기에 많은 (심리치유) 전문가들이 현장에 왔지만 이내 거의 사라졌다. 대신 "집에 앉아만 있을 수 없어서 무작정 왔다"는 자원활동가들의 숫자는 시간이 갈수록 늘어났다. 그들은 "내가 할 수 있는 게 아무것도 없다"며 울면서 무슨 일이든 했다. 피해자들을 위해 음식을 만들고 설거지를 하고 청소를 했으며 한없이 무기력하게 느껴지는 자신의 슬픔과 분노, 무력감을 호소하면서도 유가족들 손을 잡고 함께 울었다.

그들의 이런 마음과 태도는 피해자들에게 실질적인 도움을 준다. 현장에서 반복적으로 일어났던 일들이다. 그들의 행동과 눈빛은 트라우마를 받은 이후 세상과 사람을 통째로 불신하게 된 피해자들에게 '당신은 혼자가 아니다'라는 느낌을 갖게 한다. 결정적인 위로다.

아무 자격증 없는 자원활동가들은 현장에서 그렇게 자신의 자리를 찾고 역할을 해냈다. 세월호 참사 당시 정부와 정치권력은 상처입은 피해자들을 길바닥에 패대기치고 상처에 소금을 뿌렸다. 하지만 자원활동가들의 한결같은 일상적 활동과 그들의 공통 정서인 슬픔과 무기력이 만들어낸 '슬픔과 무기력의 거대한 연대'는 피해자들을 구하는 동아줄이 되었다.

그 굵은 동아줄 곳곳에는 엄청난 치유적 에너지가 팽팽했다. 자원활동가들 중 몇몇은 자기 경험을 바탕으로 치유의 원리를 자기 언어로 아무렇지도 않게 말한다. 자신이 하는 말과 행동이 치유의 원리에 가장 근접한 것이라고는 짐작도 못한다. 옆에서 진심을 다해 말해

쥐도 자기는 치유는 알지도 못하는 사람이라며 자신에겐 가당치 않은 칭찬이라고 밀어낸다. 그들의 깨달음과 그 바탕에서 나오는 활동은 이론으로 무장한 전문가의 말과는 전혀 다른 결의 힘과 효력이 있다.

다른 많은 트라우마 현장에서도 비슷한 일이 반복됐다. 일반 자원활동가들은 처음엔 혼돈 속에서 갈팡질팡하더라도 마침내 피해자들에게 도움이 된다. 하지만 자격증이 있는 사람들은 조금 다른 양상을 보인다. 처음엔 전문 분야의 지식과 경험을 바탕으로 뚜렷하게 뭔가 치유를 하겠다며 나서지만 곧 존재감을 잃는 경우가 적지 않다. 생업이 바빠서 자신의 일터로 돌아간 경우보다 피해자들이 더이상 그들에게 도움을 구하지 않거나 심지어 거부를 당해서 현장을 떠나는 경우도 있다.

왜 그럴까. 왜 심리치유 전문가일수록 현장에서 실패하는가. 사람 목숨이 경각에 달린 현장에서 전문가가 자기 역할을 하지 못한다면, 그것도 많은 경우 그렇다면 그때의 자격증이란 도대체 무슨 의미가 있는가.

내가 관련 자격증을 가졌으니 오해를 무릅쓰고 정신의학의 경우를 예로 들어보자. 정신의학은 신경증, 정신 질환 등의 질병을 진단하고 치료하기 위한 임상적, 학문적 틀 위에 세워진 의학의 한 분야다. 이 틀은 어쩔 수 없이 인간의 고통과 갈등을 질병의 관점에서 바라보는 전통을 유지한다. 그래서 정신의학은 사람을 '사람'보다는 '환자'로 인식하는 경향이 있다. 의사들에게는 수련의 때부터 시작된

거의 무의식적 과정이다. 그런 시선은 나를 비롯한 정신과 의사들에게 너무 자연스러운 일이 되었다. 사람 마음의 유익을 위해서 복무해야 하는 정신의학이나 심리학이 학문 본연의 역할과 다르게 사람이라는 존재 자체와 서서히 괴리된 것이다. 오래된 일이다.

트라우마 현장에서 피해자가 전문가에게 "도움이 되는 도움을 달라"고 절규하는 걸 들은 적이 있다. 도움이 되지 않는 도움의 실체는 무엇인가. '도움이 되는 도움'은 왜 도움이 되고 '도움이 되지 않는 도움'은 무엇 때문에 도움이 안 되는가.

정신과 의사들은 트라우마 현장에서도 그들의 슬픔과 고통을 충분히 듣기 전에 약물 처방전을 꺼내는 경우가 많다. 이는 피해자의 고통을 증상을 중심으로 인식하기 때문이며 증상은 질병의 근거가 된다. 우울증의 원인을 생물학적 기전으로 설명하며 약물로 증상을 줄여주는 일은 의사만이 할 수 있는 고유하고 중요한 역할이라고 생각한다.

물론 그런 면도 있다. 불면이나 불안 등의 증상이 그 사람이 겪고 있는 스트레스에 대한 심리적 저항력을 떨어뜨리고 일상을 더욱 고통스럽게 만들고 있다면 약물치료로 증상을 줄이는 도움을 받을 수 있다. 그러나 아이 잃은 고통을 조롱하고 상처에 소금을 뿌리는 자들에 의해 영혼이 갈가리 찢겨나가는 고통을 느끼는 피해자들은 자신을 환자로 바라보는 의사의 시선에 의해 다시 상처를 입는다.

트라우마 피해자들은 자신을 환자가 아닌 고통받는 사람으로 바라봐주길 바란다. 특별한 욕심도 아니다. 전문가라면 습관적이고 반복적인 약물 처방 말고, 들어주기 어려운 자신의 끔찍한 고통에 집중하고 깊이 이해하고 알아줄 것이라고 기대하는 것이다.

상처 입은 사람의 이런 욕구는 트라우마 현장에서만 만날 수 있는 것이 아니다. 우리 모두가 겪는 일상에서 상처를 입었을 때, 억울함이나 외로움 등을 느낄 때도 우리 모두가 갈구하는 1차적인 심리적 욕구다.

지금의 나는, 나를 포함해 자격증 가진 이들의 사람에 대한 인식의 한계를 절감하고 또 절감하지만, 예전엔 그러지 못했다. 나 자신도 지금 내가 문제를 제기하는 바로 그런 공기 속에서 공부하고 수련을 받은 사람이기 때문이다. 그런 인식의 한계에서 자유롭기 어려웠다. 그러니 지금부터 하는 말은 일종의 고백이다.

나도 예외가 아니다

우리 집 가족 중 한 명이 내게 감기몸살로 여러 증상들을 호소하면 나는 "별것 아니다. 괜찮다. 가능하면 그냥 버텨라" 하고 얘기했다. 맞는 말이지만 그들은 내 반응에 몹시 서운해했다. 당시 나는 서운해하는 상대가 잘 이해되지 않았다. 몰라서 그런다고 생각했다. 그 정도의 증상은 시간이 지나면 저절로 해결될 문제다. 감기몸살에 걸리면 약을 먹는 것보다 오렌지주스 같은 비타민을 충분히 섭취하고 잘 쉬면 저절로 낫는다. 특별하게 해줄 것도, 해줄 필요도 없다. 의학적 지식에 비추어 틀린 말도 아니고 야멸찬 말은 더욱 아니다.

그러나 그 말을 듣는 상대의 입장은 좀 다르다. 죽을 만큼 큰 병이 아니더라도 자신의 아픈 몸에 진심으로 관심을 가져주길 원한다. 특별한 치료가 필요 없는 질병이라도 일상에서 조심해야 할 것들, 대증 요법 같은 것이라도 한두 가지 일러줬으면 상대는 안심했을 것이다.

그 기저에는 무엇보다 자신의 아픈 몸을 아무것도 아닌 듯이 가볍게 여기지 않길 바라는 속마음이 있다. 자신의 고통을 진지하게 대해주길 바라는 마음이 있다. 몸이 건강할 때도 인간의 그런 바람이나 욕구는 거의 본능적이다. 하물며 몸이 아플 때야 더 말해 무엇할까.

그때 나는 그러지 못했다. 고통을 호소하는 상대의 말을 질병 중심으로 생각했다. 의학적으로 질병의 범주에 들어가지 않는 모든 상태는 정상이며, 정상인 경우라면 의사인 내가 할 일은 아무것도 없다고 믿었다. 결과적으로 나는 냉정한 의학 기능공인 셈이었다.

의사들은 사람에 대해 이런 선입견을 가지기 쉽다. 나는 마음의 문제를 주로 다루는 정신과 의사임에도 그랬다. 질병 중심의 인식에서 예외가 아니었다. 하지만 정신과 의사에 대한 대중의 상상 속 인식은 현실과는 다르다. 정신과 의사는 인간의 마음에 대한 심오한 지식과 경험으로 무장한 사람이길 바란다. 막연하게 심리 전문가+뇌 전문가+인문학자+사회학자+철학자 정도를 그리고 있는 것 같다. 유감스럽게도 실제는 다르다. 오랫동안 질병 위주의 의료적 인간관에 사로

잡혀 있었음을 고백할 수밖에 없다.

더 부끄러운 고백을 해야겠다. 질병의 틀로 사람을 바라보는 동안 나는 상담실에서 누군가를 만날 때마다 미로 속에 들어선 사람처럼 헤맸다. 그때는 내가 왜 그렇게 헤매는지조차 알기 어려웠다. 여러 학자들의 이론에 천착하기도 하고 학회나 각종 워크숍에 참여하기도 하고 상담에 집중하며 경험을 쌓는 일에 매진해 보기도 했다. 선배 의사에게 심리상담에 대한 개인 지도를 받기도 했지만 그게 전부가 아닌 것 같았다. 여전히 허기지고 불충분했다. 길을 잃었다는 느낌에 수시로 절망했다.

이렇게 힘들 때 걱정 없이 명쾌해지는 경험을 할 수 있는 방법이 있긴 했다. 내 앞에 있는 사람을 그저 환자로 인식하는 것이다.

사람을 정신의학적 관점, 질병의 관점으로 해석하면 모든 게 단순명쾌해진다. 거의 모든 걸 생물학적 원인이라고 설명하니 간단하기도 하다. 그에 맞는 약을 건네면 됐다. 그 순간엔 나만 알고 있는 내면의 혼돈에서 벗어날 수 있었다. 의학적 설명에는 환자 누구도 토를 달지 않으니까. 오히려 그럴수록 더 전문가로 대우하고 그 의견을 무조건적으로 접수해 주니까. 그래서 '의사(또는 전문가)'라는 느낌은 내게 늘 안전한 경험을 선사했다. 견제당할 수 없는 자격증의 성채 안에서 나를 찾아온 사람에게 나는 확고한 주도권을 쥔 전문가였다. 나를 찾아온 사람이 내 진료실을 떠나지 않는 한 그것은 어김없는 사실이었다.

자격증은 내게 인간에 대한 근본적인 질문을 던지는 일, 그 답을 얻기 위해 치열하게 갈등하는 시간을 건너뛰더라도 마음을 덜 불편하게 했다. 자격증은 '내가 답을 가졌다'는 징표처럼 느끼게 해줬다. 그러나 청소를 끝내지 않은 더러움을 이불로 덮어놓은 것 같은 외면의 시간 속에서 사람에 대한 나의 근원적인 불안과 혼돈은 더 커져만 갔다.

중요한 계기가 있었다. 진료실이 아닌 곳에서 사람들의 속마음 듣는 일을 시작한 것이다. 나는 대기업의 CEO와 임원들, 오너 회장이나 정치인들, 법조인들처럼 사회적으로 성공했다고 자타가 인정하는 사람들의 속마음을 듣고 나누는 일을 15년 이상 했다.

그들의 삶과 내면 갈등, 그들의 욕구와 상처, 그들의 관계에 대해 깊은 이야기를 나눴다. 그들은 증상을 호소하기 위해 나를 찾은 환자가 아니었다. 나는 당연히 그들을 환자로 인식하지 않았고 그들도 자기 삶 전반과 자신에 대해 이야기를 했다. 그러면서 알게 됐다. 그들 중에는 예전 내 진료실에서 얼마든지 만났을 법한 사람이 많다는 사실을, 이전에 내가 진료실에서 만난 사람들 중에도 이들과 근본적으로 다르지 않은 사람들이 꽤 있었다는 사실을.

내가 사람을 만난 장소(진료실이냐 아니냐)가 사람에 대한 나의 인식에 큰 걸림돌이었던 셈이다. 내 앞의 한 사람을 온전한 존재로 바라보기 어려웠던 이유가 바로 그것이었다. 정신과 의사로서 그토록 오랫동안 사람에 대해 혼란스러웠던 이유를 알게 됐다.

진료실을 찾는 사람들은 버티고 버티다가 의사에게 기댈 수밖에 없겠다 싶은 심정이 되었을 때 병원에 오는 경우가 대부분이다. 지금 자신에게는 타인의 도움이 필요하며 환자 취급을 받아도 상관없다는 마음, 백기투항하는 심정으로 온다. 그 말을 다르게 해석하면, 진료실에서 의사 – 환자 관계는 의사에게 압도적으로 유리한 관계, 의사 중심의 관계라는 걸 의미한다.

진료실이 아닌 일상의 공간에서 누군가를 만났을 때 사람은 자신의 매력을 보이고 자존심을 지키려 애쓴다. 그런 일상의 공간에서 자기 속마음을 털어놓으려면 특별하고도 충분한 이유가 있어야 한다.

진료실이 아닌 현장에서
'환자'가 아닌 '사람'을 만나며

진료실이 아닌 곳에서 사람들의 속마음을 접하며 나는 알게 됐다. 이곳에선 심리적 진검 승부가 필요하구나. 그들은 자신을 환자로 생각하지 않는 사람들이었고 나도 당연히 그들을 환자로 생각하지 않았다.

그동안 진료실에서 만나는 사람들을 환자로 규정하고 의사라는 우월적 위치에 대한 자각 없이 살았던 것이다. 진료실 밖에서 흰 가운이라는 보호막 없이 그들의 속마음을 들으며 그 사실을 확실히 알았다. '환자'라는 틀로만 바라봐도 괜찮은 사람이란 세상에 없다. 그런 시각은 옳지도 않지만 맞지도 않는 말이었다.

사람이라면 누구나 상처가 있다. 남보다 특별하게 예민한 구석도 있다. 거기에서 예외인 사람은 없다. 아무리 건강한 사람이라 해도

24시간 건강하게 살지 못하듯 노이로제가 있는 사람이라도 24시간 노이로제 환자로 살지 않는다.

진료실이 아닌 곳에서 환자 아닌 사람의 내면을 만나면서 사람에 대해 혼란스러웠던 시간들이 안개 걷히듯 조금씩 제자리를 찾았다. 진료실 밖에서 환자로 쉽게 규정할 수 없는 사람들과 속마음을 나눈 시간은 나를 변화시켰다.

지금 나는 전통적 의미의 정신과 의사와 다를 수도 있다고 생각한다. 내가 가진 사람에 대한 관점이나 태도가 동료 정신과 의사들과 많이 다를 거라는 말이다. 옳다 그르다, 효과적이다 아니다의 차원을 넘어 다르구나 느낀다는 뜻이다.

최근 15년간 낮에는 기업인이나 법조인, 정치인들의 속마음을 만났지만 밤이나 주말에는 트라우마 현장에서 피해자들과 함께 있었다. 세월호 참사 이후에는 전적으로 트라우마 피해자들과 함께 있었다. 이 시간들을 거치며 나는 사람에 대한 감각을 비로소 온전하게 되찾았다. 진료실에서 늘상 겪던 혼란에서 벗어났다. 현장은 험했지만 나의 내면은 예전과 비교할 수 없을 만큼 고요하고 단단하고 흔들림이 없다.

트라우마 현장은 벌어진 상처가 오염 속에 그대로 노출되는 야전이다. 깨끗한 소독실도 없고 수술실도 없다. 상처 위로 흙먼지가 올라오고 언제든지 2차, 3차 트라우마가 덮쳐서 덧난다. 의사의 권위를 내세울 흰색 가운도 없고 첨단 의료 시설과 장비에 의존해 권위를 드러낼 수도 없다. 포탄이 머리 위로 날아다니는데 천막 안으로 전기를 끌어와 불을 밝히고 수술을 해야 하는 임시 야전 병원 같은 곳이다. 그곳에선 상처를 적당히 외면한 채 전문 지식이나 언변으로 눙치고 넘어갈 수 없다. 넘어가지지도 않는다.

트라우마 피해자들에겐 전문가의 실수나 부주의에 아량을 베풀 만큼의 여유가 조금도 없다. 안팎으로 상처투성이인 이들은 상대방의 작은 허점도 용납하지 않는다. 절박한 상황이라서 그렇다. 자신은 환자가 아니라 피해자라고 절규하지만 세상 어떤 환자보다 더 치명적인 상처를 입은 사람들이 그들이다. 그들이 자기 상처를 있는 그대로 드러낼 때까지는 매순간 진검 승부가 필요하다. 자격증으로 치유자의 존재감을 드러내는 게 불가능하다. 그곳에서 자격증은 무용지물이다.

자격증 있는 사람이 치유자가 아니라 사람을 살리는 사람이 치유자다. 사람의 본질, 상처의 본질을 알고 움직이는 사람만이 치유자일 수 있는 곳, 그곳이 트라우마 현장이다. 외형이 아름다운 품새 무술이 아니라 위력이 최우선인 실전 무술이 이기는 살벌한 싸움터다.

사회적으로 가장 높은 위치에 있는 사람들의 깊은 상처부터 순식간에 온 삶이 뻘 속에 패대기쳐진 트라우마 피해자의 상처를 동시에 만나면서 깨달았다. 어떤 상황에 처했을 때도 어떤 외부적인 조건과도 무관하게 작동하는 인간 마음의 본질적인 요소가 있다는 것을.

사람의 삶에 마지막까지 영향을 미치는 것은 외부적 환경이나 상황 등 그들의 조건이 아니라 그 사람 존재 자체다. 막대한 명예나 부를 일군 사람이든 비극적인 트라우마 피해자든 그들의 외적 조건 이

전에 그들이 한 명의 개별적 존재라는 사실에 오롯이 집중하다 보면, 그들의 존재 내면에서 그들이 살 길이 열린다는 사실을 나는 돌에 새기듯 깨달았다. 두 집단을 양극단으로 해서 그 사이 어느 한 지점에 속하는 보통 사람들에게는 더 말할 것도 없는 진실이다. 그 깨달음은 내게 많은 변화를 가져왔다.

이제 나는 삶의 고통을 질병으로 간주하는 의학적 관점은 잘못됐다고 말할 수 있다. 고통스러운 사람의 속마음을 보듬고 건강한 성찰을 도울 수 있는 사람은 질병 전문가인 정신과 의사만 가능한 것이 아니다. 사람을 사람으로 보는 것이 진정한 전문가적 시선과 태도다. 그런 토대 위에서 우리 모두가 자기 스스로를 돕고 가족이나 이웃도 직접 도울 수 있는 적정한 심리학이 가능하다고 나는 믿는다.

내가 경험한 치유의 원리와 구조

프로이트가 자신의 외래 진료실을 찾은 환자들을 만나면서 구축한 정신분석학 이론이 세상에 나온 지 100년이 넘었다. 그 영향력의 파장은 부연 설명이 필요 없을 만큼 넓고 깊다. 치유 전문가로서 내 시각의 한 축도 그런 정신분석학 공부와 경험에 깊이 매몰돼 있을 것이다. 그 이론들을 바탕으로 공부했고 오랫동안 그 자장 안에서 정신과 의사라는 전문가로 활동했으니 당연하다.

그러나 나는 이 책에서 프로이트나 융, 아들러처럼 교과서에 나오는 정신분석학자들의 이론이나 말을 인용하지 않았다. 그럴 필요를 더 이상 느끼지 않는다.

지금까지 내가 만났던 사람들을 통해서 경험한, 내가 생각하는 치유의 핵심 원리와 구조를 내 시선으로 말할 것이다. 숨쉬고 살아가는 지금 여기를 사는 우리들 삶의 속살을 바탕으로 '도움이 되는 도움'을 제공할 수 있었으면 한다. 내 삶은 물론 내 옆 사람을 도울 수 있고 때론 나도 모르게 내가 내 이웃을 살릴 수도 있는 실제적인 치유 팁을 그간의 내 경험을 중심으로 얘기할 것이다.

적정한 기술이 사람의 삶을 바꾸듯 적정한 심리학 이야기도 그렇게 되기를 소망한다. 이론이 아닌 실생활에서 실질적인 위력을 갖는 실용적인 심리학 정도로 바꾸어 설명할 수도 있겠다. 나와 내 옆 사람의 속마음을 이해하고 도울 수 있는 소박한 심리학을 나는 '적정 심리학'이라 이름 붙였다.

만약 조리사 자격증을 가진 사람만 음식을 할 수 있다는 법이 있다면 우리 일상에 어떤 일이 벌어질까. 허기를 면하려면 조리사 자격증을 가진 사람의 식당 앞에서 하루 두세 번씩 긴 줄을 서야 할 것이다. 삶을 영위하기 위한 가장 기본적인 욕구인 식욕을 그렇게 해소하며 살아야 한다면 한 인간으로서 최소한의 자존감을 유지하고 살기 어렵다.

실제로 우리는 일상에서 스스로 집밥을 만들어 허기를 해결한다. 외식도 하지만 조리사에게만 의존하지는 않는다. 조리사가 해준 고급 요리는 안 먹어도 아무 문제가 없지만 집밥을 오래 먹지 않으면 심리적으로도 불안정해진다. 그런 것이 집밥이다.

물리적 허기만큼 수시로 찾아오는 문제가 인간관계의 갈등과 그로 인한 불편함이다. 이것을 해결하기 위해 매번 자격증을 가진 의사나 상담사를 찾을 수는 없다. 끼니 때마다 찾아오는 허기만큼이나 잦은 문제라서 그때마다 전문가를 찾아야 한다면 일상이 불가능해진다. 스스로 해결할 수 있는 집밥 같은 심리학이 필요한 이유다.

일상에서 배고픔이 해결되지 않으면 짜증이 많아지거나 폭력적으로 변하거나 무기력해진다. 마찬가지로 삶의 바탕인 인간관계의 갈등들이 해결되지 않고 쌓이면 마음도 엇나가고 삶도 뒤틀린다. 안정적인 일상을 위해서 꼭 필요한 것이 집밥 같은 치유다. 집밥 같은 치유의 다른 이름이 적정심리학이다.

적정심리학의 핵, 공감

근자에 정신 질환뿐 아니라 우울이나 불안, 부끄러움 같은 우리 일상의 불편이나 곤란의 원인들을 뇌의 생화학적 문제로 몰아가는 추세가 도를 넘었다는 느낌이다. 이런 치우친 주장들에 나는 동의하지 않는다. 나와 비슷한 의견을 가진 정신과 의사들도 적지 않지만 이런 생각이 세상에 퍼지는 속도는 거북이 걸음이다. 현대 정신의학이 의학적, 과학적 영역의 문제를 떠나 산업의 문제가 된 지 오래이기 때문이다.

산업의 힘이 임상에 미치는 영향은 상상할 수 없을 만큼 막강하다. 불안이나 우울 등의 문제가 뇌의 병이라는 일반적 인식에 의미 있는 틈을 만들어내려면 제약회사라는 거대 자본과 정부, 언론의 공고한 연결을 넘어서는 새로운 힘이 필요한 것이 현실이기도 하다.

거의 모든 심리적 어려움의 원인을 뇌에서 찾고 있는 이 시대에 나는 공 모양의 물통처럼 소박하지만 강력한 위력을 지닌 심리적 힘을 말하고자 한다. 그 힘은 즉시 작동한다. 약물치료보다 더 빠르게 사람 마음을 움직이는 힘이다. 삶의 고통에 실질적으로 대처하는 실용적인 힘이다. 그 힘의 중심이 공감이다.

내가 말하는 공감은 '경계'를 인식하는 공감이다. 본문에서 자세히 밝힐 예정이다.

'경계'를 품은 공감, 그 입체적인 공감은 집밥 같은 치유, 적정심리학의 핵이다. 잘 모르고 보면 "어, 저걸 가지고 뭘 할 수 있단 말이야"라고 할 수도 있지만 공감의 위력은 어떤 힘보다 강하다.

이것은 부유하든 가난하든, 강자든 약자든, 많이 배웠든 못 배웠든, 노인이든 아이든 누구에게나 적용된다. 공감이 뭔지 제대로 알게 되면 종이로 접은 새가 비둘기가 되어 날아가는 마술을 마음에서 경험하게 될 것이다.

2018년 9월

정혜신

● 차례

읽는 이에게 내 아내의 모든 것 13

프롤로그 소박한 집밥 같은 치유, 적정심리학 19

1

왜 우리는 아픈가

1. 자기 소멸의 벼랑 끝에서 43

2. 존재의 개별성을 무시하는 폭력적 시선 50

3. '당신이 옳다'는 확인이 부족할 때 56

4. 만성적 '나' 기근에 시달리는 사람들 62

2 심리적 CPR
지금 우리에게 절실한 것

1. 사람을 그림자 취급하는 사회적 공기 71

2. 공감의 외주화, 남에게 맡겨버린 내 마음 79

3. 우울은 삶의 보편적 바탕색 91

4. '나'가 희미해질수록 존재 증명을 위해 몸부림친다 101

5. 사라져가는 '나'를 소생시키는 심리적 CPR 109

3 공감
빠르고 정확하게 마음을 움직이는 힘

1. 사람을 살리는 결정적인 힘 123

2. 공감은 타고나는 것이 아니라 배우는 것 130

3. 공감의 과녁 1 세상사에서 그 자신으로 초점을 맞추고 138

4. 공감의 과녁 2 칭찬이나 좋은 말 대잔치와는 다르다 147

5. 공감의 과녁 3 감정에 집중하기 152

6. 공감의 과녁 4 억누른 상처를 치유하는 메스이자 연고 158

7. 공감의 과녁 5 마음은 언제나 옳다 167

8. 공감의 과녁 6 감정이 옳다고 행동까지 옳은 것은 아니다 173

4 경계 세우기
나와 너를 동시에 보호해야 공감이다

1. 우리는 모두 개별적 존재 187

2. 자기 보호가 먼저다 195

3. 헌신과 기대로 경계를 넘지 마라 203

4. 갑을 관계에서도 을인 '나'를 드러낼 수 있나 209

5 공감의 허들 넘기
진정한 치유를 가로막는 방해물

1. '다정한 전사'가 되어 219

2. 좋은 감정 vs 나쁜 감정 224

3. 충족되지 않은 사랑에 대한 욕구 232

4. 내 안에 남아 있는 콤플렉스 238

5. 개별성을 지우는 집단 사고 254

6. 유형과 조건으로 사람을 판단하는 습관 260

6 공감 실전
어떻게 그 '한 사람'이 될 수 있을까

1. 진심으로 궁금해야 질문이 나온다 271

2. 상대방과 똑같은 감정을 느끼지 않아도 괜찮다 278

3. '나'에 대한 공감이 타인 공감보다 먼저 281

4. 상처받은 아이에게 온 체중을 실어 사과하기 287

5. 아무리 자녀라도 충조평판하지 않기 299

6. 거짓 공감도 공감인가 306

에필로그 삶의 한복판에서 느끼고 경험한 것들 324

일러두기 본문에서는 모두 당사자의 동의를 구한 사례를 수록하였고, 사례자를 보호하기 위해 가명으로 표기하는 등 몇 가지 사항을 변경했습니다.

1장

왜 우리는 아픈가

1

자기 소멸의
벼랑 끝에서

주위를 보면 너나없이 아프다. 마음이 아픈 사람 천지다. 근래에 조용하고 빠르게 확산하는 현상 중 하나가 공황장애, 공황발작이다. 의료 관련 통계를 들먹이지 않아도 주변에 공황발작을 겪는 사람이 급격하게 늘고 있다는 걸 피부로 실감한다.

공황발작은 아무런 예고도 없이 갑자기 심장이 멈추는 것 같은 느낌이 망치처럼 날아오는 증상이다. 그 순간 당사자는 죽을 것 같은 공포를 생생하게 감각한다. 그런 현상이 몇 분간 지속된다. 인간이 경험할 수 있는 최극단의 공포다. 그런 경험을 한두 번 하면 일상 전체가 두려움에 휩싸인다. 언제 어디서 그 광폭한 불안이 자신을 쓰나미처럼 덮칠지 알 수 없다. 예측할 수 없으니 대비할 수 없고 대비할 수 없으니 불안은 더욱 증폭된다.

스타들이 공황장애를 많이 앓는 이유

정상급 연예인 중에서 공황장애를 고백하는 경우가 적지 않다. 이해하기 어려울 수도 있다. 팬들에게 그들은 선망의 대상이자 꿈을 이룬 사람들이다. 안티팬도 있겠지만 그보다 압도적으로 많은 호감팬들의 관심과 애정을 받고 있으니 대중의 사랑을 받아야 하는 연예인으로서는 최종 목표를 달성한 거나 마찬가지다. 정상에 올라 맛보는 개인적 성취감도 만만치 않을 것이다. 주머니까지 두둑하다.

애정 과잉이 골치 아프지 결핍과는 거리가 멀 것 같은 사람들이 왜 공황장애 행렬의 맨 앞줄을 차지하고 있는 걸까. 꿈을 이루지 못한 사람의 좌절은 이해할 수 있지만 꿈을 이룬 사람의 좌절은 도대체 무엇일까. 꿈을 이뤄도 좌절하고 못 이뤄도 좌절을 피할 수 없다면 꿈의 실현 여부와 좌절은 상관이 없다는 말인가.

스타들이 겪는 공황장애의 근원을 살펴보면 지금 여기를 사는 우리들이 왜 이렇게 아픈지에 대한 중요한 단서를 발견할 수 있다. 스타들의 공황장애는 우리 내면을 가늠하는 리트머스 시험지라고 할수 있다. 많은 이의 욕망이 한곳에 집결한 교차로가 있다면 그 교차로 한가운데서 자리 잡기에 성공한 사람이 바로 스타들이다.

스타의 삶 속에는 우리 내면의 욕구와 욕망의 풍경이 그대로 압축돼 있다. 병든 장기 전체를 일일이 확인하지 않아도 몸속에 바늘을 밀어넣어 장기 조직을 조금만 떼어내 현미경으로 보면 그 사람이 지금 어떤 병에 걸렸는지, 병이 얼마나 진행됐는지, 병의 예후는 어떨지

등을 정확하게 알 수 있다. 마찬가지로 스타의 삶 일부를 떼어 심리적 현미경으로 보면 그 속에서 우리들 삶의 내밀한 모습들이 보인다.

거칠게 분류하면 스타는 두 종류다. 애초부터 대중이 원하는 방향으로 기획돼 세상에 나오는 스타가 있고, 자기 방식으로 나를 표현했을 뿐인데 대중의 폭발적인 환호와 관심을 받아 스타가 되는 이도 있다. 하고 싶은 대로 했을 뿐이고 내가 생각하는 방식이 원래 그런 것뿐인데 독특하다고 주목받으며 인기를 누리게 되는 것이다. '나'를 표현하는 건 나에겐 숨쉬듯 자연스럽고 특별할 것도 없는 일인데 말이다.

그런데 대중이 그 점을 특별한 것으로 느끼고 좋아하기 시작하면 숨쉬는 걸 한 번도 의식하지 않던 사람이 갑자기 자기 호흡이 신경 쓰이듯 그때부터 '나'는 '나'를 의식하게 된다. 한참을 그렇게 지내다 보면 그것이 원래의 나였는지, 내가 만들어낸 하나의 상(像)인 건지 스스로도 혼돈스러워진다. 애초에 대중의 욕구와 취향에 맞춰 기획된 스타는 물론이고 출발선이 달랐던 스타들까지도 그런 의식에서 자유롭기 어렵다. 나는 나를 의심하고 추궁한다. 나는 진짜 나인 것인가?

스타란 너(대중)의 취향에 나를 온전히 맞추는 사람만이 살아남는 생태계에서 최종적으로 살아남은 생존자다. 나를 너에게 맞추는 촉이 고도로 발달한 사람만이 도달할 수 있는 경지다. 다르게 표현하면 스타가 누리는 지위와 힘은 빼어난 재능과 고도의 촉을 바탕으로 자기 소멸의 경지에 다다른 이가 누리는 화려한 보상이다. 그게 스타의 본질이다. 일시적으로 그런 삶에서 벗어날 수는 있지만 스타라면 그런 삶에서 지속적으로 벗어날 수 없다. 그래서 스타는 화려하게 시든 꽃 같다.

스타가 가장 완벽하게 빛나는 순간은 나를 너에게 완벽하게 맞추었을 때다. 내가 온전히 '너의 욕망 그 자체'일 때, 내가 '나'를 주장하지 않을 때, '나'가 사라졌을 때다. '나'를 주장하는 모습이 가능할 때도 있다. 만 원 안에서 물쓰듯 써도 좋다는 호의처럼 '너'가 '자기 주장을 하는 나'를 근사하게 바라봐주는 범위에 한해서다. 온전히 '나'이려고 하면 스타의 자격은 몰수당한다. 스타로서의 수명은 그것으로 끝난다. 최소한 그 생태계에서는 추방된다. '너'의 욕망에 반(反)하기 때문이다.

그런 측면에서 스타의 삶은 우리 삶의 완전한 축소판이다. 일상에서 누군가의 기대와 욕구에 맞춰 끊임없이 나를 지워간다는 측면에서도 그렇고, 자기 소멸의 벼랑 끝에서 SOS를 치는 삶을 살고 있다는 측면에서도 그렇다.

해외 명품 브랜드 매장에서 일하는 한 매니저는 출근과 동시에 자기 이름이 아닌 영문 이름 '마이클'로 자신을 설정하고 마이클로 일과를 시작한다. 업무 중 수시로 받는 무시와 모욕을 본래의 '나'가 아닌 '마이클'이 받는 것으로 간주한다. 그는 공과 사를 분리하는 프로의식에 투철한 사람이라고 스스로를 믿었지만 어느 날 출근길에 가슴을 움켜쥐고 응급실로 실려 갔다.

내 삶이 나와 멀어질수록 위험하다

'나'가 흐려지면 사람은 반드시 병든다. 마음의 영역에선 그게 팩트다. 공황발작은 자기 소멸의 벼랑 끝에 몰린 사람이 버둥거리며 보내는 모르스 부호 같은 급전(急電)이다. "내가 희미해지고 있어요. 거의 다 지워진 것 같아요"라는 단말마다. 공황발작의 원인을 생물학적 요인 중심으로 판단하면 증상을 없애기 위해 약물치료에 보다 치중하겠지만, 그러다 보면 공황발작이 의미하는 개인의 심리적 상태에 대한 집중과 해결은 놓치기 쉽다.

사람은 나를 그대로 드러내는 사람에게 끌린다. 사람이 가장 매력적인 순간은 거침없이 나를 표현할 때다. 모든 아기가 아름다운 것도 그 때문이다.

스타로서의 성공도 매력적인 나일 때, 독특한 내 스타일을 그대로 드러낼 때 가능한 것처럼 보이지만, 실은 너의 욕망에 완벽하게 맞춰 움직이는 나로 살아갈 때만 가능하다. 스타는 어느 순간 자신이 가진 막대한 자산이 전부 너의 이름으로 되어 있다는 걸 알게 된다. 지금은 마음껏 인출해서 쓸 수 있지만 너의 눈밖에 벗어나는 순간부터 한 푼도 인출할 수 없으며, 그 즉시 천둥벌거숭이로 겨울 벌판에 버려지는 신세가 된다는 걸 깨닫게 된다.

인기 절정의 연예인도 결정적 실수나 악성 댓글 한 번에 그간의 모든 환호가 손가락 사이로 빠져나가는 모래알이 된다. 하루에 천 통넘게 오던 팬레터가 거짓말처럼 한 통도 오지 않는 충격적인 경험을 한다. 그야말로 썰물처럼 빠져나간다. 그럴 때 스타는 인기나 사람을 믿으면 안 되는구나를 생생하게 실감한다. 그걸 뼛속에 새긴다. 지금의 인기가 아무리 높아도 악착같이 돈을 더 모으려 하고 훗날을 위해 따로 무엇이라도 도모하려 한다.

사람에 대한 스타들의 인식은 스타가 되기 전과 달라진다. 좋은 쪽으로가 아니다. 그들에게 사람은 공포에 가까운 존재가 되고 그 공포는 내면화된다. 그런 공포를 이기기 위해 더욱 '너'에 충실해지려 한다. 계속적으로 '너'가 원하는 것이 무엇인지에 집중할 수밖에 없다. 그것이 '나'의 욕구이고 '내 삶'이라고 합리화할 수 있어야 한다.

그렇게 믿어지지 않으면 그 삶을 유지하지 못한다. 공포를 극복하기 어렵다. 줄타기 같은 삶을 시작한다. 나와 너가 순간순간 겨루다가 서서히 나를 지워나가기로 한다. 그렇게 자기 소멸의 길로 접어들며 병이 든다.

스타가 아니더라도 부모나 배우자의 강력한 기대에 부응하는 것 자체를 자기 삶으로 받아들이며 사는 사람들, 주어진 역할에 헌신하는 것이 자기 삶이라고 믿어 의심치 않고 살아가는 사람의 삶은 스타들이 겪는 공황장애 삶의 원리와 매우 닮아 있다. 나와 내 옆에 있는 사람에게서 흔히 볼 수 있는 우리 삶의 풍경이다. 자기성(自己性)이 소거된 채 부모의 기대나 사회적 역할, 가치 등에 전적으로 기대어 살아가던 사람은 절대적 의존 대상이던 그 부모나 배우자와 이별하거나 절대적인 내 역할이라고 믿어 의심치 않던 일이 없어지거나 그 가치가 빛을 잃을 때 공황발작을 경험할 수 있다. 예견된 수순이다.

공황발작은 곧 심장이 멎어버릴 것 같지만 절대 멎지 않으며, 죽을 것 같은 느낌이 생생하지만 물리적으론 절대 죽지 않는 병이다. 공황발작 자체로 사람이 죽지는 않지만 자기 소멸의 끝에서 탈진한 사람이 스스로 자기 삶을 거둬들이는 경우는 꽤 있다. 심장이 약해서 죽는 것이 아니라 나를 지워가며 살던 삶의 끝자락에서 더없이 기진맥진해져서 생 전체에서 마침내 손을 놓아버리게 되는 것이다. 누구든 내 삶이 나와 멀어질수록 위험해진다.

2

존재의 개별성을
무시하는
폭력적 시선

　장년을 넘어서면서 남편과 함께 운전하고 외출할 때면
접촉 사고에 각별히 주의한다. 혹시라도 접촉 사고로 우리보다 젊은
운전자를 만났을 때를 대비하게 된다. 젊은 사람이 다짜고짜 욕을
하면 어쩌나. 함께 욕을 할 수도 없고, 꾹 참고 욕을 듣는 일도 생각
만으로도 몹시 불쾌하다.

　이런 생각을 구체적으로 하기 시작한 건 노인에 대한 젊은 사람들
의 혐오스러운 시선을 자주 접하면서부터다. 요즘 젊은 사람들은 나
이 먹은 이에 대한 적개심이나 혐오감이 극에 달한 것처럼 느껴진다.
전철에서 좌석에 앉은 청년이나 젊은 여성에게 일어나라고 막말 호
통치는 노인들을 바라보는 젊은이들의 눈초리를 많이 목격했다. 어
떤 느낌인지 금방 상상이 될 것이다.

부산에 도착한 희망버스를 막무가내로 세우고 버스에 올라 젊은 여성들의 머리채를 휘어잡고 폭력을 휘두른 사람들도 노인이었다. 세월호 유가족들이 아이를 잃고 거리를 떠돌 때 그들에게 면전에서 폭언을 퍼부은 이들도 대개는 노인들이었다. 어버이연합에서 태극기 집회로 이어지는 동안 젊은이들에게 노인의 존재는 고약함 그 자체로 자리 잡은 느낌이다.

전철 안에서 태극기를 들고 술냄새를 풍기면서 고래고래 소리치는 노인이 있었다. 그 노인을 혐오의 눈길로 보다가 "냄새 나. 구린 것들"이라며 옆 칸으로 자리를 피하던 젊은 남녀의 눈빛을 잊지 못하겠다. 그런 젊은 눈빛들 때문에 흰머리가 유난한 남편과 함께 다닐 때, 내게도 하나 둘 흰머리가 늘어나면서 그들에게 나도 비슷한 느낌으로 보이면 어쩌나 하는 공포가 생긴다. 젊은 사람들의 눈에는 그런 노인들과 장년을 넘어선 우리 부부가 외형상으로 별로 달라 보이지 않을 것이다. 그래서 운전을 아주 조심스럽게 한다.

'노인 일반'으로 바라보는 시선

우리 사회에는 노인을 바라보는 양극단의 시선이 있다. 한 축은 노인에 대한 폄하다. 노인을 현실 감각을 잃어버린 분별력 없는 사람으로 본다. 무시하거나 조롱한다. 그래서 제쳐놓고 싶어 하거나 아예 관심을 두지 않는다. 다른 한 축은 노인에 대한 영혼 없는 습관적 존중이다. 노인이란 삶의 경험이나 지혜가 있다고 관성적으로 말한다. 두 가지 관점 모두 노인을 생생한 존재, 개별적 존재로 보지 않는다는 점에서 똑같이 불편하고 부정확하다.

모든 아이가 다 다르듯 모든 노인도 당연히 다 다르다. 개별적 존재들이다. 그런데 상대적으로 젊은 사람들은 노인을 노인이라는 집단적 정체성이 전부인 존재로 바라본다. 노인이 아닌 어느 누구에게라도 그런 시선은 그 존재에 대한 폭력이다. 누군가와 생생한 관계를 맺고 있는 유기체가 아닌 '노인 일반'으로 바라보는 시선은 그 존재에 대한 무례다. 그 시선은 그의 개별성을 몽땅 휘발시킨다.

남들이 부러워하는 직장을 다니는 후배는 회사를 그만두고 싶지만 부모님이 실망하실까 봐 못 그만두고 갈등한다고 했다. 내가 말했다.

"네가 부모님을 너무 단순한 존재로 보는 거 아니니."

"네가 부모님을 너무 관성적으로 바라보고 있는 건 아니니."

지나가는 말로 했는데 후배가 자신이 그러고 있는 건지도 모르겠다며 얼마 후 퇴사를 결심했다. 부모님도 후배의 생각만큼 충격을 받지 않았다. 좋은 직장을 그만둔 이해할 수 없는 행동을 감행한 딸을 보면서 후배의 부모는 딸과 처음으로 깊은 얘기를 나누는 기회를 가졌다. 후배는 공연한 걱정을 했던 것이다.

'내가 이렇게 하면 우리 부모는 반드시 이럴 것'이라는 생각. 그럴 수도 있지만 아닐 수도 있다. 변하는 상황과 현실에 따라 부모도 함께 움직이는 능동적 존재다. 모든 인간이 그렇듯이 부모도 상수(常數)는 아니다.

자기 존재에 주목받은 이후부터가 진짜 내 삶

세월호 특별법 서명을 받던 곳에서 일군의 노인들이 서명대 집기를 부수고 유가족들에게 욕설을 퍼붓는 일이 있었다. 그 고통스러운 소동이 끝난 후 행패를 부리던 노인 중 한 명과 얘기를 나누게 됐다. 나는 그 소란에 대해서 묻지 않고 "고향이 어디세요?" 물었다. 그렇게 시작된 대화는 오래전 세상을 떠난 아내와 살았던 시절로 갔다가 자신을 거들떠보지도 않는 아들과 며느리 이야기로 옮겨왔다. 거리에 버려진 부서진 장롱 같은 그의 삶을 듣다가 눈물이 차오르기도 했다.

한참 만에 노인이 불쑥 말했다.

"내가 아까 그 아이 엄마(세월호 유가족)들한테 욕한 건 좀 부끄럽지."

"그런 마음이셨군요. 그러셨군요."

나는 그렇게만 말했다. 사과를 받고자 시작한 얘기가 아니었지만 노인은 사과를 했다. 사과라는 말을 입 밖에 내진 않았지만 노인의 마음속에 미안함이 조금씩 고이고 있다는 걸 대화 중에도 느낄 수 있었다.

소동에 관한 얘기 그 자체만으로는 소동에 관한 진짜 얘기를 할 수 없다. 싸우려는 게 목적이 아니라면. 방금 전 자신이 벌였던 소란과 소동을 성찰하기 위해서 노인에게는 다른 이야기가 필요하다. 다른 이야기란 바로 '나' 이야기, 자기 존재에 대한 이야기다.

자기 존재가 집중받고 주목받은 사람은 설명할 수 없는 안정감을 확보한다. 그 안정감 속에서야 비로소 사람은 합리적인 사고가 가능하다. 노인이 보였던 뜻밖의 합리성도 사실은 자기 존재가 주목받은 후에 생긴 내면의 안정감에서 나온 것이다.

보수단체 집회에 동원돼 당당하게 폭력을 휘두른 노인들에게 사과를 받으려면 몇 시간의 설득이나 토론이 필요할까. 설득이 가능하기는 한 걸까.

오랜 경력의 인부들도 힘들어하는 그랜드 피아노를 혼자서 옮기는 전문 이사꾼이 있단다. 피아노의 어느 지점에 집중적으로 힘을 모아야 피아노가 중심을 잃지 않고 들리는지를 몸으로 익힌 사람이다. 이는 피아노의 구조와 무게 중심을 오랜 경험을 통해 몸으로 체득해서 가능한 일이다.

그랜드 피아노를 혼자서 들어올리는 것보다 더 힘든 일이 철옹성 같기도 하고 안개 같기도 한 사람의 마음을 움직이는 일이다. 사람의 마음을 움직이게 하는 정확한 한 지점도 그랜드 피아노처럼 분명히 존재한다. 그걸 알면 사람 마음을 움직일 수 있다. 그 지점이 바로 한 개별적 존재로서 그 사람의 고유한 '자기'다.

노인은 보수단체에서 개최한 강의를 들었다. "우리나라가 지금 이렇게 잘살게 된 건 모두 어르신들 덕분이다. 어르신들이 진정한 애국자다. 오랜 세월 고생 많으셨다"는 얘기를 듣는데 코끝이 시큰했다. 노인이 말도 안 되는 폭력을 휘두르기 시작한 것도 자기 존재를 알아주는 사람들(보수단체 강사 등)을 만나면서부터였다. 오랫동안 온기조차 없었던 방구들에 불이 지펴지듯 마음이 덥혀지는 느낌이었을 것이다.

그런데 노인이 그 당당한 폭력을 후회한 것도 자기 존재에 주목해 주고 자기 삶에 귀 기울여준 사람(나)을 만나서였다. 변하지 않을 것 같은 사람도 예외 없이 변하게 하는 그 지점이 바로 '자기'다. 사람은 자기에 공감해 주는 사람에게 반드시 반응한다. 사람은 본래 그런 존재다.

노인만 그런 게 아니다. 학교나 부모에게 주목받지 못하는 청소년들, 좋은 대학을 못 다니고 변변한 직장이 없다는 이유로 형제나 또래 중에서 제대로 눈길 한번 받지 못하는 청년들의 삶도 한 개별적 존재로서 인정받고 주목받지 못한다는 점에선 노인의 삶과 질적으로 다르지 않다.

거리에서 그 노인을 만나서 이야기를 나눈 후에 함께 활동하는 시민 치유 활동가들과 함께 노인들을 찾아 그들의 '자기'에 집중해서 이야기를 듣는 프로그램을 시작했다. 노인들의 두 눈동자에 쏟아지는 50~60대 시민 치유 활동가의 눈길과 반응 하나하나는 화창한 날 활짝 연 창문으로 들어오는 볕 같은 것이었다. 노인들의 '자기'와 자기 삶에 쏟아지는 볕. 햇볕이 비추는 곳에서 생명이 시작되듯 노인들도 그랬다. 평생 이렇게 얘기하긴 처음이라며 햇살처럼 웃는 노인들의 고백은 우리 자신의 삶과 조금도 다르지 않다.

젊든 늙든 우리가 왜 이렇게 아픈지 이젠 알 것 같다. 자기 존재에 주목을 받은 이후부터가 제대로 된 내 삶의 시작이다. 거기서부터 건강한 일상이 시작된다. 노인도 그렇고 청년이나 아이들도 그렇다. 너도 그렇고 나도 그렇다.

3

'당신이 옳다'는
확인이
부족할 때

단전, 단수가 되면 최소한의 품위 유지가 불가능하지만 산소 공급이 끊기면 생명 유지가 불가능하다. 산소는 생명을 유지하는 절대 요소다. 맑은 공기를 통해서 폐로 들어온 산소는 혈액 속 적혈구에 실려서 온몸으로 운반된다. 적혈구는 폐로 들어온 산소를 이고 지고 택배 배달원처럼 먼 길을 떠난다. 몸의 말단 조직까지 일일이 찾아가 산소를 배달한다. 적혈구는 잠시도 쉬지 않고 일하는 고맙고 성실한 산소 배달원이다. 적혈구가 움직이지 않으면 우리 몸의 생명도 끝난다.

심리적 목숨을 유지하기 위해서 끊어지지 않고 계속 공급받아야 하는 산소 같은 것이 있다. '당신이 옳다'는 확인이다. 이 공급이 끊기면 심리적 생명도 서서히 꺼져간다.

사람은 옳기도 하지만 잘못 판단하고 행동할 때도 있는데 어떻게 늘 옳다고 말할 수 있나, 그런 의문이 생길 것이다. 내가 여기서 말하는 '당신이 옳다'는 말은 그런 현실적 수준의 잘잘못이 아닌 더 근원적 차원에서의 명제다. 무슨 말인가.

부모와 사이가 좋지 않은 열일곱 살 A는 집에 들어가고 싶지 않은 날이면 밤거리를 배회하며 이 친구 저 친구에게 전화를 한다. 그럴 때 친구들에게 흔히 이런 소리를 듣는다.

"거리에서 웬 청승이냐. 집에 들어가, 븅신아~."

맑은 공기가 절실한 순간에 매연으로 꽉 찬 지하주차장에 갇히는 느낌일 것이다.

이럴 때 A에게 산소 공급이란 "집에 또 못 들어가고 있구나. 무슨 일이 있었나 보네" 같은 말이다. 이 말은 "이 시간에 네가 집 밖을 배회하고 있다면 분명 그럴 만한 이유가 있을 것이다"라는 이해다. 네가 이상한 애라서 달밤에 체조하고 있는 게 아닐 거라는 무조건적 믿음과 지지다. 그 말은 A를 절대적으로 안심하게 해준다. 내가 잘못되지 않았다는 확인이 있어야 사람은 그 다음 발길을 어디로 옮길지 생각할 수 있다. 자기에 대해 안심해야 그 다음에 대해 합리적으로 사고할 수 있다.

네가 그럴 때는 분명 그럴 만한 이유가 있을 것이라는 말은 '너는 항상 옳다'는 말의 본뜻이다. 그것은 확실한 '내 편 인증'이다. 이것이 심리적 생명줄을 유지하기 위해 사람에게 꼭 필요한 산소 공급이다.

정서적인 '내 편'이 필요하다

엉뚱한 짓을 하고 있는데 '너는 옳다'라고 지지해 주면 상대가 오판하지 않을까. 자만심에 빠져 결국 잘못되지 않을까. 쓴 약처럼 따끔한 말이 더 필요하지 않을까. 그런 게 어른다운 걱정이라고 생각하는 사람들이 의외로 많다. 아니다. 그건 사람을 어리석고 표피적인 존재로만 상정하는 틀에 박힌 생각인 동시에 스스로에 대한 오만한 시선이다.

사람은 상대가 하는 말의 내용 자체를 메시지의 전부라고 인식하지 않는다. 순간적으로 그 말이 내포한 정서와 전제를 더 근원적인 메시지로 파악하고 받아들인다. '너는 옳다'고 해주면 A는 지금 집 밖을 배회하는 내가 참 잘하고 있구나라고 믿는 게 아니라 찌질하게 구는 나를 비난하지 않고 있는 그대로 받아주는 사람의 존재를 통해서 자기 존재에 대해 안심하게 된다. 산소가 희박한 순간에 고농축 산소를 들이켜는 것이다. 사람은 기계적인 존재가 아니다. 생각보다 훨씬 입체적이고 정서적인 존재다. 어른도 그렇고 아이도 그렇다.

가장 절박하고 힘이 부치는 순간에 사람에게 필요한 건 '네가 그랬다면 뭔가 이유가 있었을 것이다' '너는 옳다'는 자기 존재 자체에 대한 수용이다. '너는 옳다'는 존재에 대한 수용을 건너뛴 객관적인 조언이나 도움은 산소 공급이 제대로 되지 않은 사람에게 요리를 해주는 일처럼 불필요하고 무의미하다. '저 사람은 지금 내가 산소가 필요하다는 걸 모르는 사람'이라는 걸 확인시키는 인증 작업일 뿐이다.

호흡이 가빠 산소 호흡기가 필요한 사람에게 양념치킨을 시켜준다면 고마운 일도 아니고 도움이 될 리도 없다.

열일곱 살 A도 생각한다. '이 추운 날 나는 왜 거리에서 이러고 있을까.' 집을 뛰쳐나왔을 때는 나올 만한 명백한 이유가 있었음에도 자기도 자기를 다시 추궁하고 있었을 것이다. '네가 옳다'는 타인의 확인이 필요한 건 이렇게 자기 자신도 전적으로 자기 편이 돼주기 힘들기 때문이다.

'나는 왜 이러고 있나. 도대체. 매번.' 대개의 사람들에겐 이런 식의 자기 분열적 사고가 습관이다. '그런 생각을 할 리가 없어'라고 머릿속에 떠오르는 사람조차 실제로는 그렇다. 인간이 본래 그런 존재이니 우리에겐 일상을 지탱해 줄 최소한의 외부적 산소 공급이 필요할 수밖에 없다.

A가 친구들에게 전화를 하는 건 조언을 얻기 위해서가 아니다. 정서적인 내 편이 필요해서다.

"부모님이 그랬으면 당연히 집에 들어가고 싶은 마음이 없겠네."

이런 말을 들을 수 있다면 A는 그 밤의 분노와 억울함에서 순간적으로 빠져나올 힘을 얻는다. "배회할 만한 이유가 있었겠지"라는 말은 A를 계속 집 밖으로 나돌게 하는 것이 아니라 '내가 틀린 게 아니구나. 내가 잘못된 게 아니구나. 내가 비정상이라서가 아니구나' 안도하게 해서 그 다음 행보를 어떻게 할지 쉽게 결정하게 한다. 십중팔구 집으로 들어갈 것이다.

A가 밤거리를 배회한 것은 춥지 않아서도 걷기 위해서도 아니다.

밤거리를 배회하는 행동 자체가 목적이 아니기 때문에 복잡한 마음이 정돈되는 순간 그 행동은 아침 이슬처럼 사라진다. 그 행동은 혼란한 마음의 2차 산물이었기 때문이다. "그 시간에 웬 청승이냐, 달밤에 체조하냐"는 식의 반응은 아침 이슬의 멱살을 잡고 뒤흔드는 일이다. 아침 이슬은 해가 뜨면 저절로 사라진다.

'네가 옳다'고 말하는 것이 먼저

살다 보면 주변에서 죽고 싶다거나 누군가를 죽이고 싶다는 얘기를 하는 사람이 있다. 그러면 긴장하게 된다. 그런 경우에도 '네가 옳다'고 해야 하나. 그럴 수 있나. 물론이다. 그럴 수 있다. 그래야 한다.

'죽여버리겠다, 죽겠다'는 극한의 감정 상태도 햇빛 아래서는 아침 이슬처럼 된다. 흔적도 없이 사라진다. 속마음을 듣는 현장에서 수도 없이 경험한 일이다. 사람의 분노나 억울함, 상처의 감정이 하찮아서가 아니다. 천천히 정확하게 햇빛을 쬐어주면 그것들은 대부분 사라진다. "집을 나가겠다, 일을 때려치우겠다, 죽겠다, 죽이겠다"는 말에 "네가 그러면 되느냐, 그러면 안 된다"는 류의 말들은 절박한 사람의 말귀를 제대로 알아듣지 못하는 사람의 반응이다.

나는 그런 때 언제나 "그렇구나, 다 때려치우고 싶을 만큼 지쳤구나, 다 불태워버리고 싶을 만큼 화가 나는구나, 그럴 만한 일이 있었나 보구나"라고 온 체중을 실어 말한다. 그 다음에 "그런 맘을 들게 했던 그 일이 구체적으로 뭔데?"라고 묻는다. 그가 누구이든 어떤 상황의 하소연이든 예외 없다.

사람은 괜히 집을 나가지 않으며 괜히 죽고 싶은 마음이 들지 않는다. 하물며 괜히 사람을 죽이고 싶은 마음이 들 수는 없다. 그런 얘기를 꺼냈을 때는 그렇게 생각하지 말아야 할 이유를 스스로 백 가지 이상은 찾아본 이후다. 그래서 나는 언제든 우선적으로 그 마음을 인정한다. 그런 마음이 들 때는 그럴 만한 이유가 있었을 거라고, 그러니 당신 마음은 옳다고. 다른 말은 모두 그 말 이후에 해야 마땅하다. 그게 제대로 된 순서다. 사람 마음을 대하는 예의이기도 하다.

'네가 옳다'는 확인을 받으면 "집을 나가겠다, 죽겠다, 죽이겠다"는 따위의 말들은 이내 아침 이슬이 된다. '당신이 옳다'는 말을 거리낌 없이 할 수 있으면 아침 이슬과 먹살잡이하는 허무한 일을 더 이상 하지 않게 된다.

"당신이 옳다."

온 체중을 실은 그 짧은 문장만큼 누군가를 강력하게 변화시키는 말은 세상에 또 없다.

4

만성적
'나' 기근에
시달리는 사람들

어느날 SNS를 통해 알게 된 모임에 참석했던 지인이 불평했다. 모임에 온 사람들이 서로 자기를 내세우려고 조급해하니 대화가 지나치게 전투적이고 재미가 없었다는 것이다. 최소 일곱 명 정도의 패널이 등장해서 서로 말할 기회를 잡느라 치열한 신경전을 펼치는 예능 프로그램도 아닌데 일상에서 '나 드러내기'에 여념없는 사람이 참 많다.

공을 뺏기지 않으려고 현란한 드리블을 구사하는 농구 선수와 그 공을 빼앗으려는 상대팀 선수의 조합처럼 사람들은 기회만 있으면 자기 얘기로 화제를 돌린다. 동창 모임처럼 수평적 관계에서도 그렇다. 귀갓길에 '내가 너무 혼자만 말했나' 후회가 밀려들기도 하지만 막상 그런 순간이 되면 통제가 안 된다.

기회가 왔다 싶으면 예의를 차릴 여유가 없다. 과도한 나 드러내기는 평소에 한 개별적 인간으로서 최소한의 관심과 주목을 받지 못한 채 방치된 삶들이 많아서라고 생각한다. 만성적인 '나' 기근이 중요한 원인일 것이다.

사람 소리도 들리지 않는 강남 원룸촌

몇 해 전부터 우리나라에서 '고독사는 노인 문제'라는 공식이 깨졌다. 늘어나는 청년들의 고독사가 새로운 사회 문제로 떠오르고 있다. 고독사는 아무에게도 보살핌을 받지 못한 상태에서 사망하고 그후로도 상당 기간 방치되는 죽음을 말한다. 이런 죽음의 행렬에 청년들이 가세하고 있는 것이다. 예전에 청년 고독사 1위 지역(서울 기준)은 고시촌 밀집 지역인 관악구였는데 지금은 강남구다. 돈을 벌기 위해 강남으로 모여든 청년들이 비극의 주인공이다. 이들은 대부분 원룸촌에 산다.

청년 고독사를 취재하러 강남을 누빈 기자에 의하면 원룸촌이 밀집한 그곳엔 분명 사람이 있는데 지나다니는 사람도 없고 사람 소리도 들려오지 않았다고 했다. 강북에 청년들이 모여 사는 곳에선 밤이면 술 마시고 떠드는 소리 때문에 자잘한 문제들이 많은데 강남의 원룸촌은 놀랄 만큼 조용하다는 것이다. 강남에 사는 한 청년은 "여기서는 떠들면 남한테 폐를 끼친다는 강박 관념이 심해서 극도로 조심하게 된다"고 소리 죽여 말했다.

나는 그 말을 들으며 시골에서 상경해 부잣집 문간방에 기거하며 식모살이를 하던 40~50여년 전의 어린 소녀들이 떠올랐다. 낮에는 몸이 부서져라 일만 하다가 밤이 되면 문간방에 들어가 쥐죽은 듯 없는 사람처럼 지내야 했던 어린 소녀들. 자기 존재를 지우며 살아야 했던 예전 가난한 집 딸들의 모습이 21세기 강남구로 돈벌러 모여든 청년의 삶과 겹쳐 보인다.

강남이라는 거대한 부잣집에서 일하다 밤이면 원룸이라는 문간방에 틀어박혀 그림자처럼 살아야 하는 청년들의 모습은 연상만으로도 가슴이 아프다. 자기 존재를 민폐로 인식하는 청년들. 죽은 듯 사는 청년들.

강남역 출구에서 쏟아져 나오는 사람들의 얼굴 표정이 다들 화난 사람처럼 보여서 놀란 적이 있다. 직장에 다니는 한 젊은 여성은 회사에서 웃으면 가벼워 보이고 전문성 떨어지는 느낌을 주는 것 같아 웃지 않는다고 했다. 잘 웃으면 일도 대충하는 사람으로 보일 것 같다나. 그러니 집에서 혼자 예능 프로그램을 볼 때나 웃을 수밖에.

개인 미디어, SNS 등의 발달로 자신을 거침없이 드러내는 또래 세대들을 보면서 이들은 다이어트 중에 먹방을 시청하는 사람처럼 대리만족을 느끼기도 한다. 하지만 한편으론 '저 사람은 저렇게 열심히 잘살고 있는데'라며 더 위축되기도 한다.

어쨌든 큰소리를 내면 민폐일까 봐, 웃으면 실력 없어 보일까 봐 전전긍긍하는 삶 속에서 힘들 때 힘들다고 말하는 일은 불가능하다.

희로애락의 감정을 거세한다고 삶이 구질구질하지 않고 스마트한 삶이 될까. 삶이 구겨지지 않을까. 물론 아니다.

감정, 희로애락이 차단된 삶의 끝은

한 사람이 제대로 살기 위해 반드시 있어야 할 스펙이 감정이다. 감정은 존재의 핵심이다. 한 사람의 가치관이나 성향, 취향 등은 그 존재가 누구인지 알려주는 중요한 구성 요소들이지만 그것들은 존재의 주변을 둘러싼 외곽 요소들에 불과하다. 핵심은 감정이다. 내 가치관이나 신념, 견해라는 것은 알고 보면 내 부모의 가치관이나 책에서 본 신념, 내 스승의 견해일 수도 있다. 하지만 내 감정은 오로지 '나'다. 그래서 감정이 소거된 존재는 나가 아니다. 희로애락이 차단된 삶이란 이미 나에게서 많이 멀어진 삶이다.

그렇게 감정을 억제하고 투명 인간 취급을 당하며 존재가 거의 희미해진 삶의 종착역은 어디일까. 소리 안 나는 총에 맞은 사람처럼 조용히 허물어지는 일이다. 청년 고독사가 그 극단적 결과다. 간혹 존재가 소멸되기 직전의 상태에서 과도하게 난폭해지는 경우가 있다. 산소가 점점 희박해지는 곳에 갇혀 있던 사람이 잠깐 창문이 열렸을 때 가쁘고 거친 숨을 몰아쉬듯 존재가 거의 지워진 사람들이 보이는 난폭성은 숨이 멈추기 직전의 마지막 절규 같은 것이다. '여기에 나도 있어. 제발 나라는 존재를 한 번만이라도 의식해 줘!'

나는 일상에서 사람들을 만날 때 "요즘 마음이 어떠세요?"라는 질문을 자주 던지곤 한다. 단둘이 만난 자리뿐 아니라 여럿이 만나 얘기를 하는 자리에서도 그렇다. 어떤 모임이어도 이 뜬금없어 보이는 말이 끼어들 틈은 항상 있게 마련이다. 이야기가 공허하거나 무의미하게 맴돈다고 느낄 때 묻는다. 이 질문을 던지면 의외의 상황이 벌어진다. 질문 전후 이야기의 질이 확연히 달라지기도 한다. 별말 아닌 것 같지만 존재 자체에 대한 주목이어서 그렇다.

심리적으로 벼랑 끝에 있으면서도 낌새조차 내보이지 않고 소리 없이 스러지고 있는 사람이 많은 현실이라 "요즘 마음이 어떠세요"라는 질문 하나가 예상치 않게 '심리적 심폐소생술(CPR)'을 시작하게 만들기도 한다. 이 질문은 심장 충격기 같은 정도의 힘을 발휘한다. 간단한 심폐소생술 교육을 받은 초등학생이 거리에서 갑자기 쓰러진 성인의 목숨을 구했다는 실화처럼 심리적 CPR 또한 마찬가지다. 심리적 CPR은 꼭 배워야 한다. 그러면 자신도 모르는 사이에 사람을 살리게 된다.

'나는 왜 이러고 있나. 도대체. 매번.'
대개의 사람들에겐 이런 식의 자기 분열적 사고가 습관이다.
'그런 생각을 할 리가 없어'라고
머릿속에 떠오르는 사람조차 실제로는 그렇다.

가장 절박하고 힘이 부치는 순간에
사람에게 필요한 건
'네가 그랬다면 뭔가 이유가 있었을 것이다'
'너는 옳다'는 자기 존재 자체에 대한 수용이다.
'너는 옳다'는 존재에 대한 수용을 건너뛴
객관적인 조언이나 도움은
산소 공급이 제대로 되지 않은 사람에게
요리를 해주는 일처럼 불필요하고 무의미하다.

2장

심리적 CPR

지금 우리에게 절실한 것

사람을
그림자 취급하는
사회적 공기

지방의 어느 주택가 화단에 20대 여성이 동거남에 의해 살해당해 주검으로 버려졌고 한참 만에 발견됐다. 가족과의 왕래도 없었고, 다니던 공장에서는 사흘 동안 출근하지 않으면 자동 해고가 되는 내부 규약에 의해 해고 처리가 된 상태였다. 주검으로 버려진 며칠 동안 아무도 그녀를 궁금해하지 않았던 것이다.

어릴 때는 학교를 하루만 결석해도 선생님이 연락을 하던 게 우리의 일상이었는데 이제는 아무런 연락 없이 동료가 나오지 않아도 그냥 명부에서 지워버리고 마는 시대다. 나름 이유가 있겠지만 그런 식으로 무감하게 사람 이름을 지우는 일이 어떻게 한 회사의 시스템일수 있을까. 한때 사랑했던 남자에게 죽임을 당해 세상을 떠난 젊은 여성은 사회로부터도 끝까지 없는 사람 취급을 받았다.

우리 사회는 이미 사람을 유령처럼, 그림자처럼 대하는 것이 사회의 시스템으로 굳어진 느낌이다. 처음엔 약자와 빈자만이 이런 비정한 시스템의 희생양일 것이라고 생각했지만 이젠 아니다. 사람을 존재 자체로 주목하고 인정하지 않는 공기는 미세먼지처럼 우리 사회 전체를 조용히 덮어버리는 중이다. 먼지가 다니는 길에는 경계가 없어서 사람이 금을 그어놓는다고 금 안에 묶여 있지 않는다. 그 영향력은 무차별적이다. 이제는 부자나 권력가들도 미세먼지처럼 휘감는 그 공기에서 자유로울 수 없다.

존재 자체가 주목받지 못해서 생긴 허기와 결핍

존재 자체를 몸에 비유한다면 외모, 권력, 재력, 재능, 학벌 등은 몸을 감싼 여러 겹의 옷들이다. 넘치는 관심과 주목을 받는 사람들도 따지고 보면 존재 자체에 대한 주목이 아니라 그가 걸치고 있는 옷에 대한 주목이나 찬사인 경우가 대부분이다. 내 직장이나 학위, 직업이 '나'가 아니듯 내 돈, 권력, 외모나 재능도 당연히 '나' 자체가 아니다.

그래서 그것들을 다 가진 사람도 자기 존재 자체가 주목을 받지 못하면 심한 결핍이 생긴다. 오히려 더 배를 곯는다. 외형적으론 가진 게 많으니 존재 자체의 결핍으로 인한 그들의 불안과 두려움을 말도 안 되는 투정, 배부른 투정 같은 것으로 치부해서다. 나중에 심리적으로 더 큰 곤경에 빠지고 그 대가를 치르게 된다.

　큰 영향력을 행사하는 위치에 있고 다 쓰고 죽기 어려울 만큼 재산이 있다. 전화 한 통이면 언제든 달려와 줄 지인들이 즐비하고 어느 모임에 가든 모임의 중심이 된다. 말 한마디와 행동 하나에도 사람들이 집중한다. 그런데도 늘 외롭다고 느낀다. 그 외로움을 가까운 사람조차 이해하지 못한다는 것 때문에 더 외롭다.

　어느 정치인이 떠오를 수도 있고 성공한 기업가나 벼락부자가 된 자산가, 정상에 오른 연예인이 생각날 수도 있다. 누구를 대입해도 다 맞다. 그런 사람 천지다. 다 가진 자들의 이런 서민스러운(?) 불안과 외로움이 이해받기는 쉽지 않다. 하지만 그렇지 않다. 별개다. 역설적으로 자기 존재에 대한 영역에서 인간은 공평하게 허기지다.

　다 가진 자들이 사람들을 만날 때마다 반복적으로 확인하는 게 있다. 저들은 내 돈을 보고 그러는 거다. 내가 지금처럼 돈을 쓰지 않으면 내 뜻대로 움직이는 사람은 없을 것이다. 내 영향력 때문에 가까이하는 것이니 내가 이 자리를 떠나면 아무도 내 말을 귀담아 듣지 않을 것이다. 내가 가진 힘 때문에 나한테 잘하는 것이니 사람을 믿으면 안 된다. 그들의 내면에서 이런 생각들은 신앙같이 굳건하다.

　자수성가해서 수천 억 매출의 기업을 일군 A는 창업 후부터 지금까지 하루 세 시간 이상 자본 적이 없다. 가난한 점방집 아들이었던 그는 어린 시절 불성실한 자기 아버지가 장사하는 모습을 보면서 어린 마음에도 '저렇게 장사하면 안 된다'는 생각을 했다. 아버지가 제대로 처리하지 않은 일들을 엄마와 장남인 자신이 하느라 고생했던 생각을 하면 지금도 아득하다.

아버지처럼 하면 안 된다는 마음으로 점방보다 수만 배는 더 큰 회사를 운영하니 몸이 고된 것은 당연했다. 친척이나 옛 친구들은 그를 만나면 "대단하다" "옛날부터 뭔가 달랐다"며 존경과 칭찬이 섞인 말들을 한다. 그러면서 지금 자신들이 얼마나 힘든 상황인지를 얘기한다. 자식의 취직을 부탁하기도 하고 그의 회사에 납품하고 싶다는 뜻을 비치기도 한다.

가까운 이들과의 관계가 청탁이 거의 전부였던 그는 어릴 때 한 집에 살기도 했던 다섯 살 터울의 막내 이모를 오랜만에 친척 어른의 칠순 잔치에서 만났다. 이모는 그를 보자마자 눈물을 뚝뚝 흘리며 옛날에도 그렇게 고생만 하며 살았는데 그 큰 회사를 운영하느라 얼마나 힘들겠냐고 했다. 네가 어릴 때도 똑똑했지만 위가 늘 안 좋았는데 아직도 위장병으로 고생하는지 묻기도 했다. 이모가 그간 살기 바빠서 신경을 못 썼다며 어릴 적부터 잘 먹던 반찬을 해다줘야겠다고 그의 손을 잡으며 안쓰러워했다. 이모는 성공한 그를 안쓰럽게 봐주는 유일한 사람이었다.

이모를 만난 후 그는 표현하기 어려운 묘한 느낌이 들었다. 다시 이모를 만나 둘이서 밥을 먹으며 옛날이야기를 나누고 싶었고 자기가 지금 얼마나 지치고 또 외로운지 위로를 받고 싶다는 마음이 들었다.

A처럼 성공한 사람들은 주변의 많은 사람들로부터 존경한다, 고맙다는 소리를 유행가처럼 계속 들어도 진짜 자기에게 주목해 주는 사

람은 없다고 느낀다. 사람들이 '나' 자체에 관심 있는 게 아니라고 생각한다. 언제나 혼자라고 느낀다. 그래서 다 가진 자들은 돈과 권력에 더 예민할 수 있다. 그것마저 사라지면 자신에게 남는 것은 아무것도 없다고 느껴서다. 사람을 믿지 못한다. 옛 친구를 만나도 자신을 친구로 대하는 사람은 없고 청탁이나 투자를 부탁하는 의뢰인일 뿐이라고 씁쓸해한다.

이런 관계들 속에서 다 가진 자는 금은 넘쳐나는데 쌀은 한줌도 없는 이상한 기근을 겪는다. 금이 없어도 쌀이 있으면 살 수 있지만 금이 산더미같이 있어도 쌀이 없으면 살 수 없다. 존재에 대한 주목이 삶의 핵심이라는 사실을 모르고 질주하다 보면 현실에선 아무 쓸모도 없는데 사이버 세상에선 떼부자인 다 가진 자처럼 되기 십상이다. 다 가진 것 같지만 금괴 더미 안에서 주린 배를 움켜쥐고 쓰러진다. 블랙코미디 같지만 마음의 영역에선 이런 일들이 차고 넘친다.

근원적 외로움에서 벗어나려면

어느 부자 노인이 병든 자기 몸을 수년간 정성스럽게 간병해 준 여성에게 재산의 상당 부분을 상속하는 유언장을 작성했다. 우연히 그걸 알게 된 자식들이 놀라서 달려왔다. 우리 아버지가 긴 병에 정신이 흐려졌거나 마음이 약해져 잘못 판단했을 거라고 생각했다. 그러나 노인은 흔들림이 없었다. 힘 있을 때 옆에 있던 사람들보다 자신이 아무것도 아닐 때 병든 자신의 몸을 온전히 받아주고 진심으로 보살펴준 간병인이 자신의 존재를 있는 그대로 받아준 유일한 사람이라고 느껴서 그렇다. 노인은 결심을 무르지 않았다.

고급 정장에 계급장이나 보석을 주렁주렁 달고 있을 때 나를 주목하고 인정해 준 사람보다 내가 맨몸이었을 때 나를 있는 그대로 존중하고 극진히 보살펴 준 사람은 뼛속에 각인된다. 내 존재 자체에 반응한 사람이니 그 사람만이 내 삶에 의미 있는 사람이 된다. 약간의 상황적 오해와 착시가 있다 해도 마음의 영역에서 그것은 명백한 진실이다.

그런 사람을 만나야만 사람은 존재의 근원적인 외로움에서 벗어나고 존재의 근원적 불안에서 자유로워진다. 그래야 살아갈 힘의 최소한의 안정 기반을 만들 수 있다.

사회적 약자들의 거리 농성장에서 그들의 상처와 아픔에 공감하고 마음 포개는 시민을 많이 만난다. 한 직장인은 매일 퇴근 후에 농성장을 찾아 늦게까지 함께하고 휴일이나 주말에는 종일 농성장에 있다. 자신의 직장생활을 걱정해 주는 사람들의 말을 전하다가 그가 자기 속마음을 불쑥 털어놓았다. 농성장에 오면 행복하다고 했다. 고맙다며 사람들이 자기를 보고 늘 웃어주고 반가워한단다. 그래서 농성장에 있는 시간은 길어져도 이상하게 피곤하지 않다는 것이다. 가장 이기적인 것이 가장 이타적일 수 있다는 오래된 명제는 자기 존재 증명의 영역에서 더 확실한 진리다.

방전되고 꺼져가는 '나'에게 어떤 도움이 필요한가

직장생활이든 감옥 생활이든, 부자든 빈자든 모든 사람은 관계 속에서 살아간다. 그럼에도 어디서 누구를 만나든 존재 자체에 대한 주목이나 집중을 받는 경험이 적으니 사람들은 아플 수밖에 없다. 충전기를 한 번도 만나지 못한 배터리처럼 내 존재 자체가 계속 방전만 거듭하다 꺼져간다.

방전의 종착점에 서 있는 사람의 감정은 지독한 외로움이고 몸은 탈진 상태다. 그렇게 살 수는 없다. 살아지지도 않는다. 치솟는 자살률과 추락하는 출산율은 그렇게 생명과 멀어지고 있는 우리의 적나라한 자화상일지도 모른다.

불안과 두려움, 외로움과 탈진이 극한에 이를 때 어쩔 수 없이 전문가를 찾는다. 예상에서 한치도 벗어나지 않게 대부분 우울증이라는 진단을 받는다. 어떨 땐 의사가 진단을 내리기 전에 자기 스스로 우울증이라고 진단하고 단지 약을 받기 위해 병원을 찾기도 한다. 의사는 충실한 약사가 되어준다.

드러난 증상들은 비슷해 보여도 거기에 다다르기까지 개인의 역사, 주변 환경과 인간관계 같은 개별적 맥락들은 다 다르다. 하지만 우울증이라는 강력한 의학 규정 아래로 편입되면 개별적 맥락은 모두 휘발되고 우울증이라는 형해(形骸)만 남는다. 우울증이란 진단명은 나의 개별성을 뭉갠다. 우울증 환자라는 획일적 존재로 간주되고 우울증의 원인 또한 뇌 신경 전달 물질의 불균형이라는 생물학적 원인이 강조되면서 모두가 비슷비슷한 항우울제 처방을 받게 된다.

전문가와 만나도 내 존재 자체에 집중하고 주목해 주는 경우를 쉽게 경험하지 못하는 것이 현실이다. 그러면 어떻게 해야 하나. 혼자의 힘으로 버티기 어려운 순간에는 그래도 전문가의 도움이 필요하지 않을까. 그렇다. 누군가는 의사가 '우울증입니다'라는 진단을 내릴 때 내 아픔을 인정해 준 사람을 처음으로 만난 느낌에 기쁨의 눈물을 흘렸다고 말하기도 한다.

그런데 아쉬운 건 도움이 거기에서 끝나는 경우가 많다는 사실이다. 우울증이 전면에 등장하면서 '나'가 다시 뒤로 밀려서다. 그럼 정말 힘들 때 어디서, 누구에게 도움을 받을 수 있는 것일까. 우선 내게 절박하게 필요한 도움은 전문가 자격증을 가진 사람만이 줄 수 있다는 선입견에서 벗어나야 한다. 그래야 진짜 길을 찾을 수 있다. 그전에 내게 필요한 도움이 어떤 것인지 그 실체를 아는 게 중요하다. 필요한 것이 뭔지 분명해지면 어디서 어떻게 도움을 구할지는 저절로 알게 된다.

2

공감의 외주화,
남에게 맡겨버린
내 마음

　　중2 아들의 우울증이 심각한 정도라는 통보를 받았다. 학교 상담 교사로부터 들었는데 우울증 측정 결과 자살 충동 요인까지 있으니 전문가를 찾는 게 좋겠다는 것이다. 엄마는 충격 속에서 청소년 전문 정신과 의사를 폭풍 검색했다.

　　첫 진료에서 의사는 우선 아이의 심리 검사를 해야 한다고 했다. 심리 검사 날짜를 예약해서 일주일 후 검사를 받았고 다시 십여 일을 기다려 검사 결과를 들었다. 결과는 우울증이었고 짐작대로 부모의 오랜 갈등이 아이에게 영향을 크게 미쳤다는 진단을 받았다.

　　약물치료도 필요하다고 해서 약을 처방받고 다음 상담 날짜를 예약하고 집에 돌아오는데 아이가 더 이상 병원에 가지 않겠다고 선언하듯 말했다. 약도 먹기 싫다고 했다.

그런데 조금 이상한 점은 그 사이 아들의 반응이 조금씩 달라지고 있다는 거였다. 예전에 없던 기분 좋은 행동들이 많아졌다. 엄마 옆에 바짝 붙어 앉기도 하고 밥을 차려주면 군소리 없이 먹었다. 표정도 부드러워졌다.

치료를 거부해서 걱정했는데 오히려 아이가 이전과 눈에 띄게 달라진 것처럼 보였고 엄마도 부모로서 할 도리(병원도 데려가고 심리 검사도 받게 하는 등)를 다했다는 생각에 죄책감도 줄었다. 차일피일하다 병원 치료는 아예 접었다.

시간이 조금 지난 후 엄마로부터 그때 아이의 느낌을 들었다. 아이가 이렇게 말했다고 한다. 엄마와 손을 잡고 병원을 오고간 그 시간이 좋았다고, 병원 근처에서 엄마와 함께 먹었던 돈가스가 너무 맛있었다고. 병원 진료실에 함께 있을 때의 느낌을 아이가 엄마에게 전할 때 엄마의 마음에 그 말이 아기처럼 폭 안겼다.

의사의 얘기를 들으며 엄마의 눈에 눈물이 고이고 눈동자가 흔들리는 모습을 아이가 봤던 모양이다. 그걸 보고 아이는 '아, 우리 엄마가 나 때문에 힘들어하는구나'라는 걸 느끼며 안심했다고 한다. 자기가 엄마에게 아무것도 아닌 존재가 아니었다는 확인이 뿌리 같은 안정감을 준 것이다. 약물과 상담 치료를 다 거부했지만 아이는 엄마의 흔들리는 눈동자에서 자기 존재감을 확인하고 편안해졌다. 아이의 그 말(느낌)을 내게 전하며 엄마는 강물처럼 울었다.

가장 먼저 만나야 할 사람

그렇다면 이 아이는 심리 검사, 약물치료, 정신과 의사가 없어도 치유가 될 수 있다는 것인가. 결론부터 말하자면 그렇다. 심리 검사와 약물치료, 정신과 의사보다 더 강력한 치유제가 있다. 이 경우 엄마의 존재 자체가 바로 그렇다. 부부간의 오랜 냉전 끝에 엄마는 거의 탈진 상태였다. 그때 아이가 심각한 우울증이라는 통보는 그녀를 아들의 존재 자체에 초집중하게 했다.

아마도 의사는 심리 검사를 해야 한다, 우울증이다, 약을 먹어야 한다는 의학적 판단에 집중하느라 예전에 엄마가 그랬던 것처럼 아이의 존재 자체에 주목하는 일을 뒤로 미뤘을 가능성이 있다. 엄마도 전문가인 의사가 가리키는 손가락 끝에만 집중했다. 관행적이고 일방적인 진료 시스템 자체가 아이를 더 외롭게 했을 수 있다.

내 존재에 주목하지 않고 내 아픔에 마음을 포개지 않는 사람이 주려고 하는 도움에 아이가 끌리지 않은 것은 인간의 자연스런 반응이다. 의사뿐 아니다. 상담 교사는 자살 충동이라는 지표에서 겁을 먹었고 엄마에게 배턴을 넘겼다. 엄마는 더 나은 전문가를 찾는 일에 열심히 매달렸고 의사에게 다시 배턴을 넘겼다. 그러는 동안 교사와 엄마의 시선에서 아이는 사라졌다.

이런 상황에서 상담 교사나 엄마는 더 나은 전문가를 찾기보다 우선 아이를 만나야 한다. 아이의 존재 자체에 자신의 눈을 맞춰야 한다. 아이가 죽고 싶은 마음이라고 했다. 아이의 비명을 들었는데 왜 그에 대해 아이에게 한 번도 직접 묻지 않는가. 아이의 비명을 생생하게 들었는데 왜 아이만 빼놓고 주변만 분주한가. 변죽만 울린다는 건 그런 것이다. 전문가가 아닌 사람도 뭘 할 수 있다는 말인가. 그렇다. 오브코스다.

"상담 선생님에게 얘기를 듣고 엄마는 진짜 놀랐어. 네가 그렇게 힘든 줄 엄마가 미처 몰랐어. 미안해. 그동안 얼마나 힘들었니? 네 마음은 지금 어떠니?"

아이의 눈에 엄마가 눈을 맞추고 그렇게 직접 물어야 한다. 엄마든 교사든 아이가 힘들다는 사실을 안 사람이면 누구든 제일 먼저 할 일은 아이에게 눈을 포개고 아이에게 묻는 것이다. 가장 시급하고 핵심적인 어른의 반응이 그것인데, 모두가 그것을 건너뛰었다.

볕에 내놓은 고추가 쏟아지는 햇볕을 받듯 아이가 자기 존재 자체에 쏟아지는 엄마의 눈길과 마음을 받았다면 아이의 '나'는 심장 박동처럼 반드시 반응했을 것이다. 아이의 '나'가 돌아오는 소리가 들렸을 것이다. 그런 게 심리적 CPR에 해당하는 일이다.

CPR을 하지 않으면 응급 상황에 처한 사람은 병원 문 앞에 도착하기도 전에 목숨을 잃는다. 그런데 상담 교사, 엄마, 정신과 의사 중 아무도 죽음 충동이 있다고까지 한 아이를 놓고 가장 먼저 해야 할 CPR은 하지 않았다. 중간 과정에서 우연히 발생한 CPR 요소가 아이를 구했을 뿐이다.

아이의 고통을 알게 된 순간 전문가를 검색하기 전 엄마가 할 일은 아이에게 먼저 묻는 것이다. 전문가들만 알 수 있는 특별한 심장 질환이나 유전 질환 문제가 아니고 내 아이의 마음에 관한 문제다. 아이의 존재에 눈을 맞추고 주목하면 된다.

"엄마 아빠가 싸울 때 네 마음은 어땠던 거니? 도대체 얼마나 힘들었니?"

이렇게 물어야 한다. 그래야 그간 놓치고 잃어버렸던 내 아이를 찾을 수 있다. 아이의 자살 충동은 바이러스 때문에 생기는 고도의 의학적 질환이 아니다. 일반인은 도저히 알 수 없는 희귀병이 아니다. 일상의 울타리에서 언제든 생기는 일이다.

동네에서 함께 걷다가 아이를 잃어버렸다면 신고를 하기 전에 내가 아이라면 어디로 시선이 끌렸을까 생각하며 아이가 갈 만한 주변부터 뒤져야 한다. 그게 아이를 찾는 가장 빠른 길이다. 아이를 잃어버린 비상한 상황이니 빠르다는 이유로 비행기를 타는 부모가 있다면 얼마나 어처구니 없겠는가. 동네를 걷다 잃어버린 아이를 비행기 타고 찾을 수는 없다. 걸으면서 찾아야 찾을 수 있다.

같은 이치다. 자살 충동이 있는 중한 상태이므로 뭔가 특별하고도 전문적인 처치가 필요한 게 아닌가 생각할 수 있다. 우리가 지금까지 배우고 알던 틀에 비춰보면 이런 특수한 상황에서는 사람에 대한 한가한(?) 이해나 공감보다 전문가적 조치가 더 도움이 된다고 생각한다. 하지만 꼭 그런 건 아니다. 정확한 이해와 공감이 가장 전문가적 조치에 해당한다.

일반인은 도무지 이해할 수 없는 조현병 등 몇몇 정신 질환을 가진 환자가 하는 이해할 수 없는 행동의 근원에 대해서는 의사의 전문적 판단이 필요하다. 그러나 아이가 가족이나 친구와의 관계에서 겪는 일상적 갈등이나 상처들은 특수한 의학적 질병에 걸린 환자의 문제가 아니다. 내 아이가 나와 함께 살며 겪는, 내 아이의 마음에 관한 문제다.

질병이 아닌 일상의 영역에선 사람에 대한 자연스럽고 상식적인 반응이 때로 가장 효과적인 치유다. 그것이 사람 마음에 더 빠르게 스미고 와닿는다. 그런 일의 위력을 아는 사람이라면 누구나 탁월한 치유자가 된다. 어떤 고통을 당한 사람에게라도 그 고통스러운 마음에 눈을 맞추고 그의 마음이 어떤지 피하지 않고 물어봐줄 수 있고, 그걸 들으면서 이해하고, 이해되는 만큼만 공감해 줄 수 있다면 그것이 가장 도움이 되는 도움이다.

아이는 자기 존재의 상태를 주목해 주고 알아주는 사람을 찾지 못한 채 기진맥진한 상태로 발견된 것이다. 그런데도 아이 옆의 어른들은 수건 돌리기 하듯 아이의 고통을 다음 사람에게 순차적으로 넘기고 있었던 셈이다. 상담 교사는 부모에게, 부모는 정신과 의사에게 정신과 의사는 약물치료와 다음 만남으로 공을 넘겼다. 이런 행태는 '일상의 외주화'다.

아기 때부터 도리도리와 걸음마를 과외 교사가 가르치고 연인과 사랑하는 법조차 학원에서만 배울 수 있다면 뭔가 잘못되어도 크게 잘못된 것이다. 이런 비상식적이고 비일상적인 외주화가 사람을 불행하게 한다. 비전문적이고 별것도 아닌 엄마의 반응이 아이 마음을 결정적으로 움직였다. 흔들리던 엄마의 눈동자, 돈가스 집에서 엄마와 마주하고 밥을 먹던 시간은 가는 숨을 몰아쉬던 아이에게 호흡을 편안하게 해주는 고압 산소통이었다. 엄청난 치유적 효과가 있는 행위다.

이미 일상에 가까워진 '죽음 충동'

그래도 혹시 그러다가 아이가 위험해지면 어떡하나, 전문가의 도움은 꼭 필요한 것 아닌가 의구심을 가질 수 있다. 그 불안의 중심에는 자살 충동에 대한 막연한 불안이 있다. 죽음이란 전혀 예측할 수 없는 순간에도 삶을 비집고 들어오는 것이라 공포스럽다. 그 느닷없음 때문에 죽음이라는 말을 들으면 멈칫 얼어버릴 수밖에 없다.

그런데 잠깐. 지금 우리의 일상에서 나타나는 죽음이나 죽음 충동은 우울증 환자라는 특수한 질병군에서만 나타나는 특별하고 예외적인 현상인가. 그리고 죽음 충동을 느끼면 다 중증 우울증인가. 한꺼번에 답하자면, 그렇지 않다.

이 땅에서 사는 일은 죽음 충동을 특별한 질병의 징후라고 여길 수 없을 만큼 일상적이지도 평화롭지도 않다. 모든 게 전투적이다. 불행이 이웃처럼 가깝다. 지난 십여 년간 우리나라의 자살률은 세계 최고 수준이다. 주위에 자살이나 비극적 사고로 세상을 떠난 가족이나 지인이 한두 명쯤은 있다.

그뿐인가. 살다 보면 나 하나만 사라지면 다 편안해지지 않을까 생각하게 되는 때가 있다. 사는 게 너무 힘들어서 잠깐의 고통만 참으면 영영 이 고통에서 자유로워지는 게 아닐까 진지하게 생각할 때도 있다.

그뿐인가. 전시도 아닌 평화시에 직장을 다녔을 뿐인데 순간순간 죽음 충동으로 내몰리는 사람들이 있다. 직접적으로 감정 노동자 군에 속하는 일을 하지 않더라도 우리나라 직장 생활의 본질은 고된 감정 노동에 속한다. 갑질을 견디는 것이 사회생활의 본질이 되어간다. 또 권위적이고 가부장적인 문화로 인해 학교나 직장에서 죽을 만큼 고통스러운 사람들을 한번 떠올려보자. 나를 포함해 그런 고통을 겪지 않는 사람을 꼽는 게 빠를 정도다.

고문실에서 살아가는 사람처럼 가정 폭력 속에서 숨죽이며 살아가는 사람들 또한 우리가 생각하는 이상으로 많다. 지옥을 경험하며 산다는 말이다. 우리 사회에서 죽음이나 죽음 충동은 삶의 평범한 일부가 됐다.

이런 상황에서 죽음 충동은 정신과 의사들의 진단서 안에 갇힌 특별한 의학적 영역의 사건으로만 볼 수 없다. 일상에 가깝다. 죽음은 수많은 삶의 사연 곁에 늘 함께 있다. 사연으로 가득한 그 개인들의 복잡한 상황과 갈등 곁에 항상 존재하는 것이 죽음이다. 그 개별적 사연과 상황을 고려하지 않은 채 죽음 충동이나 죽음에 대한 생각을 의학적인 질병인 양, 생물학적 원인의 우울증인 양, 건강하기 그지없는 몸에 이상하게 돌출한 이물질인 양 바라보는 시각은 잘못됐다.

"죽고 싶다"고 말하는 이를 봤을 때 그가 단지 죽을 만큼 힘들다는 표현을 한 건지, 아니면 자살 직전의 사람이 던진 말인지를 구분할 수 없어 두려울 수도 있다. 단순히 그 말만 듣고 그 사람이 지금 어느 쪽에 가까운지 알 수 있는 이는 아무도 없다. 그건 전문가도 마찬가지다. 더 물어봐야 한다. 둘 중 어느 상황인지 분명해질 때까지 두려워하지 않고 차분하게 물어봐야, 안다.

누군가가 찬찬히 물어봐 주지 않으면 죽고 싶다고 말한 당사자도 자기가 단지 힘들어서 던진 말인지, 진짜 자기가 극단적인 일을 저지를 상태인지 혼란스러울 수 있다. 그래서 그런 생각이 떠오르는 것만으로도 자신에 대한 두려움은 심해지고 불안은 더 커진다. 누군가의 질문에 답을 하면서 스스로도 자기 마음이 어느 쪽인지 알게 되기도 한다.

"죽고 싶어……."

"그런 마음까지 드는구나. 언제부터 그랬는데?"

"잘 모르겠어. (오랜 침묵 후) 오래된 것 같아. 요즘엔 더 자주 그런 생각이 드는 것 같고……."

"그렇구나. 오래전부터 그랬다면 그동안 많이 힘들었겠다. 그렇게 힘들 때는 어떻게 견뎠니?"

"혼자 멍때리거나, 게임을 하거나."

"그러면 좀 괜찮아졌어?"

"그때뿐인 거 같아. 지면 더 스트레스 받기도 하고……."

"그랬구나. 그래서 요즘 더 게임에 빠져들었던 거구나. 힘들어서 더 게

임을 한 건데 그것도 모르고 부모님은 그만하라고 잔소리만 했겠네. 요즘은 어떨 때 죽고 싶은 생각이 드는데?"

죽고 싶은 마음에 대해 묻기 시작하지만, 이야기를 하다 보면 죽고 싶은 마음 언저리에 있는 그 사람의 일상에 대해 묻고 듣고 이야기를 나누게 된다. 일상에 대해 구체적으로 관심을 가지다가 그 일상과 '그의 죽고 싶은 마음'의 연결에 대해 궁금한 것이 생기면 또 물으면 된다.

어떤 것을 묻냐가 중요한 것이 아니라 죽고 싶다는 마음을 비쳤는데도 그 고통이 아무 관심도 받지 못하고 방치되거나 외면되지 않는 것 자체가 중요하다.

사람들은 누가 죽고 싶다는 말을 했을 때 그 마음에 대해 자세히 묻는 것은 상대에게 상처를 주는 행위라 여긴다. 아니다. 정반대다. 고통 속에 있는 사람이 가장 절박하게 원하는 이야기가 바로 그것이다. 심각한 내 고통을 드러냈을 때 바로 그 마음과 바로 그 상황에 깊이 주목하고 물어봐 준다면 위로와 치유는 이미 시작된다. 무엇을 묻느냐가 아니고 나에게 집중하고 나의 마음을 궁금해하는 사람이 존재하는 것 자체가 치유이기 때문이다.

그 행위만으로도 전문가를 만나기 전까지 그를 적극 지켜줄 수 있다. 어떤 경우엔 그 개입만으로도 전문가 없이 내내 목숨을 버리지 않는 경우도 있다.

전문가에게 너무 기대지 마라

중2 아들과 엄마가 집과 병원을 오가며 공유하고 확인했던 눈빛, 서로 마주 잡은 손에서 느껴지던 악력, 아이스크림을 하나씩 나눠 먹으며 주고받던 말 사이에서 일어난 공명들, 그곳에서 저절로 알게 되는 엄마와 아들의 관계, 사랑 혹은 연민. 이런 회복과 복원의 기운에 눈을 포개 느껴보려고 노력하지 않으면 전문적인 치유는 헛일이다.

일상의 회복이나 일상적 교감에 집중하지 않고 전문가적 치유에만 기대려는 행위, 그게 일상의 외주화다. 예를 들어 아이가 급성 천식 증상이 있는 부모들은 항상 분무제(급성 천식발작이 왔을 때 호흡을 유지하기 위해 뿌려주는 약물)를 준비해 다닌다. 응급 상황이 닥치면 무조건 병원으로 달려가거나 119를 부르는 게 아니라 엄마가 아이와 호흡을 맞춰 조치한다.

비상 상황이지만 내용을 미리 잘 알아서 일상 속으로 끌어들이면 내 일상을 전문가에게 맡기지 않고도 대처가 가능하다. 오히려 그게 더 안전할 수 있다.

일상의 외주화로 인한 결과는 어떤 모습일까. 예를 들어 내 삶의 고통과 외로움이 우울증이라는 의사의 진단 영역으로 한계가 지어지는 순간 나의 존재 자체는 다시 소외되고 우울증 환자 일반으로 대상화되기 쉽다. 고통으로 피폐해졌을 때 사람은 무엇보다 정서적 공급이 시급한데, 그런 순간에 결정적으로 정서적 소외가 일어나는 것이다. 약 처방이라는 고도의 전문적 치료를 받는다는 기대와 나의 정서적 결핍이 충전될 기회를 맞바꾸고 이유도 모른 채 다시 시든다.

나의 혼돈과 고통을 해결해 줄 수 있는 마지막 의지처라고 생각하고 전문가에게까지 갔는데 더 외롭고 힘들어진다면 포기하고 체념하게 된다. 체념과 무력감이 잘못된 전문가 시스템에 의해 결정적으로 강화되는 순간이다. 역설적으로 우울증이라는 진단이 한 개인에게 위험을 초래하는 경우도 있다.

일상적 허기처럼 갈등과 상처들이 찾아오는데 그것들을 내 손으로 해결하는 최소한의 방법을 익히지 못하면 우리의 삶은 점점 늪이 되고 지옥이 되어간다. 우울증에 대한 정신의학적 진단은 오랜 세월에 걸쳐 우리의 집단 무의식 속에 형성된 건강하고 자연스러운 치유적 반응의 작동을 방해하는 요인이 될 수 있다. 의학적 진단은 힘도 있지만 동시에 부작용도 있다.

우리 삶의 고통은 정신과의사와 상의해야 하는 것보다 훨씬 더 많은 것들로 이루어져 있다.

3

우울은
삶의
보편적 바탕색

독박 육아가 시작되고 몇 달 되지 않아 그 사람 얼굴
에서는 웃음기가 서서히 사라졌습니다. 제 일거수일투족을 못마땅하
게 여기는 것 같았고, 저라는 존재 자체를 싫어하는 사람 같았죠. 그
곁에서 저도 마음이 많이 아팠고 점점 우울해졌습니다. 그러나 그
사람이 왜 변했는지, 왜 저렇게 힘든지 알기에 그 시간을 참고 견뎌
냈죠.
한번은 조심스럽게 말했습니다. 당신이 너무 힘들어서 우울증을 겪는
거 같다고, 마음의 감기 같은 거니까 병원에도 가보고 약도 처방받는
건 어떠냐고 말이죠. 그랬더니 화만 내더라고요. 우울증이 아니라 제
가 퇴근 후에 집안일을 잘 돕지 않고, 집안일을 잘 못하니까 짜증이
나는 거라고요. 제가 저의 잘못은 생각하지 않고, 자기를 우울증 환

자로 몰아세운다고 느낀 겁니다. 더 이야기하면 기분만 상할까 봐 관뒀지만, 그때 더 설득해서 상담이나 치료를 받도록 하지 못한 게 여전히 후회됩니다.

위 글은 젊은 부부의 육아일기 중 한 부분이다. 남편 도움 없이 독박 육아를 하며 산후우울증에 시달리는 아내를 바라보는 남편의 글처럼 보이지만 실은 그 반대다. 이 글은 청년비례대표로 19대 국회의원을 지낸 장하나 전 의원이 《한겨레》에 기고한 칼럼 중 일부다. 장하나 전 의원은 여성이다. 그녀가 출산 휴가를 끝내고 일터인 국회로 출근한 후 그녀의 남편이 홀로 아기를 돌보며 고생할 때의 모습을 적은 글이다. 그러니까 육아일기 속 산후우울증의 증세를 보이는 사람은 그녀의 남편이다(나는 위 글에서는 '남편'을 '그 사람'으로 표현하거나 의도적으로 숨겼다). 그녀의 글은 이렇게 이어진다.

산후우울증의 원인으로 산모의 급격한 호르몬 변화와 신체 상의 변화에 주목하면, 두리 아빠(그녀의 남편)가 겪은 고통을 설명할 수 없습니다. 산후우울증은 생물학적 요인뿐 아니라 육아로 인한 피로·수면 장애·스트레스 등 생활상의 변화와 심리적 요인에 의해 발생합니다. 복지부의 '국가건강정보포털'에 따르면 경증도의 산후우울감은 산모의 85퍼센트가 경험하고, 중증도의 산후우울증은 산모의 약 10~20퍼센트에서 나타난다고 합니다. 즉 두리 아빠가 겪은 일은 사실 대다수의 엄마들이 겪고 있는 거죠.

독박 육아에서 벗어날 수 없는 환경이나 심리적 배려 체계가 전무한 일상이 두리 아빠 산후우울증의 원인이다. 출산 후 여성의 호르몬 변화로 인한 생물학적 질환이라고만 단정할 문제가 아니다. 혼자 아이를 돌보는 환경에선 남자도 산후우울증에 빠진다. 호르몬의 문제가 아니다.

현대 정신의학은 사회 구조적인 요인이 복잡하게 얽혀 있는 한 개인의 심리적 문제들을 여러 연구와 실험을 동원해서 생물학적 원인으로 돌려놓는 일에 탁월한 재능을 보였다. 만질 수도 없고 보이지도 않는 인간이라는 한 우주의 광활한 내면을 세로토닌 등 몇 가지 신경 전달 물질을 앞세워 지나치게 단순화하기도 했다.

만약 우울증이라는 진단을 아예 없앤다면 어떤 일이 벌어질까. 우울증 진단을 바탕으로 펼쳐지는 의료 산업과 제약 산업의 규모가 이미 천문학적 규모여서 현실에선 불가능하겠지만, 그런 상상만으로도 빼앗겼던 땅을 찾아 돌아오는 사람처럼 나는 자유로워진다. 어떤 면에서는 고통받는 사람을 도울 수 있는 방법이 한여름 나뭇잎처럼 많아지는 느낌도 든다.

두리 아빠의 고통이 산후우울증이 아니라면 어떤 병명을 붙여야 하는 걸까. 나는 질문 자체가 잘못됐다고 생각한다. 두리 아빠의 우울은 병이 아니다. 그냥 우리 삶의 한 조각이다.

우울과 무력감은 삶 그 자체일 뿐, 병이 아니다

인간의 마음이나 감정은 날씨 같다. 춥기도 하고 덥기도 하고 화창하고 맑다가 바람이 불기도 하고 태풍이 몰아치기도 한다. 예고 없이 지진이 일어나기도 하고 쓰나미가 덮치기도 한다. 그러다가 언제 그랬냐는 듯 무지개가 걸린다. 모른 체하는 데 일등이 있다면 날씨가 그렇다. 지금 날씨가 좋아도 주변의 고기압과 저기압이 만나면 내 머리 위로 갑자기 폭우가 쏟아지기도 한다.

이 움직임과 변화 모두 지구와 대기의 자연스러운 흐름이다. 태풍이나 쓰나미가 우리 일상을 벼랑 끝으로 몰기도 하지만 그렇다고 그것이 지구의 병은 아니다. 추우면 소름이 돋고 무더우면 땀이 흐르지만, 그것은 잘못된 현상도 병에 걸린 것도 아니다. 땀이나 소름 때문에 불편할 순 있지만 약 먹을 일은 아니다. 내 몸의 체온을 적절하게 유지하기 위해 몸이 알아서 대응하는 중에 나타나는 현상이다.

감정도 그렇다. 슬픔이나 무기력, 외로움 같은 감정도 날씨와 비슷하다. 감정은 병의 증상이 아니라 내 삶이나 존재의 내면을 알려주는 자연스러운 반응이다. 우울은 도저히 넘을 수 없을 것 같은 높고 단단한 벽 앞에 섰을 때 인간이 느끼는 감정 반응이다. 인간의 삶은 죽음이라는 벽, 하루는 24시간뿐이라는 시간의 절대적 한계라는 벽 앞에 있다. 인간의 삶은 벽 그 자체다. 그런 점에서 모든 인간은 본질적으로 우울한 존재다.

그러므로 우울은 질병이 아닌 삶의 보편적 바탕색이다. 병이 아니라 삶 그 자체라는 말이다. 그럼에도 우울의 질곡에 빠지면 도저히 끝날 것 같지 않아 평생 우울의 감옥 안에 갇혀 살 것처럼 느껴지기도한다. 아득하고 막막하다. 홀로 헤쳐 나가기 버거울 때도 많다. 도움이 필요한 순간이다. 그럴 때 내게 필요한 도움은 일상에 밀착된 '도움이 되는 도움'이어야 한다.

대기업 CEO였다가 은퇴한 남자가 있다. 퇴직 후 몸이 가라앉고 쉽게 화가 났다. 본인도 감지할 만큼 피해 의식이 생기고 사소한 일에도 예민해졌다. 무력감을 떨쳐보려고 운동도 시작하고 중국어 학원에도 등록했다. 다음날 특별한 약속이 없어도 현역 시절처럼 기상 알람을 새벽 5시에 맞추고 잠자리에 든다. 긴장이 풀어질까 봐 그런다고 했다. 그의 아내는 남편이 "은퇴 후에 우울증으로 고생한다"고 귀띔한다.

그의 무기력은 은퇴 후 우울증이라는 병인가. 해결하고 극복해야할 과제인가. 아니다. 극복의 대상이 아니라 순하게 수용해야 할 삶의 중요한 감정이다. 그의 무력감은 은퇴 이후의 생활에 제대로 적응하지 못해서 생긴 병적인 감정이 아니다.

은퇴 후에 이런 감정이 없다면 그게 외려 정상적이지 않은 것이다. 퇴직 후에도 여전히 의욕과 활력이 넘치는 사람이 있다면 나는 그를 걱정스럽게 바라보게 될 것이다. 방부제를 많이 넣어서 썩지 않는 햄버거처럼 퇴직이라는 삶의 자연적인 흐름을 무언가로 계속 막다 보면 결국에는 터진다. 어차피 한 번은 직면하고 받아들여야 할 삶의 중요한 숙제를 계속 뒤로 미루다 보면 이자까지 붙은 혹독한 대가를 치르게 된다. 퇴직 후의 우울과 무기력은 반드시 필요한 감정 반응이다. 긍정적 신호다. 어떤 점에서 그런가.

우리나라에서 대부분의 직장 생활은 한 인간이 입체적인 모습과 다양한 역할로 사는 시간이 아니다. 회사가 필요로 하는 도구로 살아온 시간이며, 사회적 성공이란 자기 억압의 결과일 수 있다. 그런 삶의 끝에서 만나는 은퇴란 몸에 밴 자기 억압이 한꺼번에 풀리는 일대 사건이다. 과장하자면 평생 감옥에 있다 출소하면서 눈부신 햇빛에 눈을 찡그리는 출소자 같은 상태다. 24시간 정해져 있는 삶을 살다가 사방 어디로든 발을 떼어도 되고 언제 먹든 언제 잠자리에 들든 자유로운 상태다. 비로소 내 삶으로 돌아오는 순간이다.

하지만 장기수로 살다 막 출소한 사람에게는 세상이 아득하고 두렵다. 그때 찾아오는 무력감과 우울, 피해 의식 같은 감정이 은퇴자의 감정이다. 우울과 무력감은 그 마음 상태를 정확하게 반영해 주는 거울이다. 다르게 표현하면 그때의 무력감과 우울은 지금은 털썩 주저앉아 내 삶을 먹먹하게 돌아봐야 하는 때라고 알려주는 신호다.

감방을 나온 사람의 눈동자에 한꺼번에 쏟아져 들어오는 햇빛을 홍채라는 조리개 기능으로 일단은 차단해야 하듯, 너무 많은 시간과 자유와 자극으로부터 당분간은 주춤거린 채 있어야 한다고 알려주는 신호다. 새롭게 활력을 찾겠다고 헬스클럽과 학원을 전전할 게 아니라 조금은 더 주저앉아 있을 때라고, 마음은 우울과 무력감을 통해 그걸 알려주고 있다.

그렇게 내 감정은 나를 리얼월드로 데려간다. 나를 순정하게 만나게 해주는 곳이 리얼월드다. 내게도 막막할 때가 있구나. 아무런 계획도 떠오르지 않고 아무것도 손에 잡히지 않을 때가 있구나. 나도 그렇구나 하는 것을 느끼면서 삶에 대한 현실 감각이 조금씩 돌아온다. 처음으로 가족들이 실감나게 눈에 들어오기 시작한다. 내가 누구인지, 그들에게 내가 어떤 존재였는지, 그간 내가 어떤 삶을 살았는지, 그들이 나에게 어떤 존재였는지 처음으로 감각한다. 절름발이 같은 도구적 삶에서 벗어나 드디어 '나'와 만난다. 삶의 축복이다.

이 과정의 심리적 발판이 무력감과 우울이라는 감정이다. 그 감정을 도움판으로 해서 깨달음이 시작되는 것이다. 그의 무력감은 빛나기만 했던 자신의 삶이 사실은 반쪽짜리에 불과했다는 것을 느낄 수 있게 해준다. 생각과 판단이 자신을 그렇게까지 감지하지 못했을 때조차 감정은 자신의 나머지 반쪽을 있는 그대로 느끼고 드러낸다. 그것이 감정이 하는 일이다. 그의 현역 시절은 탈일상적, 탈인간적 시간이었을지 모른다. 은퇴 후에 처음으로 맞는 온전한 내 삶은 그렇게 무력감, 우울과 함께 시작되는 것이다.

친구의 구순이 넘은 노모가 넘어지면서 골반뼈와 대퇴골이 골절됐다. 평소 쾌활하시던 어머니가 자꾸 죽음에 관한 얘길 하신다며 "어머니가 지금 우울증인 것 같은데 약을 드시는 게 좋겠지?"라고 내게 물었다. 내가 친구에게 되물었다.

"구순이 넘은 엄마가 병상에서 꺼내는 죽음 이야기가 왜 병이야. 그 상황에서 삶의 의지를 불태우며 치료에만 집중하신다면 그게 오히려 부자연스럽고 이상한 일 아니니. 죽음을 말하는 엄마에게 '엄마, 죽음이 가까운 거 같아?' '엄마, 죽는 게 무서워?' '엄마, 요즘 누구 생각이 제일 많이 나?' 그런 얘기를 꺼내면 엄마와 너 모두에게 선물 같은 시간이 될 거야."

그러다가 엄마가 마음이 너무 약해지면 어떡하지라는 걱정은 그야말로 괜한 걱정이다. 엄마와 딸이 손 꼭 잡고 죽음에 대한 두려움과 삶에 대한 아쉬움이나 회한을 모두 나누는 과정은 치유와 평화의 과정일 것이다. 낯선 정신과 의사를 만나서 항우울제를 먹으며 혼몽한 상태로 생의 마지막을 보낸다면 그게 더 억울하고 한스럽지 않겠는가. 그걸 왜 우울증이라 이름 붙여 의사에게 외주를 주나.

노모의 죽음 이야기나 은퇴 후 우울은 극복의 대상이 아니다. 우울이라는 내 삶의 파도에 리듬을 맞춰 나도 함께 파도에 올라타야 할 타이밍이다.

나의 모든 감정은 내 삶의 나침반

현대 정신의학은 '삶에서 예상되는 많은 문제들은 알고 보면 화학적 불균형으로 인한 정신 장애이므로 약을 먹어서 해결하라'고 세뇌하는 쪽으로 너무 많이 나갔다. 그런 방식으로 지적, 물적 토대를 쌓아올린 의료 산업은 이제 어찌해 볼 수 없는 진격의 거인이 되었다.

자식을 잃은 부모의 슬픔이 어째서 우울증인가. 말기 암 선고를 받은 사람의 불안과 공포가 왜 우울증인가. 은퇴 후의 무력감과 짜증, 피해 의식 등이 어떻게 우울증인가. 학교에서 왕따를 당한 아이의 우울과 불안을 뇌 신경 전달 물질의 불균형이 초래한 우울증 탓으로 돌리는 전문가들은 비정하고 무책임하다. 흔하게 마주하는 삶의 일상적 숙제들이고 서로 도우면서 넘어서야 하는 우리 삶의 고비들이다.

누구도 혼자서는 넘기 어려운 가파른 언덕에서, 어떤 태도로 서로를 대할 것인지 마음의 준비를 하는 것이 허둥지둥 전문가를 찾는 일보다 먼저여야 우리의 삶은 편안할 수 있다.

세월호 참사 이후 수많은 자원활동가들이 진도, 안산, 목포로 끊이지 않고 몰려들었다. 그들이 하는 말은 거의 똑같았다.

"내가 할 수 있는 게 아무것도 없어서 무기력하다. 죄책감이 든다."

그 사람들의 무기력이나 죄의식은 패자의 감정이었을까. 아니다. 지난 5년, 세월호 유가족 같은 극한의 트라우마 피해자들이 목숨을 버리지 않고 견딜 수 있었던 힘은 이런 시민들의 거대한 무력감과 죄의식의 연대가 만들어낸 치유적 공기에 많은 부분 기대고 있었다고 느꼈다.

마침내 세월호를 육지로 끌어올린 힘도 무력감과 죄의식의 연대들이 만들어낸 분노가 근본 동력이었을 것이다. 박근혜 정부와 언론들까지 가세해 참사 피해자들의 상처에 소금을 뿌려댔는데도 피해자들이 버틸 수 있었던 것은 시민들의 그 거대한 무력감과 죄의식의 공기가 수호천사처럼 그들을 감싸고 있었기 때문이다. 그것 외에 우리가 가진 건 아무것도 없었지만 그 힘은 무도한 정권을 끌어내리는 힘의 결정적인 일부였을 것이다.

죄의식과 무력감은 겉보기엔 자신만 갉아먹는 아무짝에도 쓸모없는 감정으로 보이지만 그렇지 않았다. 유사 이래 가장 강한 위력을 내포한 사회적 힘을 이끌어냈다. 죄의식과 무력감의 연대가 해낸 일이다.

우리가 살면서 겪는 모든 감정들은 삶의 나침반이다. 약으로 함부로 없앨 하찮은 것이 아니다. 약으로 무조건 눌러버리면 내 삶의 나침반과 등대도 함께 사라진다. 감정은 내 존재의 핵이다.

'나'가 희미해질수록
존재 증명을 위해
몸부림친다

      영영 주목받지 못할 존재에게 살아보라는 말은 산소 없는 곳에서 숨 쉬고 살라는 말과 다르지 않다. 생존이 불가능하다. 실력이나 재능이 뛰어나지 않고 비상한 머리, 출중한 외모가 없어도 그것과 상관없이 존재 자체만으로 자신에게 주목해 주는 사람이 한 명은 있어야 사람은 살 수 있다. 생존의 최소 조건이다. 이해관계 없이도 무조건 나를 사랑하고 지지해 주는 가족 같은 관계, 최소한 나를 의식이라도 하는 사람이 세상에 반드시 존재해야 하는 이유도 그 때문이다(물론 가족이 다 그런 것은 아니지만).

  '자기'를 드러내면, 그러니까 내 감정, 내 말, 내 생각을 드러내면 바로 싹이 잘리거나 내내 그림자 취급만 당하고 사는 삶은 배터리가 3퍼센트쯤 남은 방전 직전의 휴대전화와 비슷하다. 숨이 곧 끊어질

운명이란 점에서 그렇다. 휴대전화 같은 물건은 완전 방전되면 아무 저항 없이 작동이 멈추지만 사람은 다르다.

자기 소멸에 대한 두려움과 공포에 휩싸인 사람은 수단과 방법을 가리지 않고 방전에 저항한다. 자기 존재 증명을 필사적으로 시도한다. 몸을 던진다. 생의 마지막 본능이다. 3퍼센트 남은 에너지로 30퍼센트의 힘이 필요한 새로운 계획이나 시도를 하기도 한다. 그래서 마지막 남은 3퍼센트를 순식간에 다 태워버리고 재가 되어버리는 안타까운 일이 일어난다.

삶이 방전된 이들의 더 강한 '나'를 세우려는 행동들

심리적으로 힘겨운 상황에서도 다시 의욕을 불태우며 분주하게 움직이던 사람이 갑자기 삶을 저버렸다는 얘기가 들려오면 사람들은 믿기 어려워한다. 혼란과 충격에 빠진다. 삶의 의지가 얼마나 충만했던 사람인데, 새로운 계획을 얼마나 구체적으로 준비하고 있었는데……. 그 행동만 보고는 전혀 짐작할 수 없는 것이 하나 있다. '나'가 위축되면 될수록, '나'가 희미해질수록 사람은 그만큼 더 크고 더 우뚝하고 더 강한 '나'를 구축하기 위해 모든 것을 쏟아붓는 경우가 있다. 목숨을 걸 정도로.

식수를 구하지 못하는 사람은 구정물이라도 마신다. 배탈이 나더라도 그건 나중 일이다. 구정물이라도 못 마시면 배탈 이전에 생존이 어렵다. 내 존재가 희미하게 사라져가고 있다고 느끼면 자기 존재 증명을 위해 자신이 감당하지 못할 일, 심지어는 폭력적 행동도 불사한다. 사회적 약자들에게 끔찍한 말과 행동을 화살처럼 퍼붓던 일베 회원들 몇 명을 붙잡고 보니 고립된 처지의 유약하고 위축된 개인들이었다. 일상에선 누구의 주목도 받지 못하는 허약한 존재들이었다. 경찰도 피해자도 허탈해할 만큼.

그들의 세계에선 치명적이고 악마적인 말과 행동을 할수록 더 인정받고 환호받는다. 그러니 그들은 자기들만의 세계에서 수단과 방법을 가리지 않고 자기 존재 증명에 안간힘을 쓸 수밖에 없다. 집단적으로 구정물을 들이켜며 마지막 3퍼센트의 꺼져가는 자기 존재감을 연명하는 중이었다. 그것이 다른 사람에게 지울 수 없는 상처를 주고 심지어 목숨을 앗는 범죄 행위라는 자각을 할 사이도 없이.

몇 해 전 독일 한 항공사의 부기장 루비츠(당시 28세)는 기장이 화장실 간 사이에 조종실 문을 안으로 걸어 잠그고 추락 사고를 일으켰다. 루비츠 본인을 포함해 150명이 목숨을 잃은 끔찍한 사고였다. 사고 후 조사 과정에서 그 사고는 루비츠가 고의로 일으킨 것이었다는 사실이 밝혀졌다. 사람들은 경악했다. 왜 그랬을까.

분석은 늘 그렇듯 우울증을 주범으로 지목했다. 루비츠가 우울증으로 치료를 받은 적이 있는 건 사실이지만 우울증이 사람을 고의로 150명이나 죽게 할 만한 심리적 연결 고리를 가진 병은 아니다. 그럼에도 불구하고 일상적인 스트레스를 받는 사람이나 자살 시도를 한 사람도 우울증, 사람을 1명 죽인 사람이나 150명을 죽인 사람도 쉽게 다 똑같은 우울증이라는 진단을 받는다.

그간 독일 항공사에서는 사생활 침해의 우려가 있다는 이유로 조종사 채용 과정에서 현재 시행하는 것 이상으로 더 면밀하게 정신 병력 여부를 따지는 게 쉽지 않다고 주장해 왔는데 그 주장이 루비츠 사건 이후에 설득력을 잃게 되었다. 하지만 우울증이나 정신 질환 등을 그 사고의 핵심적 이유로 기정사실화하고 논의를 진행하기 전에 고려할 것이 있다고 나는 느낀다. 의아하게 들릴 수도 있지만 아주 기본적인 질문이다. 루비츠의 병명이 우울증이 맞는가? 루비츠의 이 같은 심리적 상태를 포괄적으로 담을 수 있는 정신의학적 진단명이 있기는 한가?

진단의 휴지통이 되어가는 우울증

현재의 의료 현실에서 우울증 진단은 너무 쉽게 내려진다. 매우 흔한 노이로제 중 하나인 우울증(기분부전장애)을 진단하는 기준은 다음과 같다. 하루의 대부분 우울한 기분이 있는 기간이 2년 이상 지속되면서, 다음 여섯 가지 항목 중 두 가지 이상에 해당되면 우울증으로 진단한다.

① 불면이나 과다 수면
② 식욕 부진이나 과식

③ 활력 저하나 피로감

④ 자존감 저하

⑤ 집중력 감소나 의사 결정 곤란

⑥ 절망감

정신 질환에 대한 미국 표준진단체계인 DSM-5(Diagnostic and Statistical Manual of Mental Disorders_5th edition)에 의한 기준이다. 이 진단 기준은 전 세계 거의 모든 나라의 정신과 의사 및 연구자들에게 성경 같은 지침서다. 우리나라 의사들도 이 기준을 바탕으로 진단하고 진단서도 발행한다.

우울증이라는 동일한 진단을 받은 사람들이라도 겉으로 드러나는 증상 외에는 특별한 교집합이 없는 경우가 많다. 당연하다. 진단 기준 자체가 병의 원인이 될 만한 심리적 요소나 성격적 특성, 콤플렉스 등과는 별개로 증상의 표면적 유사성에 기반해서 만들어졌기 때문이다. 그래서 우울증을 확진하는 뇌생리학적, 생물학적, 영상학적 검사법 등이 없다.

예를 들어 위암이라면 조직 검사로 암세포를 확인하고 최종 진단을 내린다. 소화 불량, 더부룩함, 체중 감소 등의 표면적 증상만으로 위암이라고 진단하고 항암제를 투여하지 않는다. 위암에 걸린 사람들이 그 같은 증상을 보이기도 하지만 같은 증상을 가진 위장의 다른 질병들, 기타 심리적인 질환들도 많기 때문이다. 증상만으로 위암이라고 진단한다면 위암으로 항암제 치료를 받던 사람이 사실은 위

궤양 환자일 수도 있는 상황이 생길 게 아닌가. 그렇다면 얼마나 황당한가.

이런 경우라면 어떤가. 간에 종괴(mass)가 발견되면 의사는 그 종괴의 성질이 무엇인지부터 파악한다. 암인지, 암이라면 악성인지 양성인지, 암이 아니라면 혈관종인지, 간디스토마 같은 기생충으로 인한 것인지 등을 구별해야 한다. 종양의 속성에 따라 치료 방법도 다르고 예후도 천차만별이기 때문이다.

그런데 현대 정신의학은 드러난 증상만을 가지고 진단을 확정한다. 다른 어떤 요소도 진단에 영향을 끼칠 수 없도록 진단 체계를 만들었다. 표면적인 증상만 같으면 같은 질병이다. 실직한 사람의 우울도 우울증, 실연을 한 사람이나 자식을 잃은 부모의 우울도 우울증, 150명의 사람을 죽인 사람도 위와 같은 진단 항목을 만족시키면 같은 우울증이다.

우울증 진단을 내릴 때는 원인은 묻지도 따지지도 않고 겉으로 드러나는 증상만을 중심으로 하면서, 진단이 확정되면 갑자기 우울증은 생물학적 원인으로 생기는 거라며 약물치료가 치료의 전부인 것처럼 말한다. 약물의 도움으로 증상이 줄어 한결 편안하게 느끼는 사람도 물론 있지만 약물이 우울증 치료의 전부를 책임질 수는 없다.

거의 체크 리스트 의학이 되다시피 한 현대 정신의학의 모순이고 비극이다. 한동안은 우울증을 '마음의 감기'라며 누구나 가볍게 치료하면 되는 병이라고 하더니 요즘은 우울증을 '마음의 암'이라고도 한다. 감기부터 암까지가 어떻게 다 같은 병일 수 있나. 그렇다면 우울증의 치료는 감기에 준해서 해야 하나, 암에 준해서 해야 하나.

자기 존재감을 극대화하는 가장 확실한 방법

루비츠 비행기 추락 사고의 원인을 분석하고 찾던 관련 전문가들은 루비츠의 우울증 치료 전력이 밝혀지자 그의 끔찍한 행위에 대한 근원을 그제야 찾아낸 듯 안도했다. 동시에 조종사 채용 문제, 즉 조종사 채용 시에 어떤 정신적 질환과 치료 경력까지 허용할 것인지가 그 사건 재발 방지책의 핵심인 듯 사회가 들끓었다. 그 사건과 관련한 독일과 미국 심리학계의 논문들, 사건 관련한 독일의 심층 분석 기사들을 관심 있게 들여다보다가 조금 다른 생각이 들기 시작했다.

내가 보기에, 루비츠는 배터리가 3퍼센트쯤 남은 자기 소멸의 공포 속에서 150퍼센트쯤 충전된 비현실적으로 팽창된 자기를 꿈꾸며 마지막 엎어치기 한판을 시도한 것처럼 느껴졌다. 사고 불과 몇 주 전에 자기 것과 여자친구의 것이라며 새 자동차를 두 대나 샀다는 사실에서도 3퍼센트 남은 에너지로 훨씬 더 많은 에너지가 필요한 새로운 계획을 세운 게 아닐까 싶다.

주위 사람들은 한결같이 루비츠를 좋은 사람으로 기억했다. 동료들은 그를 "죽고 싶다"는 따위의 말을 하는 그런 사람이 아니라고 했고 어린 시절부터 그를 지켜본 이웃들은 한결같이 사랑스러운 아이였다고 말했다. 그럼에도 사고 얼마 전 루비츠는 여자친구에게 "나는 언젠가 모든 시스템을 바꿔버릴 일을 할 것이고 그러면 세상 모든 사람들이 내 이름을 알게 될 것이다"라는 말을 했다.

어떤 이유에서든지 숨결이 거의 꺼져가던 루비츠는 세상을 향해 한꺼번에 자기 존재감을 드러내는 마지막 반격을 날린 것인지도 모른다. 결과적으로 그는 세상에 그의 이름을 또렷이 남겼다. 구정물 같은 이름으로.

사고 후 알려진 바에 의하면 루비츠는 시력 저하가 심해져서, 거의 시력 상실 상태까지 진행되었고 조종사라는 직업을 포기해야 할지도 모른다는 두려움 속에서 매우 힘들어했다고 한다. 물론 그것이 루비츠가 겪은 자기 소멸 위협의 전부가 아닐 수도 있다. 세상에 존재하지 않는 루비츠의 더 자세한 개인사의 은밀한 내면 풍경들을 알 방법은 없다. 그럼에도 이 엄청나고 납득할 수 없는 사건의 원인이 그저 우울증일 뿐이라는 의례적인 분석은 의심스럽다.

존재가 소멸된다는 느낌이 들 때 가장 빠르게 자기 존재를 확인하고 증명하는 방법이 폭력이다. 폭력은 자기 존재감을 극대화시키는 가장 확실한 방법이다. 누군가에게 폭력적 존재가 되는 순간 사람은 상대의 극단적인 두려움 속에서 자기 존재감이 폭발적으로 증폭되는 걸 느낀다.

그렇다면 존재의 소멸이 일상적으로 벌어지는 곳에 살고 있는 지금 여기의 우리는 어떻게 해야 할까.

사라져가는
'나'를 소생시키는
심리적 CPR

질문1: 갑자기 의식을 잃고 쓰러져 심장이 멈춘 사람을 발견한다면?

답1: 심장 박동이 돌아올 때까지 그의 가슴 중앙에 두 손을 올려놓고 규칙적으로 강하게 압박한다.

질문2: '나'라는 존재가 거의 지워져 자기 소멸에 이른 사람을 만난다면?

답2: '나'가 또렷하게 돌아올 때까지 그의 '나'가 위치한 바로 그곳을 강하게 압박한다.

나는 그것에 '나' 소생술 혹은 심리적 CPR이라는 이름을 붙인다. 쉽게 말하면 그의 '나'에 초집중하고 그의 '나'를 자극해서 그가 '나' 이야기를 할 수 있도록 정확하게 자극하는 것이다. 소멸 직전의 나를 압박하고 자극해서 나의 이야기를 하게 하려면 어떻게 해야 할까.

"요즘 마음이 어떠세요"

어느 모임에서 생글생글 잘 웃는 30대 초반의 여성과 마주 앉게 되었다. 유난히 잘 웃으며 세련되고 재미나게 이야기를 이끌어서 함께 있는 사람들도 금방 호감을 가질 수 있었다. 나도 그랬다. 웃음이 약간 관성적이란 느낌도 있었지만 그와 별개로 매력적인 사람이었다.

담소가 한창이던 중간에 틈이 생겨 그녀에게 "요즘 마음이 어떠냐"고 물었다. 그녀는 내 직업을 알지 못하는 사람이다. 화사한 모습이기만 했던 그녀가 자세를 고쳐 앉더니 "사실은요" 하며 뜻밖에도 사흘 전에 자살 시도를 했다는 얘기를 불쑥 꺼냈다. 설마 사실일까 의심할 수 있지만 사실이다.

그때부터 나는 그녀에게 눈을 떼지 않고 들었다. 그녀는 계속 말을 이어갔다. "그래서 그랬구나, 아이고" 나는 신음 같은 소리를 내며 자살 시도 즈음에 그녀에게 어떤 일들이 있었는지, 그 일들이 그녀에게 어떤 느낌이었는지 묻고 듣고 또 묻고 들었다. 그녀에게 집중하는 내 시선과 신음 같은 맞장구에 쿠션에 기대듯 그녀가 몸을 기울이고 있다는 느낌이 들었다. 함께 있던 다른 사람들도 당황하고 긴장했지만 빨려들듯 그녀의 얘기에 집중했다.

특별한 위로나 조언을 할 필요도 없었다. 그날 이후 그녀를 두어 번 더 만났다. 개인적인 시련이 모두 끝난 상태는 아니지만 그녀는 목숨을 버려야겠다는 마음은 버렸다. 그녀는 지금 자신의 혹독한 한 시절을 묵묵히 받아들이며 뚜벅뚜벅 통과하는 중이다.

심리적 CPR을 행해야 하는 정확한 위치는

심폐소생술은 심장 외 다른 장기들은 제쳐놓고 오로지 심장과 호흡에만 집중하는 응급처치다. 심장 기능만 돌아오면 몸의 다른 모든 기능은 알아서 연쇄적으로 작동하기 때문이다. 심리적 CPR도 마찬가지다. 심리적 CPR은 '나'라는 존재 자체에만 집중해야 한다. 심장 압박을 할 때는 두꺼운 옷을 젖히고 옷에 붙은 액세서리도 다 떼고 정확하게 가슴의 중앙 바로 그 위 맨살에 두 손을 올려놓는다. 심리적 CPR도 '나'처럼 보이지만 '나'가 아닌 많은 것들을 젖히고 '나'라는 존재 바로 그 위를 강하게 자극하는 것이다.

그런데 어디가 '나'라는 존재 자체인가. 남들은 다 나를 부러워하는데 내가 이러는 건 사치스러운 투정이 아닐까 하는 생각을 하면서도 여전히 마음은 불안하고 외로울 수 있다. 그럴 때 나는 괜찮은 건가 아닌가. 그때는 내 생각이 옳은가 아니면 내 감정이 옳은가. 감정이 항상 옳다. '나'라는 존재의 핵심이 위치한 곳은 내 감정, 내 느낌이므로 '나'의 안녕에 대한 판단은 거기에 준해서 할 때 정확하다. 심리적 CPR이 필요한 상황인지 아닌지도 감정에 따라야 마땅하다.

그날 그녀에게 던진 "요즘 마음이 어떠냐"는 질문은 바로 그곳, 그녀 존재의 핵심을 정확하게 겨냥한 말이다. 그 질문은 '좋은 직업을 가진 부러운 골드미스'의 근황을 묻는 말이 아니다. '미모와 매력이 넘치는 젊은 여성'에게 던지는 의례적인 인사말도 아니다. 그 질문은 그녀의 미모나 경력, 학벌이나 스펙처럼 그녀 존재가 달고 있는 액세서리를 언급하며 던진 화사한 질문이 아니라 그 모든 것을 다 제치고 자연인으로서 그녀의 존재 자체, 그중에서도 존재의 핵심인 감정에 대한 주목과 안부를 묻는 질문이었다. 가슴의 중앙 위 맨살에 두 손을 올려놓듯 그 질문은 그녀라는 존재 자체를 겨냥한 것이었다.

그것이 심리적 CPR을 행할 정확한 위치이다. 거기에만 집중하면 된다. 미사일처럼 정확하게 자기 존재 자체에 눈을 맞추고 존재의 안부를 물은 사람에게 그녀의 '나'는 바로 반응했다. 부정맥으로 박동이 엉켜 있던 심장이 정상 박동을 찾듯 혼란 속에 엉켜 있던 그녀의 '나'가 정상적으로 작동하기 시작했다. 자신의 '나'에 주목하며 '나'에 대한 진짜 이야기를 시작한 것이다.

그때부터 그녀는 '나' 이야기를 막힘없이 내놓기 시작했다. '나' 이야기란 무엇일까. 미팅에 나간 사람처럼 상대에게 직장이나 직업, 출신 학교나 가족에 대해 물었을 때 나오는 이야기들이 '나' 이야기일까. 그것이 존재 자체에 대한 이야기일까. 물론 아니다.

내 직장 이야기보다 직장에 대한 나의 느낌이 더 나에 대한 이야기에 가깝다. 내 취향이나 기호도 내 존재 자체에 대한 이야기는 아니다. 그것도 내 몸에 걸친 옷이나 액세서리에 해당하는 것이다. 내 견해나 신념, 내 가치관도 그렇다. 내 견해, 신념, 가치관이라 힘주어 말하는 것들 대부분도 사실 그 시원(始原)은 '나'가 아닌 다른 곳에서 유입된 것이 대부분이다. 나처럼 보이지만 나 자체는 아니다.

그렇다면 내 상처에 관한 이야기는 '나'라는 존재 자체에 대한 이야기인가. 그럴 때도 있지만 아닐 때도 많다. 내가 만나는 많은 사람들이 자기 상처를 말한다. "나는 어릴 때 엄마로부터 사랑을 잘 못받아서" "나는 전형적인 둘째 콤플렉스 때문에" 등 이전에 만난 상담가로부터 들었거나 심리 관련 서적에서 확인한 자기에 대한 분석과 해석들을 자기 얘기라고 생각하는 경우가 많다. 그것은 내 상처에 대한 이론이나 누군가의 견해지 내 상처 자체에 대한 이야기가 아니다.

내 존재 자체가 겪고 느끼는 상처에 대한 이야기는 그렇게 박제되거나 고정되어 있지 않다. 내 존재에 대한 이야기는 언제나 살아 있다. 그에 대한 감정이나 빛깔, 파동, 굴곡은 늘 달라진다.

엄밀히 말하면 어릴 때부터 부모에게 맞고 살아온 사람이 누구에게도 말하지 못한 내밀한 자기 이야기를 꺼내는 것도 존재 자체에 대한 이야기가 아닐 수 있다. 부모에게 맞던 그 아이가 느꼈던 무력감이나 수치심에 대한 이야기가 그의 존재 자체에 더 가까운 이야기다. 가정 폭력에 시달린 아이가 느끼는 감정은 자라면서 분노나 무감각 등으로 얼마든지 바뀔 수도 있다. 그런 감정들을 떠올리고 얘기할 수 있다면 그것이 존재 자체에 대한 얘기다. 내 상처의 내용보다 내 상처에 대한 내 태도와 느낌이 내 존재의 이야기다. 내 상처가 '나'가 아니라 내 상처에 대한 나의 느낌과 태도가 더 '나'라는 말이다.

내 느낌이나 감정은 내 존재로 들어가는 문이다. 느낌을 통해 사람은 진솔한 자기 존재를 만날 수 있다. 느낌을 통해 사람은 자기 존재에 더 밀착할 수 있다. 느낌에 민감해지면 액세서리나 스펙 차원의 '나'가 아니라 존재 차원의 '나'를 더 수월하게 만날 수 있다. '나'가 또렷해져야 그 다음부터 비로소 내 삶을 살아갈 수 있다.

'충조평판' 날리지 말고 공감하라

누군가 고통과 상처, 갈등을 이야기할 때는 '충고나 조언, 평가나 판단(충조평판)'을 하지 말아야 한다. 그래야 비로소 대화가 시작된다. 충조평판은 고통에 빠진 사람의 상황에서 고통은 소거하고 상황만 인식할 때 나오는 말이다. 고통 속 상황에서 고통을 소거하면 그 상황에 대한 팩트 대부분이 유실된다. 그건 이미 팩트가 아니다. 모르고 하는 말이 도움이 될 리 없다. 알지 못하는 사람이 안다고 확신하며 기어이 던지는 말은 비수일 뿐이다.

그런데 불행하게도 우리 일상의 언어 대부분은 충조평판이다.

"그런 생각은 잊어. 너한테 좋을 게 하나도 없어."-충조
"그럴수록 네가 더 열심히 하고 배우려는 자세를 가져야지."-충조
"긍정적으로 마음을 먹어봐."-충조
"그건 너를 너무 사랑해서 한 말일 거야."-평판
"네가 너무 예민해서 그런 거 아니니?"-평판
"남자는 다 거기서 거기야, 별다른 사람 있는 줄 아니."-충조평판

작은 고민부터 시작해 곧 죽을 듯한 고통 속에 있는 사람에게까지 부모나 교사들 때로 상담가들도 충조평판을 날린다. 친구에게 어렵게 말을 꺼내도 책을 읽어봐도 마찬가지다. 스스로도 고통 속에 있는 자신에게 끊임없이 충조평판의 잣대를 들이밀며 다그친다. 내가

너에게, 나도 나에게 그렇게 하는 것이다. 충조평판을 빼면 달리 할 말이 없어서다. 충조평판이 도움이 될 거라 믿어서라기보다 아는 게 그것밖에 없어서일 때가 더 많다.

고통을 마주할 때 우리의 언어는 거기서 벼랑처럼 끊어진다. 길을 잃는다. 그 이상의 언어를 알지 못한다. 노느니 장독 깬다고 충조평판이라도 날려보는 것이다. 그러니 끼니처럼 찾아오는 일상의 갈등과 상처가 치유될 리 만무하다. 덧나지 않을 수 없는 것이다.

사건이 풀리지 않을 때 현장을 다시 찾는 수사관처럼 내 언어가 끊어진 벼랑으로 돌아가 보자. 현장에 가는 이유는 그곳에 해결의 실마리가 있기 때문이다. 벼랑 끝에 선 사람에게 나는 어떤 말을 해줘야 하는가. 결론적으로 해줄 말이 별로 필요치 않다.

그때 필요한 건 내 말이 아니라 그의 말이다. 그의 존재, 그의 고통에 눈을 포개고 그의 말이 나올 수 있도록 내가 그에게 물어줘야 한다. 무언가 해줘야 한다는 조바심을 내려놓고 지금 그의 마음이 어떤지 물어봐야 한다. 사실 지금 그의 상태를 내가 잘 모르지 않는가. 물어보는 게 당연하다. 내가 잘 모르고 있다는 것을 자각하고 인정한다면 그에게 물어볼 말이 자연히 떠오른다.

"지금 네 마음이 어떤 거니?"

"네 고통은 도대체 어느 정도인 거니?"

만약 그의 대답이 없어도, 그가 대답을 피하거나 못해도 걱정할 필요 없다. 대답은 중요하지 않다. 자기 존재에 주목하고 그런 질문을 하는 사람의 존재를 그가 확인할 수 있는 것이 중요하다. 자신의 고통에 진심으로 주목하는 사람이 존재한다는 사실을 확인하는 것, 그것이 치유의 결정적 요인이다. 말이 아니라 내 고통을 공감하는 존재가 치유의 핵심이다. 자신의 고통과 연결되어 있는 사람이 존재한다는 걸 알면 사람은 지옥에서 빠져나올 힘을 얻는다.

사흘 전의 자살 시도 이야기를 꺼냈던 그녀의 '나' 이야기를 들으며 내가 한 일을 복기해 보자. 내가 한 어떤 반응이 그녀를 건져 올렸던 것일까. 그녀가 말을 꺼내기 전 주저하던 몇 초간의 침묵, 찻잔을 잡을 때 순간적으로 떨리던 그녀의 손, 유창하게 말하던 사람이 갑자기 "저기, 저기"를 반복하며 버벅대던 순간을 나는 방해하지 않고 기다려주었다. 그녀에게서 눈을 떼지 않고 집중했다. 그녀가 불편해하는 것을 덜어준다고 화제를 돌리지 않았다.

그 순간 그녀의 멈칫과 버벅거림은 매끄러운 기계음만 나오던 마이크에서 처음으로 들린 그녀의 육성이었다. 그녀의 '나'가 수면 위로 처음 머리를 내민 순간이었다. 누군가의 존재 자체를 만나는 일은 언제나 반갑고 귀하다. 그녀의 '나'를 의식하고 그걸 존중하고 보호하려는 내 침묵 속 언어들을 그녀는 실시간으로 알아차렸다. 자기 존재가 있는 그대로 수용되는 순간은 당사자가 누구보다 즉각적으로 감지한다. 생명의 본능이다.

가끔 그녀에게 던진 질문 외에 나는 무슨 말을 해줄까 염려하지 않았다. 그런 때 누군가가 해주는 말이란 것은 그녀가 비언어적인 몸짓으로 전하는 자기 존재의 신호들(침묵, 손떨림, 머뭇거림 등)의 자취를 감추게 만들 뿐이다. 그때는 내 눈길이나 숨결, 신음 같은 한숨 등이 말보다 더 또렷한 말이 된다. 나는 눈길, 숨길로 그녀를 이불처럼 감쌌다. 너무 무거워서 눌리거나 부담스러울 정도는 아닌, 그러나 안정감을 느낄 만큼은 묵직하게. 그때는 그 이불 같은 내 태도가 내가 그녀에게 전하고 싶은 말의 전부였다. 이것은 전문가만이 할 수 있는 일이 아니다.

내 고통에 진심으로 눈을 포개고 듣고 또 듣는 사람, 내 존재에 집중해서 묻고 또 물어주는 사람, 대답을 채근하지 않고 먹먹하게 기다려주는 사람이라면 누구라도 상관없다. 그 사람이 누구인가는 중요하지 않다. 그렇게 해주는 사람이 중요한 사람이다. 그 '한 사람'이 있으면 사람은 산다.

누구나 그 '한 사람'이 될 수 있다

거기까진 해줄 수 있는데 그랬다가 그 사람이 내게만 의지하면 어떡하나 걱정할 수도 있다. 흔한 고민이지만 괜한 걱정이다. 그 걱정을 가장 치열하게 하는 사람은 고통 중에 있는 당사자다. 자기에게 유일한 그 '한 사람'이 자기를 부담스러워하는 것을 가장 두려워하는 사람은 바로 당사자라는 말이다. 그래서 그는 당신을 최대한 배려한다. 조심한다. 자기가 살기 위해서다. 자기에게 소중한 사람을 지켜야 자기도 살 수 있다는 걸 본능적으로 알기 때문이다.

참혹함 속에서 세상과 사람에 대한 신뢰를 전부 잃은 사람도 그

'한 사람'을 만나면 그 '한 사람'을 통해서 세상과 사람 전체에 대한 신뢰를 회복한다. 이상한 연결처럼 느낄 수도 있다. 논리적, 수학적으로는 맞지 않는 현상인데 마음의 영역에선 그렇다.

한 사람의 힘이 그렇게 강력한 것은 한 사람이 한 우주라서 그럴 것이다. 근사한 수식이나 관념적인 언어가 아니라 마음에 관한 신비한 팩트다. 사람은 그 '한 사람'이라는 존재의 개별성 끝에서 보편성을 획득한다. 그러므로 한 사람은 세상의 전부다. 우리는 누군가에게 한 사람이고 한 세상이다. 그래서 누구든 결정적인 치유자가 될 수 있다.

'나' 이야기, 내 존재 자체에 대한 이야기의 불씨가 지펴지면 희미하던 생명의 박동이 쿵쾅쿵쾅 돌아오는 소리가 들린다. '나' 이야기에 정확하게 두 손을 대고 있는 '한 사람'은 본인이 의도하지 않았어도 심리적 CPR을 하는 사람이다. 사람 목숨을 구하는 사람이다. 두 손을 그의 '나' 위에 올려놓음으로써 한 존재와 이어진 것이다. 존재와 존재의 연결이 사람에게 생명을 부여한다.

심리적 CPR이란 결국 그의 '나'가 위치한 바로 그곳을 정확히 찾아서 그 위에 장대비처럼 '공감'을 퍼붓는 일이다. 사람을 구하는 힘의 근원은 '정확한 공감'이다.

'자기'를 드러내면,

그러니까 내 감정, 내 말, 내 생각을 드러내면

바로 싹이 잘리거나

내내 그림자 취급만 당하고 사는 삶은

배터리가 3퍼센트쯤 남은

방전 직전의 휴대전화와 비슷하다.

심리적 CPR은 '나'처럼 보이지만

'나'가 아닌 많은 것들을 젖히고

'나'라는 존재 바로 그 위를 강하게 자극하는 것이다.

'나'라는 존재의 핵심이 위치한 곳은

내 감정, 내 느낌이므로

'나'의 안녕에 대한 판단은 거기에 준해서 할 때 정확하다.

심리적 CPR이 필요한 상황인지 아닌지도

감정에 따라야 마땅하다.

3장

공감

빠르고 정확하게
마음을 움직이는 힘

사람을
살리는
결정적인 힘

사람들이 부르는 별칭 중 내가 가장 마음에 들어하는 건 '치유자'라는 말이다. 어깨가 무거운 별칭이지만 그것이 내가 하고 있는 일의 거의 전부이기도 하다. 현장 치유자로서 내가 가진 결정적 무기를 딱 하나만 꼽으라고 하면, 공감이다.

공감은 힘이 세다. 강한 위력을 지녔다. 쓰러진 소도 일으켜 세운다는 낙지 같은 힘을 가졌다. 공감은 돌처럼 꿈쩍 않던 사람의 마음을 움직인다. 경각에 달린 목숨을 살리는 결정적인 힘도 가졌다. 치유의 알파와 오메가가 공감이라고 나는 믿는다. 삶의 생생한 저자거리에서 상처받은 사람들과 마음을 섞고 감정을 공유한 끝에 얻은 깨달음이다.

공감에 대한 이런 결론은 '모든 사람은 죽는다'는 절대 명제만큼 내가 깊이 신뢰하는 팩트다. 그런 정도로 공감이란 걸 신뢰하고 애정한다.

공감에 대한 오해나 편견은 셀 수 없이 많다. 시간을 아주 많이 낸다면 공감의 극적인 효과를 혹시 볼지도 모르겠지만 하루하루 바쁘고 여유 없이 살아가는 현대인들에게 공감 같은 일대일 아날로그식 소통은 적절한가, 과연 그만큼 효과가 있을까, 그보다는 좀더 효율적인 소통 방식이 필요하지 않을까, 그런 조바심이 생길 수 있다.

결론부터 말하자. 사람의 마음을 움직이는 힘, 상처 입은 마음을 치유하는 힘 중 가장 강력하고 실용적인 힘이 공감이다. 가장 빠르고 정확하고 효율적이다. 공감은 수십 년간 천문학적인 연구비를 투입하여 최첨단 의학, 약학, 뇌과학, 생리학, 유전학, 생물학 등의 연구 방법론을 통해 개발된 어떤 항우울제보다 탁월하다. 동시에 그런 약물과 다르게 부작용이 전혀 없다. 압도적인 효과가 있는데 부작용도 없으니 비교가 무의미하다.

비유적으로, 항우울제 등의 약물이 극심한 갈증으로 고통받는 사람의 동네 어귀에 살수차가 와서 물을 쏟아 놓고 가는 것이라면, 잘 벼려지고 정확한 공감은 목이 타는 사람에게 다가와서 나뭇잎 띄운 물 한잔을 직접 건네는 일이다.

공감이라는 심리적 무기를 가질 수 있으면 사는 일이 홀가분해진다. 사람 관계에서 불필요한 에너지 소모를 대폭 줄일 수 있다.

너를 공감하다 나를 만나다

공감과 관련해 일종의 클리셰가 있다. 공감은 누가 이야기할 때 중간에 끊지 않고 토달지 않고 한결같이 끄덕이며 긍정해 주는 것, 잘 들어주는 것이라고 생각한다.

아니다. 전혀 잘못 짚었다. 그건 공감이 아니라 감정 노동이다. 그런 식으로 이야기를 들어주다 보면 지친다. 참다 참다 인내심을 잃고 폭발하거나 폭발하지 않더라도 지치고 짜증이 나서 다시는 그 사람을 만나고 싶지 않게 된다. 일방적으로 쏟아낸 사람도 집에 돌아가면 찜찜한 마음이 생긴다. 너무 내 얘기만 길게 늘어놓은 건 아닌가, 내 말만 너무 많이 한 건 아닌가. 두 사람 모두에게 유쾌하지 않은 경험으로 남을 수 있다.

내가 더 공감하면 관계가 나아지려나, 내가 그의 처지와 고통을 제대로 공감해 주지 못해서 그가 내게 그러는 건 아닐까, 나라도 참아 줘야지 하며 눈을 질끈 감고 버티는 일엔 한계가 있다. 사람은 극단적인 감정 노동에도 지치지 않고 공감할 수 있는 인공지능 로봇이 아니다. 누군가에게 낙지 같은 존재가 되려다 그전에 자신이 먼저 쓰러지는 소가 된다.

직장인 남자 A가 있다. 그에겐 자기 이야기 하는 걸 극도로 꺼리는 20년지기 친구가 있다. 친구는 어린 시절부터 힘든 일이 많았다. 지금도 형제끼리 얼굴도 안 보고 지내는 사실을 A는 안다. 친구의 만성적인 소화 불량이나 원형 탈모도 말 안 하고 혼자만 끙끙대며 사는 게 원인이라고 생각하지만 내색은 안 한다. 힘들면 술로만 해결하는 친구가 딱해서 A는 일부러 시간을 내서 못 마시는 술도 친구와 마시고 주말에는 영화를 보자고 불러내서 얘기할 틈을 만든다. 그렇게 정성을 들이고 애를 써도 좀처럼 속내를 꺼내지 않는 친구가 서운하기도 했지만 참았다.

어느 날 친구와 둘이 술을 마시다 속내를 슬쩍 물었더니 술이나 한잔 마시면 풀어지는 거지 무슨 얘기를 자꾸 하라는 거냐고 친구가 짜증을 냈다. 도움을 주려던 마음이 싹 사라지면서 화가 나 자리를 박차고 집으로 돌아왔다. 힘들어하면서도 묻어만 두려는 친구가 한심하고 무능해 보였고 자신의 정성을 쓸데없는 짓으로 여기는 친구가 실망스러웠다. 친구를 돕고 싶어서 애쓴 시간이 물거품이 된 것 같았다.

그 얘기를 듣다가 A에게 "친구에게 쏟는 정성이 참 특별한 것 같다"는 A에 대한 내 느낌을 말했다. 그랬더니 A는 "그러다 친구가 죽을지도 모른다는 생각이 들어서 그런다"며 갑자기 울컥했다. 그래서 친구에게 자꾸 "정신 차리라"고 말하고 싶어지는 건지도 모르겠다고 했다.

별것 아닌 내 말에 A가 갑자기 울컥하며 자기 속마음을 털어놓은 것은 내게 사람 마음을 움직이는 비법이 있어서가 아니다. A의 이야기에 집중하며 듣다가 그의 존재 자체에 대한 내 느낌을 표현한 말이어서다. 풀어서 말하자면, 그의 존재 자체에 내 존재 자체인 내 느낌을 접목했으니 당연히 그의 마음에 닿았을 것이고 그의 마음이 자연스럽게 열린 것이다. 그것이 비법이라면 비법이다.

A가 계속 자기 속마음을 꺼냈다. A는 마음이 가볍다는 게 무슨 말

인지 모를 정도로 평생을 우울하게 살았다. 아들로서 사위로서 양쪽 집안의 모든 짐을 홀로 떠맡으며 살 수밖에 없는 처지였고 그게 자신의 숙명이라고 여겼다. 더 이상 견딜 수 없었던 몇 년 전 어느 날 그는 식구 아무에게도 말하지 않고 잠적했다. 한 번도 가본 적 없는 오지에 처박혀 살았다. 집에선 실종 신고까지 하고 난리가 났다. 두 달 후 집으로 돌아오면서 A는 '더 이상 지금까지 산 것처럼 살 필요가 없다'는 생각을 했다. 그후부터는 거절하며 산다. 그게 자신이나 주변 사람 모두에게 훨씬 낫다고 느껴서다. 두 달의 시간이 자기 삶에 없었다면 자기는 죽었을 거라고 했다.

아무렇지 않은 척 꾹꾹 누르고만 있는 것 같은 친구를 보면 그가 곧 죽을지도 모른다는 두려움이 생긴다고 했다. 두 달 이전의 자기 삶이 떠올라 친구도 잘못될까 두렵다는 것이다. 친구가 잘못되면 그럴 줄 뻔히 알았으면서도 돕지 않았다는 죄책감이 너무 클 것 같다고 했다. A가 시작한 친구 이야기는 두 달간의 자기 이야기에서 두 달 이전의 자기 삶으로 옮겨갔다. 장맛비에 빠르게 불어나는 계곡물처럼 이야기가 넘쳐흘렀다.

언제나 내가 먼저다

그는 친구의 고통에 공감하려고 애쓰다 자기를 만났다. 오래전 자기를 있는 그대로 대면했고 그 자기에 주목하고 공감하며 눈물을 흘렸다. 그리고 나서 홀가분해졌다. 그후부터 친구를 만나도 마음이 조급해지지 않는다. 화도 별로 안 난다. 그 친구만의 속도가 따로 있겠거니 받아들일 수 있게 됐다. 친구가 자신의 진심을 알고 있으니 준비가 되면 언제든 자신에게만큼은 털어놓을 거라는 여유를 보이기도 했다. 친구에 대한 안타까움과 오래전 자기 삶에 대한 안타까운 감정이 내 것인지 네 것인지 모르게 뒤섞여 혼란스러웠던 것이 분리된 것이다.

공감은 상대를 공감하는 과정에서 자기의 깊은 감정도 함께 자극되는 일이다. 상대에게 공감하다가 예기치 않게 지난 시절의 내 상처를 마주하는 기회를 만나는 과정이다. 이렇듯 상대에게 공감하는 도중에 내 존재의 한 조각이 자극받으면 상대에게 공감하는 일보다 내 상처에 먼저 집중하고 주목해야 한다. 스스로에게 따스하게 물어줘야 한다.

언제나 나를 놓쳐선 안 된다. 언제나 내가 먼저다. 그게 공감의 중요한 성공 비결이다. 공감하는 일은 응급실 당직 의사처럼 상대에게 의무적으로 해야 하는 일이 아니다. 그럴 이유가 하나도 없다. 의무가 되면 결국 내가 먼저 나가떨어진다.

너를 공감하는 일보다 더 어려운 것이 나에게 집중하고 나를 공감하는 일이다. 대개는 여기서 걸려 넘어져 공감을 제대로 하지 못하고, 사람 구하는 일에서 결정적으로 실패한다. 상대에게 더 집중하려고 자기 감정은 누르고 눈길조차 주지 않은 채 감정 노동에 시달리다가 결국 돌부리에 걸려 넘어지는 것이다.

공감은 내 등골을 빼가며 누군가를 부축하는 일이 아니다. 그 방식으론 상대를 끝까지 부축해 낼 수 없다. 둘 다 늪에 빠진다. 공감은 너를 공감하기 위해 나를 소홀히 하거나 억압하지 않아야 이루어지는 일이다. 누군가를 공감한다는 건 자신까지 무겁고 복잡해지다가 마침내 둘 다 홀가분하고 자유로워지는 일이다.

너를 공감하다 보면 내 상처가 드러나서 아프기도 하지만 그것은 동시에 나도 공감받고 나도 치유받을 수 있는 기회가 된다. 공감하는 사람이 받게 되는 특별한 선물이다.

2

공감은
타고나는 것이 아니라
배우는 것

우연히 만난 후배가 내게 물었다. 직장 동료가 일주일째 멍하게 앉아 있는 시간이 많고 뒤에서 상사가 불러도 들리지 않는지 대답도 안 한다. 상사의 지시도 전혀 다르게 알아듣고 행동해서 상황을 악화시킨다고 했다. "이런 경우는 어떤 상황인 거예요? 그냥 스트레스로 인한 증상으로 봐야 할까요?"

내가 답했다. "나도 모르지. 그렇게만 듣고 내가 어떻게 알아. 동료에게 '괜찮아요? 무슨 일 있어요? 무슨 큰일 있는 것 같아 보여요'라고 직접 말하고 들어봐야지."

후배가 "그런가?" 하며 멋쩍게 웃었다. 후배는 속으로 '용한 정신과 의사라더니 과장이었나 보네' 실망했을 수도 있다.

중년의 아들이 팔순 노모를 모시고 내과에 갔다. 의사가 "어디가 제일 불편하세요? 소화는 잘 되세요? 잠은 잘 주무시나요?" 하고 묻기 시작했는데 어느 순간부터 노모가 대답을 안 했다. 아들이 "대답을 하셔야 의사 선생님이 제대로 진단을 하죠" 했더니 어머니가 퉁명스럽게 답했다. "그런 거 다 물어보고 알면 그게 무슨 의사야. 척 보면 어디가 아픈 줄 알아야지." 정신과 의사에 대해서는 그런 기대와 편견이 훨씬 더하다.

정신과 의사는 사람을 척 보면 아는 점쟁이가 아니다. 어떤 상황을 보면 곧바로 전문적인 해석과 판단을 할 수 있는 사람도 아니다. 아주 단순한 경우에는 그게 가능하기도 하지만 대부분은 그렇지 않다. 당사자에게 자세히 물어봐야 정확하게 파악할 수 있다.

'대충 듣기만 해도 속마음 견적이 쫙 나와야 실력 있는 정신과 의사가 아닌가' 묻고 싶은 사람이 있을 거다. 아니다. 그건 실력이 없는 거다. 찬찬히 묻지 않고 자세히 살피지 않고 누군가의 마음을 재단하는 건 선무당이나 하는 짓이다. 겉으로 드러난 몇 가지 현상만으로 한 존재를 해석하고 판단하고 규정한다면 그건 선입견이나 편견을 바탕으로 넘겨짚은 것이기 쉽다.

정서적 공감 vs 인지적 공감

자세히 알아야 이해할 수 있고 이해할 수 있어야 공감할 수 있다. 척 보고 눈물을 주르륵 흘리는 것이 공감의 본질은 아니다. 그런 것은 무릎 반사 같은 감각적 반응일 수도 있고 감정적 호들갑일 때도 있다. 타인의 고통에 대한 깊은 이해로 연결되지 않은, 순간적으로 폭발한 감정 그 자체일 수도 있다.

감정적 반응 그 자체가 공감은 아니다. 한 존재가 또다른 존재가 처한 상황과 상처에 대해 알고 이해하는 과정을 거치면서 그 존재 자체에 대해 갖게 되는 통합적 정서와 사려 깊은 이해의 어울림이 공감이다. 그러므로 공감은 타고난 감각이나 능력이 아니다. 학습이 필요한 일이다.

공감을 '정서적 공감'과 '인지적 공감'으로 나눈다면 그 비율이 2:8 정도로, 공감이란 것은 인지적 노력이 필수적인 일이라고 나는 생각한다.

공감에 대한 통념이 있다. 공감은 타고나는 것이다, 누군가의 상처나 고통을 대면했을 때 그 즉시 감정 이입이 되어 눈물을 글썽이는 사람이 공감력 넘치는 사람이고 그렇지 않다면 공감력이 부족한 냉정한 인간이다, 노력하는 공감은 진짜 공감이 아니며 공감은 가르칠 수 있는 게 아니다 등. 사람들은 공감을 정체를 알 수 없는 순정한 무엇으로 여긴다. 진짜 그런가.

정서적 공감은 타인의 고통에 대한 높은 감수성과 결합된 성숙한 공감력을 말한다. 정서적 호들갑과는 구별해야 한다. 고통을 보고 눈물을 뚝뚝 흘린다고 다 정서적 공감은 아니다. 자식을 잃은 친구를 오랜만에 만난 자리에서 "생각보다 얼굴이 밝구나. 이젠 많이 괜찮아졌나 보다"라며 인사를 건네는 행위가 때론 당사자에게 2차 가해가 될 수도 있다는 것을 알아야 제대로 된 공감이다. 그럴 때 친구는 세상 사람들에게 자신이 아이를 잃고도 잘 살아가는 '차가운 엄마, 엄마 같지 않은 엄마'로 보이면 어떡하나 두려움을 느낄 수 있다. 그렇게 보이는 자신에 대해 죄책감을 더 느낄 것이다.

악의가 없어도 얼마든지 타인에게 상처를 줄 수 있다. 그래서 공감은 배워야 할 수 있는 것이다. 미투 운동을 지지한다면서 자신도 모르게 피해자에게 2차 가해를 하는 사람이 많은 것도 그래서다. 배워야 아는 고통, 배워야 공감할 수 있는 고통이 세상에는 더 많다. 그래야 최소한 그런 고통을 겪는 사람에게 의도치 않게 상처를 주지 않을 수 있다.

공감은 다정한 시선으로 사람 마음을 구석구석, 찬찬히, 환하게 볼 수 있을 때 닿을 수 있는 어떤 상태다. 사람의 내면을 한 조각, 한 조각 보다가 점차로 그 마음의 전체 모습이 보이면서 도달하는 깊은 이해의 단계가 공감이다. 상황을, 그 사람을 더 자세히 알면 알수록 상대를 더 이해하게 되고 더 많이 이해할수록 공감은 깊어진다. 그래서 공감은 타고나는 성품이 아니라 내 걸음으로 한발 한발 내딛으며 얻게 되는 무엇이다.

찬찬히 물으며 함께 그 뒤를 바짝 따르다

섬마을이 고향인 40대 남자 창민. 여덟 살에 아버지가 병으로 세상을 떠난 후 어머니가 4남매를 키웠다. 어려서부터 몸이 약했던 그는 중1부터 시작한 신장 투석을 지금까지 하고 있다. 1년에 한두 번은 연례행사처럼 입원을 하느라 학업도 직장 잡기도 쉽지 않았다. 그런 가운데서 독서 모임이나 환우회 활동에도 열심이다. 촛불 집회와 여러 봉사활동도 하면서 잘 살기 위해 최선을 다한다.

그의 적극적인 활동을 듣다가 처음 투석을 시작할 때 누구와 병원에 다녔는지, 어느 병원으로 다녔는지 물었다. 엄마는 하루도 쉴 수 없어서 중1 아이가 새벽에 혼자 배를 타고 도시로 나와 도시에서 또 한 시간 거리에 있는 병원을 가서 투석을 하고 다시 혼자 돌아왔다.

"어린 아이가 혼자서 애를 많이 썼겠군요."

안쓰러운 마음으로 다시 물었다.

"투석을 받으러 가는 날 집을 나설 때부터 다시 돌아올 때까지 열네 살 창민이의 뒤를 밟듯 천천히 하루의 동선을 얘기해 주세요. 우선 창민이는 몇 시에 일어나죠?"

새벽 4시에 혼자 일어나 옷을 챙겨 입고 뭍으로 떠나는 배를 타러 가는 중1 창민이. 그의 이야기를 들으며 나도 함께 그의 뒤를 따랐다. 열네 살 아이는 매주 두 번씩 전날에 엄마가 챙겨준 차비와 병원비를 챙겨 넣고 캄캄한 어둠 속에서 집을 나와 배와 버스를 갈아타고 홀로 병원에 간다. 홀로 접수를 하고 홀로 투석을 받고 다시 홀로 두 번의 다른 버스와 배를 타고 섬마을의 집으로 돌아오면 캄캄한 밤이다.

중년의 창민과 함께 어린 창민의 뒤를 따라가다 보니 그 마음이 어땠을까 싶어 마음이 짠했다. 덤덤한 듯 차분하게 말하던 그에게 물었다.

"열네 살 창민이 뒤를 따라가다 보니 어떤 느낌이 들어요?"

"그때는 몰랐는데 많이 긴장했던 거 같아요. 혼자 모든 걸 다 처리했어야 하니까. 다시 떠올려보니 너무 외로웠던 거 같아요."

그의 뒤를 밟다 보니 그의 외로움이 또렷하게 보였다. 덤덤하게 해내야 했던 오래전 일을 말하던 그가 문득 눈물을 비치며 어린 자신을 보듬었다. 마지막엔 자신을 진심으로 대견해했다.

누군가 자기 속마음을 꺼낼 때 그의 상황을 구석구석 잘 볼 수 있도록 거울처럼 비춰주면 상황은 빠르게 파악되고 이해된다. 이해가 되면 그에 합당한 감정과 공감이 절로 일어난다. 또 그것을 말하는 이에겐 자신을 소중하게 대하는 사람의 눈길을 확인하는 과정이다. 그의 마음을 구석구석 비춰주는 것은 그의 존재 자체에 집중하고 주목하고 있다는 의미다. 그 행위 자체가 다정한 공감이고 치유다.

"어릴 때부터 투석을 했다"는 얘기를 그가 했을 때 "힘들었겠다"는 반응 외에는 접한 적이 없다고 했다. 그 상황에 대해 세세하게 물어봐 주는 경우는 거의 없었을 것이다. 상황을 자세히 알지 못하면서 으레 던지는 "힘들었겠다"는 말은 사람 마음에 의미 있게 가닿지 않는다. 공감적인 단어이지만 공감받았다는 느낌을 상대에게 주지 못하는 건 그 말이 잘 모르고 던지는 말이라서다. 자세히 모르는 사람이 던진 말이 의미 있는 정서적 파장을 만들지는 못한다.

잘 모르면 우선 찬찬히 물어야 한다. 내가 모르고 있다는 것을 인정해야 시작되는 과정이 공감이다. 제대로 알고 이해할 수 있을 때까지 조심스럽게 물어야 공감할 수 있다. 그래서 공감은 가장 입체적이고 총체적인 파악인 동시에 상대에 대한 이해이고 앎이다.

그런데 혹시라도 질문을 잘못해서 상대방의 상처를 더 덧나게 하는 건 아닌가 싶어 주저하게 되는 경우가 있다. 그럴 때 보편적으로 활용할 수 있는 한 가지 방법은 "내가 잘 몰라서 그러는데……" 혹은 "내가 자세히 몰라서 너를 제대로 이해하지 못할까 봐 물어보는 건데……" 하는 단서를 달고 상대방의 상황, 마음에 대해 어떤 것이든 궁금한 것을 물어보면 된다. 상대방의 마음을 이해하고 싶고 존중하고자 하는 기본적인 내 태도만 명확하게 전달이 된다면 혹시라도 적절하지 않은 질문을 해도 특별한 문제가 없다.

상처를 덧나게 하는 질문이 따로 있다기보다 상대방에게 던진 질문이 상대방으로 하여금 나에 대해 전혀 모르고 있거나 오해를 하고 있다는 증거나 나를 비난하는 의도를 품고 있다고 느껴졌을 때 사람은 상처를 받는다. 그러니 그런 마음이 전혀 아니라는 내 입장을 먼저 알려주고 시작하면 그 다음부터는 걱정 없이 물어볼 수 있다.

다정하게 그러나 또렷하게 비춰주기

북유럽 어느 나라에 비만 치료에 탁월한 성과를 내는 센터가 있다. 식이 요법, 운동 요법, 약물치료, 수술 등을 하지 않는 특이한 센터다. 비만인 고객이 오면 먼저 누드 사진을 찍는다. 애프터를 돋보이게 하려는 목적으로 비포의 상태를 가능한 형편없이 찍어대는 저렴한 사진이 아니라 작가가 예술적으로 찍는 누드 사진이다. 그 사진을 크게 인화해서 고객이 가장 자주 볼 수 있는 곳에 걸어놓고 생활하게 한다.

이것만으로도 고객은 알아서 식사량을 줄이거나 알아서 운동을 한다. 그래서 체중 감량에 성공하게 된다. 누드 사진을 몇 개월에 한 번씩 다시 찍고 일상에서 계속 보도록 한다. 이런 방식만으로 감량된 체중이 유지된다는 것이다. 금방 이해가 안 갈 수도 있다.

다이어트에 성공하지 못하는 이유는 식이 요법이나 운동하는 방법을 몰라서가 아니다. 알아도 꾸준히 실천하기 어려워서다. 이 센터는 자기 몸을 계속 바라보고 의식하게 만듦으로써 단번에 목표에 도달했다. 자기 몸을 '거부감이 들지 않고 예술적으로 아름답게 그러나 또렷하게' 계속 떠오르게 해서 스스로 해결을 주도하게 만든 것이다.

공감의 원리도 같다. 질문을 통해서 상대의 상황과 마음이 거울에 비춘 듯 또렷하게 보이면 공감은 절로 일어난다. 공감을 받은 이의 속마음은 더 열리고 자기 기억이나 자기에 대한 느낌들을 더 잘 떠올리고 말하게 된다.

구석구석 비춰주는 거울처럼, 구석구석 빼놓지 않고 나를 담고 있는 누드 사진처럼 '거부감 들지 않고 다정하게, 그러나 구체적인' 질문을 던지는 사람이 공감 유발자다. 자세히 알아야 이해하고 이해해야 공감할 수 있다. 공감은 타고나는 것이 아니라 배우고 익히는 습관이다.

3

공감의 과녁 1

세상사에서 그 자신으로
초점을 맞추고

역사에 관심 많은 40대 변호사가 있다. 개인적인 모임에서는 물론이고 SNS에서도 역사에 대한 이야기를 많이 한다. 그러다 격렬한 논쟁으로 번지기도 한다. 지인들이 모인 가벼운 자리에서 그가 우리나라 근현대사의 뜨거운 감자를 꺼냈다. 모임에서 몇 차례 했던 얘기를 또 꺼내니 사람들이 난감해했다. 와인에 대한 해박한 지식이 있는 사람과 밥을 먹다 와인에 대한 장광설을 들어본 적이 있는 이의 얼굴들이다. 듣다가 내가 물었다.

나: 나는 역사에는 별로 관심이 없지만 역사에 각별한 관심이 있는 당신은 궁금해요. 역사의 어떤 점이 그렇게 끌리나요?

그: 자기 뿌리를 알아야 하지 않나요. 역사라는 건 지금의 나와 다 연

결되어 있잖아요. 역사는 내 조상, 나의 생활에도 다 직결돼 있거든요. 우리 할아버지만 해도 일제 강점기에 독립운동을 하신 분이고 우리 아버지는 군인으로 한국 전쟁도 겪고 월남전에도 참전한 분이고…….

나: 아버지가 군인이셨군요, 몰랐네.

그: 내가 어릴 때 월남에 가셔서 아버지 얼굴을 본 기억이 거의 없이 살았어요. 엄마는 천상 소녀 같은 분이시라 어려도 내가 늘 보살펴야 했고, 형이 셋이나 있지만 다 대도시에 나가 학교를 다닌다고 중학교부터 집을 떠났고요. 나 혼자 엄마를 모시고 살았어요. 치매로 돌아가신 아버지도 끝까지 나 혼자 모셨어요.

나: (그가 처음에 말한 '뿌리'라는 게 그에겐 의미가 있겠구나 싶어서)
흠. 뿌리가 없는 사람처럼 혼자서?

그: 네. 기댈 곳이 아무 데도 없었어요. 이론에라도 기대려고 대학 때는 마르크시즘에도 심취했었는데 거기도 아니더라고요.

나: 흠. 그랬구나. 뿌리를 내린다는 건 어떤 느낌인데요?

그: 기댈 수 있고, 쉴 수 있고, 편안할 것도 같고. (눈물이 핑)

나: (먹먹하게 들으며) 그렇구나……, 그랬구나.

그: (침묵하다 천천히 눈물을 닦으며) 내가 왜 자꾸 역사에 빠지는지 처음으로 생각하게 됐어요. 역사는 중요한 거니까 당연히 관심을 갖고 살아야지라고만 생각했는데 그게 전부가 아니었네요. 기댈 만한 튼튼한 기둥 같은 게 필요했나 봐요. 내가 너무 외롭게 산 것 같아요. 그런데 앞으론 논쟁 같은 거 하지 않아야겠어요. 사람들

이 나를 싫어하는 거 같아요. (웃음)

옆에서 그의 말을 듣던 이들도 함께 웃었다. 그날 그의 속마음 이야기를 듣지 못했다면 그 자리에 있던 사람들은 지루한 그의 역사 얘기를 또 들어야 했을 테고 다른 이들에게 그는 아는 척을 많이 하는 꼰대남이 됐을 것이다. 우리도 다행이었지만 그 모임에서 그는 결과적으로 자신을 보호할 수 있었다. 나는 그게 더 다행이라고 생각했다. 앞으론 역사 얘기하는 걸 조심해야겠다는 그의 LTE급 현실 감각도 인상적이었다.

존재의 과녁에 도달할 때까지 상대를 놓지 마라

공감은 그저 들어주는 것, 인내심을 가지고 들어주는 것이 아니라 정확하게 듣는 일이다. 정확하게라는 말은 대화의 과녁이 분명히 존재한다는 뜻이다. 공감에는 과녁이 있다. 과녁에서 멀어지는 대화는 지리멸렬해진다.

모임에서 자기만 깊이 관심을 가진 주제를 꺼내서 장황하게 얘기를 시작한 그에게 나는 첫 질문부터 "역사는 됐고, 너는?"이라고 내 질문의 최종 목표를 분명히 했다. 과녁을 분명히 정하고 말한 거다. 역사는 중요한 것이냐 아니냐, 지금 그 얘기를 할 자리냐 아니냐, 그게 의미가 있냐 없냐는 논쟁은 내 관심 밖이었다. 내가 하고 싶은 말은 분명했다. 나는 '역사'에 관심이 있는 게 아니라 역사에 관심이 많은 '당신'이 궁금하다고 '그 자신'에게로 관심을 돌렸다. 공감적 대화의 과녁은 언제나 '존재 자체'다.

그런데 우리가 사회생활을 하며 주로 쓰는 언어는 현실적, 실용적, 논리적, 전략적, 효율적 언어다. 그런 방식으로 소통하다 존재 자체에 집중하고 이야기를 한다는 것은 고속도로를 달리던 차가 갑자기 비포장도로로 접어드는 일과 비슷하다. 고속도로를 달리던 운전 방식이나 속도로 비포장도로를 갈 수는 없다. 익숙하지 않은 비포장도로로 접어들었을 때 내 방식이나 내 기대치가 흔들리는 것은 당연하다. 여기서부터 비포장도로라는 걸 인식하기만 해도 다행이다.

어쨌든 그 자리 대화의 중심은 역사도 아니고 변호사로서의 식견을 드러내는 자리도 아니었다. 그럴 필요도 없고 그럴 관계도 아닌 사람들 간의 모임이었으니까. 대화의 중심은 각자, 우리 자신들, 존재 그 자체여야 마땅하다.

바깥에서 친구에게 맞고 들어온 아이에게 엄마가 "누가 너한테 이랬어?"라며 아이 손을 꼭 붙들고 때린 아이를 찾을 때까지 손을 놓지 않고 가듯 공감도 그렇다. 방향과 길을 잃은 상대의 말이 과녁에 분명히 도달할 때까지 손을 꼭 잡고 상대의 손목을 절대 놓지 않아야 한다. 언제까지? 상대의 존재 자체를 만날 때까지. 그 말머리를 붙든 채 가야만 제대로 된 자기 이야기가 열리는 그 문 앞에 도착한다. 공감은 그렇게 시작된다.

사람 마음은 논쟁과 설득으로 움직이지 않는다

과녁에 맞추지 않은 채 그냥 흘러가는 얘기는 아무리 많은 시간을 투자해서 들어줘도 상대에게 도움이 되지 않는다. 상대는 공감받은 느낌을 받지 못한다. 나는 애썼지만 상대는 고마움을 느끼지도 않는다. 수다나 논쟁, 뒷담화 사이를 맴돌다 끝나기 쉽다. 자리를 털고 일어날 때 허무하다.

논쟁은 조금 다르다고 생각할 수 있다. 치열한 논쟁 끝에 타당하다고 인정되는 것, 수긍할 수 있는 지점이 생기면 의미가 있는 거 아닌가. 그렇다. 공적 이슈를 둘러싸고 벌어진 이야기와 논쟁에서는 충분히 그럴 수 있다. 결론에 대해 충분히 수긍하고 도움이 될 수도 있다.

하지만 사람 마음이나 사람 관계 등에 관한 속마음 이야기, 상처받은 마음 이야기 등 개인의 감정이나 정서가 개입된 이야기에서는 그렇지 않다. 이런 영역에서 논쟁이나 설득은 힘을 발휘할 수 없다. 애초에 힘을 가지지도 못한다. 논쟁을 통해 자기 생각이나 관점, 자기 색깔을 선명하게 드러낼 수는 있지만 거기까지다.

감정과 정서가 개입된 주제에서 논쟁으로 상대의 마음을 움직이고 설득시켜 내 관점이나 의견을 수용하게 만들긴 어렵다. 그건 고속도로 운전법의 논리다. 여긴 비포장도로다. 논쟁과 설득으로 사람 마음이 움직이지 않는다. 여기서 토론이나 논쟁은 오히려 상대방이 자기 마음을 더 강하게 닫게 만들 뿐이다.

소신을 가지고 학생들에게 공감 교육을 열심히 하는 한 초등학교 교사에게 학부모가 찾아왔다. 학부모는 "난 솔직히 우리 애가 공감력이 높아지는 걸 원치 않는다. 공감력이 많으면 남에게 당하고 살게 될 게 뻔하다"라고 이야기했다고 한다. 그 교사가 내게 물었다.

"그때는 당황해서 학부모에게 제대로 설명하지 못했는데 뭐라고 말해 줘야 했을까요?"

그 학부모가 말하는 공감과 지금 우리가 말하고 있는 공감은 명백하게 다른 의미다. 그러니 그 견해에 대해 이러저러한 의견을 낼 필요도 없다. 오히려 나는 그 교사의 질문이 마음에 걸렸다. 교사의 질문에는 어떤 전제가 있는 것 같았다. 그때 공감과 공감 교육에 대해 정확하게 학부모에게 설명했더라면 부모가 설득될 수도 있었을 거라는 생각, 말이나 논리로 사람을 설득할 수 있을 거란 전제다. 과연 그럴까. 내가 그 자리에 있었다면 그 교사보다 더 풍부한 논리와 언어로 학부모가 공감 교육을 수용하도록 만들 수 있었을까. 아니다. 사람 마음은 그렇지 않다.

만일 그 순간 공감에 대해 더 설득력 있는 설명을 했다면 그 학부모는 겉으론 "그렇군요. 잘 알겠습니다, 선생님"이라고 하지만 속으로는 '아주 저 혼자만 똑똑하군. 잘났어 정말' 하며 돌아갔을 것이다. 나 같으면 그 학부모에게 "그렇게 생각할 만한 어떤 경험이 있으셨나 봐요" 정도의 말만 했을 것이다.

어떤 뜻인가. 그의 경험을 묻는 그 말은 공감이라는 주제 자체에 관한 언급이 아니다. 공감에 대한 내 견해나 주장과는 거리가 먼 말이다. 관심의 초점을 학부모 자신에게로 돌린 것이다. 공감에 대해 당신이 그렇게 생각할 때는 어떤 이유가 있을 것이다. 즉 '당신'에 주목한 말이다. 나와 전혀 다른 생각을 하더라도 당신의 말에 귀를 기울이고 수용할 수 있으며 그에 대해 관심이 있다는 의미다.

자기 존재에 대해 이런 시선과 터치를 받으면 사람은 멈칫한다. 다른 반응을 보인다. 그 자리에서 공감에 대해 그렇게 생각하게 된 자신의 경험담까지를 꺼내지 않더라도(자기도 금방 떠오르지 않을 수 있다) 집으로 돌아가면서 그 질문에 대해 스스로 궁금해할 수 있다. 자신에 대한 주목이 시작되는 것이다. '그러게. 나는 왜 그렇게 생각했을까. 언제부터 그런 생각을 하고 있었지?' 그렇게 자기를 돌아보는 계기가 될지 모른다.

과녁을 정확하게 한 질문이나 시선은 한 존재 자체를 그런 식으로 조금씩 흔든다. 성찰하게 한다. 마음을 열게 만든다. 과녁에 정확하게 닿은 공감적 대화의 힘이다.

자기 마음을 어떻게 말할지 모를 때

속마음 이야기나 사람 관계의 영역에서는 '나 자체, 내 마음'에 맞춰지지 않은 얘기는 결국 공허해진다. 내 마음을 건너뛰어 내 지식, 내 권위, 내 신념이나 내 주장 등에 의지해서 전개되는 이야기의 종착역은 아무리 치열했어도 아니 치열할수록 공허함이나 외로움이 커진다. 서로에게 스민 느낌이 없어서다. 스미기는커녕 오히려 서로 밀어내는 느낌을 확인해서다. 긴 시간의 이야기 끝에서 마음이나 생각의 거리가 한 치도 가까워지지 못했다는 것을 서로 확인하게 돼서 더 외롭고 쓸쓸하다.

역사 얘기라는 외형적인 주제를 관심 밖으로 밀어냈더니 자연스럽게 할아버지 이야기, 군인이던 아버지 이야기, 가족 안에서의 '나' 이야기가 수면 위로 올라왔다. 공감의 과녁이 분명하게 드러났다. 그렇게 드러난 '자기' '존재' '존재성'에 눈을 맞추는 것이 공감이다. 과녁 바깥으로 흘러가는 말에 인내심을 최대치로 끌어올린 채 참고 참으며 반응하는 것은 결과적으로 감정 노동이 된다. 공감할 내용이 드러나지도 않았는데 공감할 부분이 아직 없는데 끄덕이며 공감해 주는 사람은 과녁 없이 아무 데나 활을 쏘는 궁사다. 그림자를 쫓으며 비장한 얼굴로 칼을 휘두르는 무사다.

그런데 자기 마음을 말하고 싶어도 어떻게 해야 할지 잘 모르는 경우가 많다. 시작했다가도 길을 잃는다. 마음을 토로하는 말은 우리가 일상에서 하는 말과는 조금 달라서다. 어디서부터 어떤 방식으로 꺼내야 할지 분간이 힘들어서 무작정 누르고 사는 게 상책이라 여긴다. 그러다 일정 수위를 넘어설 만큼 내압이 오르면 그때 한꺼번에 폭발하며 상상할 수 없는 비용을 치른다.

이야기하는 사람보다 듣는 사람이 이야기를 과녁에 맞게 바꿔주는 것으로 시작하는 게 더 수월하다. 듣는 사람이 상대방의 이야기를 세상사 이야기에서 '그 자신'의 얘기로 돌려주면 된다. 그러면 낯설어도 자기를 만나며 마음이 움직인다. '아, 내가 그랬구나, 그런 마음이었구나, 그래서 내가 반복적으로 그랬던 거구나' 알아진다.

길에서 어버이연합 노인을 만났을 때 노인의 입에서 자동적으로 나오던 "종북 세력, 박근혜 대통령이……"라는 얘기를 뒤로 물리고 "밥은 드셨어요? 고향이 어디세요?"라고 한 것은 이야기의 과녁을 맞추기 위해서다. '그'라는 존재의 중심에 빠르게 들어가기 위해 부질없는 논쟁이 될 게 뻔한 시국과 관련한 얘기들을 뒤로 치워버린 것이다. 그래서 그날 그곳에서 그 노인 자신을 만날 수 있었다. 시국에 관한 이야기를 했다면 노인도 그날 그곳에서 자기 자신을 만나지 못하고 다시 다람쥐 쳇바퀴 같은 수렁 속으로 자신을 밀어넣었을 것이다.

공감은, 생각과 감정들이 실타래처럼 엉켜서 나도 어쩌지 못하고 있는 그 부위에 미사일처럼 정확하게 꽂히는 치유 나노로봇이다. 이보다 더 빠르고 정확하고 정교하며 부작용 없는 치유제를 나는 아직 만난 적이 없다.

공감의 과녁 2

칭찬이나 좋은 말
대잔치와는 다르다

중3인 일란성 쌍둥이 딸 둘을 둔 엄마가 있다. 딸 A는 성적도 뛰어나고 엄마 뜻을 잘 따라주는 아이다. 친구 관계도 나무랄 데 없다. 딸 B는 정반대이다. 성적도 바닥이고 바이올린 레슨이나 자기가 원해서 시작한 영어 학원도 끝까지 다니질 못한다. 엄마 말도 안 듣는다. 통제가 안 되는 아이다. 초등학교 때부터 알아서 숙제를 하는 법이 없어 아이를 볶아가며 하루하루를 겨우 넘겼다.

그녀는 딸 B가 자신을 나쁜 엄마로 만드는 아이라고 했다. 서너 살 때부터 별났던 B가 그녀는 맘에 들지 않았다. 그러다가 어쩌면 B의 지금 모습은 오랫동안 딸을 못마땅하게 봐왔던 자기의 태도 때문일지도 모른다는 결론에 도달했다.

B에 대한 원망으로 가득했던 엄마가 자신을 돌아보기 시작했다.

자신의 그런 모습이 아프고 불편했는지 이내 그녀는 자랑스런 A를 떠올리며 말했다.

"B한테는 그렇게 못했지만 그래도 A한테는 항상 칭찬하고 인정해 줬으니 그나마 다행이에요. A한테는 그래도 제대로 된 엄마였던 거 같아요."

나는 B에 대한 그녀의 성찰과 고백에 기립 박수를 보낸다고 말하면서 동시에 아픈 소리를 덧붙였다. A에게도 괜찮은 엄마가 아니었을 수 있다는 가슴 철렁한 말이다.

엄마가 A를 칭찬한 것은 B와 달리 시험을 잘 봤을 때, B와 달리 학원에 빠지지 않고 성실할 때, B와 달리 엄마 말에 순종할 때였다. A는 성적이 떨어지거나 엄마 기대에 부응하지 못하면 엄마가 B에게처럼 자기에게 크게 실망할 거라 생각한다. A도 자기 존재 자체로 엄마에게 사랑받고 인정받은 적이 없기는 B와 마찬가지다. '열심히 공부하고 성실하게 행동하지 않으면 나도 엄마에게 B 같은 딸이 될지도 모른다'는 불안이 아이를 강박적으로 몰아갔다. A는 독일병정처럼 자신을 계속 다그치고 있었는데 엄마는 그걸 미처 감지하지 못했다. 내 말을 듣고 그녀는 다시 몹시 아파했다.

공감은 좋은 말 대잔치나 칭찬의 립서비스가 아니다. 그렇다고 늘 옳은 말 같은 비판을 잊지 않아야 한다는 게 아니다. 공감은 상대에게 전하는 말의 내용 자체가 따뜻한가 아닌가가 핵심이 아니라 그 말이 궁극적으로 어디를 향하고 있는지, 그 말이 어디에 내려앉는 말인지가 더 중요하다. 상대방의 존재 자체를 향하고, 존재 자체에 내려앉는 말이 공감이다. 그녀가 딸 A에게 한 칭찬과 인정은 딸 A의 존재 자체에 내려앉는 말이 아니라 딸 A의 강박적인 행동과 성과 위에 집중한 엄마의 칭찬이었다.

공감은 그저 좋아 보이는 외형에 대한 지지와 격려의 반응이 본질이 아니다. 존재 자체에 대한 주목이어야 하고 그럴 때만이 그 위력이 오롯이 나타난다. 약효가 없는 약이 가짜 약이듯 공감의 위력이 없는 공감은 공감이 아니다.

그렇다면 잘한 일을 칭찬하고 언급하는 일은 다 부질없을까. 물론 아니다. 좋은 일이다. 예를 들어 업무 파트너끼리는 그런 것에 무감하면 관계에서 상처를 준다. 위축돼서 긍정적인 관계 자체가 만들어지지 않을 수도 있다. 업무를 중심으로 만들어진 관계에서 업무적 노력이나 성과에 대한 언급은 그 관계에서 공감적 반응의 중심일 수도 있다.

갓 지은 밥같이 든든한 칭찬과 인정이란

다시 아이 얘기로 돌아가서 조금 다른 측면에서 생각해 볼 게 있다. 자녀가 성적이 올랐을 때 칭찬을 하는 것은 존재 자체에 대한 반응이 아니고 그가 올린 성과에 대한 반응이니 전혀 의미가 없는 것일까. 그렇지는 않다. 그렇다면 어떻게 해야 제대로 된 주목이고 공감일까.

아이에게 칭찬할 때 "와우! 성적이 그렇게 올랐구나. 참 잘했다"는 식으로 오른 점수에 방점을 찍는 칭찬보다는 "성적이 그렇게 많이 올랐구나! 네가 이번에 정말 노력을 많이 했나 보다. 참 애썼어"라고 한다면 오른 성적보다 아이의 존재 자체에 집중을 한 것이다. 성적이 오르는 상황을 이끌어낸 '아이 자체'에 집중을 한 것이다. 외형적 성과나 성취 자체에 대한 과도한 방점은 사람에게 성과에 대한 불안과 강박을 가져오지만 존재 자체에 대한 집중은 안정과 평화를 준다. 부작용이 없다.

존재 자체에 대한 주목과 공감을 경험하지 못한 사람은 자신의 성취에 대한 인정과 주목을 존재에 대한 주목이라고 생각해서 그것에 매달리게 된다. 하지만 아무리 많이 먹어도 기대만큼 포만감이 없다. 물론 존재 자체에 대한 공감도 없고, 오른 석차에 대한 반응도 없는 무관심보다는 낫다. 하지만 밥 없이 반찬으로만 배를 채운 사람처럼 아무리 많이 먹어도 편안한 포만감이나 포만감으로 인한 안정감이 없다. 반찬으로만 채운 배는 한계가 있다.

존재 자체에 대한 주목과 공감은 갓 지은 밥 같은 것이다. 잘 지은 밥이 있으면 간장 하나만 가지고도 든든한 포만감을 느낄 수 있다. 밥이 기본이라서다.

공감은 누군가의 불어난 재산, 올라간 직급, 새로 딴 학위나 상장처럼 그의 외형적 변화에 대한 인정이나 언급이 아니라 그것을 가능하게 한 그 사람 자체, 그의 애쓴 시간이나 마음씀에 대한 반응이다. 그럴 때 사람은 자신이 진정으로 인정받고 보상받았다는 느낌을 받는다. 그런 경험을 반복적으로 하면 사람은 그런 외형에 덜 휘둘리며 살 수 있게 된다. 공감은 쓰러지는 사람을 일으켜 세울 만큼 큰 힘이 되기도 하지만 동시에 그 힘은 그가 고요하게 가만히 있어도, 특별히 무언가를 하지 않아도 자기 자신만으로도 초조하지 않을 수 있는 차돌 같은 안정감의 형태로도 나타난다. 공감의 힘은 그렇게 입체적이다.

5

감정에
집중하기

사람의 속마음은 무의식적 욕구나 욕망뿐 아니라 살아오며 겪었던 상처와 그 감정들, 미처 떠올리지 못했던 오래된 기억들이 빼곡하게 모여 있는 캄캄한 곳이다. 나의 일상은 쓸고 닦고 아름답게 꾸미느라 환하게 불을 밝혀놓은 곳이지만 속마음에까지 불을 환하게 켜놓고 살진 못한다. 그래서 속마음은 형광등마저 깜빡이는 반지하 방처럼 대체로 캄캄하다.

더구나 속마음은 그걸 보호하는 방어벽으로 둘러싸여 있다. 벽의 다른 이름은 방어기제다. 그 벽은 속마음을 보호하는 역할도 하지만 과도한 방어는 오래된 상처들을 가둔 채 곪게 만들기도 한다. 치유란 속마음을 보호하는 동시에 농이 가득 찬 속마음을 드러내는 일이다. 모순되는 그 일을 마법처럼 해내는 것이 공감이다.

속마음으로 들어가는 '문'과 '문고리'

머릿속에 속마음으로 들어가는 길의 약도를 그려보자. 속마음으로 찾아 들어가다 보면 캄캄한 곳에서 높고 길고 단단한 벽을 만나게 된다. 그곳을 손으로 더듬다 보면 문이 있다. 누군가의 얘기를 듣다가 그의 깊은 속마음 이야기로 들어가려면 그 문부터 찾아야 한다.

존재 자체에 집중하고 주목하면 벽을 더듬던 손이 문을 만난다. 존재 자체가 속마음으로 들어가는 문이다. 존재에 주목하고 집중할 때 문이 반응한다.

영화처럼 감옥의 단단한 벽을 넘기 위해 숟가락으로 땅을 판다면 얼마나 많은 세월이 필요하겠는가. 그러나 벽 어딘가에 있는 문을 찾으면 단숨에 벽 너머로 이동할 수 있다. 존재 자체를 터치하는 일은 높고 거대한 벽에서 상처의 원형이 위치한 속마음으로 들어가는 바로 그 문을 찾는 일이다. 문을 찾은 후에는 문고리를 찾아 돌리면 된다. 그러면 문이 열리고 안으로 들어갈 수 있다.

문이 존재 자체라면 문고리는 존재의 '감정이나 느낌'이다. 공감 과녁의 마지막 동그라미는 존재가 느끼는 감정이나 느낌이다. 존재의 감정이나 느낌에 정확하게 눈을 포개고 공감할 때 사람의 속마음은 결정적으로 열린다. 공감은 그 문고리를 돌리는 힘이다.

정신없이 바쁘게 사는 어느 회사 대표의 일주일 일정을 듣다가 내가 물었다.

"일주일간 그렇게 뛰어다닌 자신을 유체 이탈한 영혼처럼 몇 발자

국만 빠져나와서 본다면요. 지금 자기한테 어떤 느낌이 들까요?"

"당분간은 제가 그럴 수밖에 없는 상황이라서요."

그는 내 말을 제대로 못 알아듣고 자신의 현실적 상황을 설명했다.

"그렇군요. 그런데 상황을 물은 게 아니고요. 그런 자신을 쳐다보면서 또다른 자기가 어떤 느낌을 가질지 그게 궁금해요."

'현실적 당위 말고 당신의 느낌은?'이라고 재차 물은 것이다. 멍하니 있다가 그가 말했다.

"답답해 보여요. 안쓰럽기도 하고."

그때부터 그의 말은 속도가 느려지고 어눌해졌다. 나는 그에게 지금 당신의 말이 느려지고 버벅대는 게 느껴지느냐고 물었다. 진짜 자기 말이 나와서 그런 거라고 얘기해 줬다. 가성이 아니라 자기 육성이 처음 나와서 어색해서 그러는 거라고.

그는 안심하며 천천히 말을 이어갔다. 그렇게 그는 자기 느낌을 마주하면서 문고리를 돌리고 자기 속마음으로 들어갔다. 그의 속마음 이야기는 그날 그렇게 시작되었다.

한 존재로서 사랑받고 인정받는 느낌

밖에서 주먹 쓰고 나쁜 짓 하며 돈을 버는 남자가 밤에 집으로 돌아와 아이의 잠든 모습을 볼 때마다 '빨리 이 일을 정리해야지' 하는 마음을 먹게 되는 건 아이 자체가 나라는 존재 자체를 자극하는 특별한 자극체여서다.

아이는 아빠에게 "아빠 사랑해, 아빠랑 놀고 싶어, 우리 아빠가 제일 힘세"라는 식으로 아빠라는 존재 자체에만 반응하는 존재다. 아빠의 연봉이 얼마인지, 아빠의 키가 큰지 작은지 상관하지 않는다. 아빠는 아이를 통해 자신이 바깥에서 어떤 일을 하든 한 존재로서 사랑받고, 인정받는 느낌을 받는다. 그 느낌은 어떤 당위보다 더 강하게 그의 존재를 자극한다. 제대로 사는 쪽으로 그를 움직이게 만든다.

존재 자체의 느낌이 만져지면 사람은 움직인다. 벽을 뚫고 부수지 않아도 문을 찾고 문고리를 돌리면 금세 안으로 들어갈 수 있다. 존재의 느낌에 정확하게 내려앉는 공감은 세상의 어떤 훌륭한 설득이나 계몽, 조언, 심지어 어떤 강력한 항우울제보다 빠르고 정확하게 마음을 돌려놓는다.

'내 일생 잊을 수 없는 밥상'이란 주제로 네 명씩 둘러앉아 자기 기억 속 어느 날의 밥상을 떠올리는 치유 프로그램의 한 장면이다. 중년 여성이 열 살 적 이야기를 꺼냈다. 아빠와 크게 다툰 엄마가 집을 나가고 맞은 첫 번째 일요일 점심, 아빠가 동네 정육점에 가서 삼겹살을 사왔다. 검은 비닐에 담긴 삼겹살을 꺼내 아빠와 4남매가 말 한마디 없이 고기를 구워먹던 그날 그 밥상을 떠올리며 그녀는 늘 위태롭고 외로웠던 자기 삶을 토로했다.

다른 세 사람은 그의 이야기를 들으며 이야기 중간중간에 그의 마음과 느낌을 물을 수 있고 그 얘기를 들으면서 떠오르는 자기 마음과 느낌을 말할 수 있다. 충조평판(충고·조언·평가·판단)은 절대 금지다. 존재 자체와 존재의 느낌에만 집중해서 이야기를 하기 위해서다. 그런 방식으로 네 명이 돌아가며 자신의 잊을 수 없는 밥상을 얘기한다.

그렇게 존재와 존재의 느낌에 집중하면서 화자를 온전히 수용하고 공감하면서 단단한 벽에서 문을 찾고 문고리를 찾아 돌리는 것이다. 그렇게 서로의 속마음을 만나는 경험을 한다. 이 간단한 규칙에 따라 얘기를 하는 것뿐인데 결과는 놀랍다.

한 사람이 "나는 지금까지 행복하다고 생각했는데 그게 아니었다는 걸 알았다"고 고백하는가 하면 또다른 사람은 "그동안 나만 고통스러운 줄 알았는데 그렇지 않다는 걸 알았다"고 말한다. 어떤 이는 "그동안 가족 안에서 내가 피해자라고 생각했는데 내가 가해자일지도 모른다는 생각을 하게 됐다"고 고백하는데 옆에 있던 또다른 사람은 "나는 지금까지 가해자라고 생각했는데 내가 피해자였다"는 걸 알았다고도 한다.

존재 자체와 존재가 느꼈던 감정과 느낌에만 주목해서 묻고 얘기하고 공감하는 경험을 한 것일 뿐, 어느 누구도 해석하고 분석해 준 일이 없는데도 자신에게 필요한 맞춤 처방을 스스로 알아서 찾아낸다. 똑같은 시간 중에 상호 모순되는 여러 깨달음들이 동시다발적으로 나온다.

전문가가 이끄는 프로그램도 아니고 행복을 느끼게 하려는 목적을 가진 프로그램도 아니다. 상처를 끄집어내려고 유도하지도 않는다. 남들에게 귀감이 될 만한 경험을 한 사람이 간증하듯 남들 앞에서 자기 깨달음을 전하는 프로그램은 더더욱 아니다. 그럼에도 세 사람의 폭포수 같은 집중과 공감 속에서 자기 속마음을 만나며 자기에 대한 맞춤 처방을 스스로 찾아낸다. 놀랍지 않은가.

자기 존재와 그 느낌을 만나고 공감받은 사람은 특별한 가르침이 없어도 자신에게 필요한 깨달음과 길을 알아서 찾게 된다. 그것이 정확한 공감의 놀라운 힘이다.

6

억누른 상처를 치유하는 메스이자 연고

상처는 속마음에 꽁꽁 숨겨져 있다. 드러내면 더 불리해지고 더 수치스런 일이 생길 것이라는 피해 경험 때문이다. 상처를 꺼냈다가 차가운 무관심이나 예상치 못한 비난을 경험하지 않았다면 그렇게 깊숙하게 묻고 살지 않을 것이다. 상처 드러내기와 관련해선 피해 의식이 아니라 피해 경험이 있는 사람이 많다. 그래서 눌러둔다.

상처를 누르며 지내는 시간은 혼돈의 시간이다. 애증과 분노, 자책의 감정들 사이를 시계추처럼 움직이는 탈진의 시간이다. 널뛰는 감정에 휘둘리는 게 힘들어 방법만 있다면 그 시간을 끝내고 싶은 마음뿐이다.

상처를 다 드러내고 살 수가 있을까. 그럴 수도 없고 그럴 필요까진 없다. 그런데 억누르고 살아야 성숙한 사람이라는 편견 때문에 상처를 지나치게 억눌러서 문제가 되는 경우가 많다. 억누르려고 해도 두 더지처럼 튀어 오르거나 시간이 갈수록 더 또렷해지는 고통도 많다. 그런 경우는 상처를 꺼내고 해결해야 삶을 제대로 살 수 있다.

심리적 조망권을 확보해주기 위해

한 남자가 내게 물었다.

"친구의 어린 시절 엄마에 대한 기억이 주로 맞았던 일이라고 하더라고요. 집안일을 시키며 엄마가 소리 지르고 마구 때리고, 남편 때문에 스트레스를 받으면 아들인 제 친구를 발길로 걷어차고 뺨을 후려쳤대요. 어린 시절 내내 가정 폭력으로 시달린 친구를 어떻게 위로하면 좋을까요?"

그의 질문에는 그가 친구를 도우려는 마음과는 별개로 치유와 관련된 우리들의 일반적인 인식이 그대로 담겨 있다. '심각한 가정 폭력을 겪고 자란 사람 일반'에게 도움이 되는 '어떤 전문적인 방법'이 따로 있을 것이라는 생각이다. 그는 친구에게 도움을 주기 위해 친구를 유일하고도 개별적인 존재로 인식하기보다 '심한 가정 폭력을 당한 사람 일반'의 범주에 넣어서 바라보고 있는 것이다.

가정 폭력이든 직장 상사에게 고통을 받는 친구든 연인이나 부모 자식의 첨예한 갈등이든, 현실에서 벌어지는 일상적 고통에서 자유로워지려면 우선 그 상황과 관계 속에서 당사자 자신이 느끼는 자기 속마음에 대해 전체적으로 조망할 수 있는 것이 중요하다.

치유란 특정 문제에 대해 외부에서 던져주는 전문적인 코멘트에 의해 이뤄지는 것이 아니다. 안개가 자욱한 고속도로에서 사고로 뒤엉킨 자동차들처럼 상처 입은 자기 마음결을 누군가의 손을 잡고 하나하나 보고 만지고 확인하고 느끼며 분리해 가는 과정이다. 그 과정을 통해 자신의 뒤엉켜 있던 마음결을 안개가 걷힌 후의 풍경 보듯 하나씩 또렷이 보는 일이다.

'아, 그때 내 마음이 그랬었구나. 그래서 그 사람에게 그런 말이 나왔던 거구나. 내가 그랬구나. 그래서 내가 그런 행동을 했던 거구나.'

그렇게 자신과 자기 상황을 제대로 조망할 수 있을 때까지 묻고 공감하고 또 묻고 다시 공감해 주는 일을 반복해 주는 것이 옆에 있는 공감자가 해야 하는 일이다. 자신을 또렷하게 볼 수 있을 때까지 곁에 함께 있으면서 주저앉으려 하면 함께 주저앉아 있어주고, 그 과정을 쓸모없는 것으로 여기는 등 엉뚱하게 해석하면 왜 그런 마음이 드는지 다시 묻고 들어주고 또 그 마음을 공감해 주면서 함께 가는 사람이 공감자다.

상처와 혼돈 속에 있는 사람에게 길 건너에서 전문적이고 일방적인 답을 전해주는 사람은 공감자가 아니다. 공감자가 아니면 전문가도 될 수 없다. 그런 방식으로는 상처 입은 사람을 도울 수 없기 때문이다.

사람 마음은 외부에서 이식된 답으로는 절대 정돈되지 않는다. 답은 밖에서 오지 않고 언제나 내 안에서 발견돼야 내게 스미고 적용된다. 자기가 처한 상황의 실체, 자기 마음의 실체를 하나하나 또렷이 보고 느끼면서 자기 상황에 대한 심리적 조망권을 확보해야만 마음이 정돈되기 시작한다. 온몸, 온 마음으로 느끼는 것이 진짜 아는 일이며 그렇게 알아야만 혼돈에서 벗어날 길이 보인다.

누군가의 고통을 덜어주는 공감자가 되기 위해선 그의 마음에 대해 '그'에게 물어야 한다. 돕는 자로서의 '내' 견해를 말하거나 주장하기보다 '그'에게 주목하고 그의 마음에 대해 그에게 물어야 한다. 그의 세세한 속마음은 그 사람만이 알 수 있다. 전문가가 알 것이라는 생각을 버려야 비로소 그에게 질문을 시작할 수 있다. 그만이 아는 그의 마음에서 혼돈을 끝낼 그만의 길이 나온다. 당사자가 그것을 속속들이 느끼고 만질 수 있을 때까지 그의 손을 놓지 않는 것이 공감자의 일이고 그것이 치유다.

과거의 상처보다 현재의 감정을 먼저 알아주기

어릴 적 엄마의 폭력 속에서 자란 친구에게 천천히 집중하고 묻다 보면 친구 마음속에 가지고 있던 일상적인 안개들이 하나씩 걷혀 나갈 것이다. 그런데 잠깐, 친구의 마음을 묻기 전에 한 가지 마음을 써야 할 일이 있다. 친구가 편안하게 이야기를 시작할 수 있을까를 생각해 봐야 한다. 처음 꺼낸 말이기도 하지만 엄마에 대한, 그것도 부정적인 감정투성이일 텐데 이야기를 제대로 할 수 있을까. 그에 대한 배려가 우선적으로 필요한 순간이다.

내가 그 친구의 입장이 되어 생각해 보자. '내가 괜히 이 얘기를 꺼낸 건 아닐까' '저 친구가 앞으로 나를 바라보는 시선이 달라지면 어쩌나'. 그 때문에 제대로 말을 이어가기 어려울 수도 있다. 이런 불안이 해결되어야만 얘기를 제대로 할 수 있다.

친구가 말을 꺼낸 이후에 연기처럼 피어오르는 그 불안을 알아차리지 못하면 그 대화는 곧 끊어진다. "그랬구나, 힘들었겠구나" 하고 열심히 공감을 해도 그렇게 된다. "그건 네 잘못이 아니야" 같은 공감적 언어를 던져도 왠지 그 말이 스미지 않고 겉도는 느낌을 가질 수도 있다.

이도 안 되고 저도 안 되면 어떻게 해야 하나. 엄마에 대한 감정과 상처를 공감받는 일보다 그 얘기를 하는 것 자체에 대한 친구의 부담과 불안이 더 먼저 공감을 받아야 한다. 그게 지금 현재 친구가 가진 더 생생한 감정이기 때문이다. 그래야 다음 이야기를 할 수 있다.

그러지 않으면 엄마에 대해 복잡한 감정을 꺼내기도 전에 "우리 엄마도 그때 너무 힘들어서 그랬을 거야"라고 엄마를 두둔하며 이야기를 얼버무리려 하거나 "뭐, 옛날에는 다들 그렇게 맞고 자랐잖아. 나도 그거보다 조금 더한 정도지 뭐"라며 말을 돌리며 그만둘지 모른다.

현재의 감정이 공감받지 못하면 과거의 상처를 꺼낼 수 없다. 지금 여기의 감정이 공감받지 못하면 그다음 이야기로 넘어갈 힘이 생기지 않는다. 어렵게 꺼낸 친구의 말머리가 의미 있는 그의 속마음 이야기로 연결되려면 친구의 현재 감정이 공감을 받을 수 있어야 한다. 공감은 보이지 않는 고비들을 계속 넘어갈 수 있게 해주는 힘이다. 그에 기대어 자기 속마음으로 들어가 숨어 있던 자기를 만날 수 있다. 그에 기대어 자기의 전모에 대한 조망권도 확보할 수 있게 된다.

"지금 말하면서도 맘이 편치 않겠다, 그렇지 않니?"라고 친구의 불안을 먼저 알아주고 짚어줘야 한다. 공감해 줘야 한다. "엄마 얘기를 꺼내기가 정말 힘들었겠다"며 그의 불안에 충분히 눈을 맞춰줘야 한다. 내가 현재 느끼고 있는 불안을 알아준다는 건 내 존재 자체에 초집중하고 주목하고 있는 사람이란 뜻이다. 내 존재를 조건 없이 그대로 다 수용해 주는 사람이란 것이다.

그런 사람을 만났다는 느낌이 들어야 사람은 비로소 안전하다는 느낌을 갖는다. 그래야 자기 상처를 충분히 드러낼 수 있다. 자기 불안을 내려놓고 더 깊은 자기 이야기로 들어갈 수 있다.

친구의 불안을 먼저 짚어주고 공감해 줘야 친구가 편안하게 자기 얘기를 할 수 있을 거라는 얘기를 그에게 한 직후에 그가 불쑥 "사실 그 얘기는 친구 얘기가 아니라 내 얘기"라고 고백했다. 자신을 드러내도 될 만큼 안전하다는 느낌을 받았기 때문에 완전하게 무장 해제를 한 것이다.

"아, 그랬군요. 엄마가 언제부터 그러셨어요?"

그때부터 나는 그에게 묻기 시작했다. 그가 안전하다고 느끼니 그때부턴 그의 말에 집중하면서 그때그때 드러나는 현재진행형인 그의 마음과 감정들에 마음껏 공감하면 된다.

"내가 초등학교 3학년 때 아버지 사업이 망하기 시작하면서부터 그랬던 거 같아요. 잠도 못 자고 안절부절 못하던 엄마가 새벽에 날 깨우는 일도 있었어요. 그러다가 사소한 이유로 새벽부터 두들겨 맞다가 학교에 간 적도 있어요."

"세상에나. 어린애가 얼마나 힘들었을까. 그런 상태에서 학교는 어떻게 또 갔을까."

멍든 자국을 옷으로 덮어 가리고 나서던 등굣길, 학교에 가기도 싫었지만 엄마한테 다시 맞을까 봐 멍하니 집을 나서던 어린 시절의 자기를 말하기 시작했다.

"학교에 간들 공부에 집중이나 됐겠어요?" 내가 말했더니 그는 "그런가요?" 하며 재수하던 시절의 얘기를 털어놓았다.

"나는 지금까지 내 머리가 나쁘다고만 생각했어요. 머리가 나쁘니 남보다 노력을 엄청 해야 겨우 비슷하게라도 할 거라고 생각했어요. 그런데 잠이 많은 편이라서 저 자신이 너무 짜증스러웠거든요. 머리가 나쁘면 부지런하기라도 하든지 해야 하는데. 스스로를 그렇게만 생각했는데."

그는 집중이 안 되고 잡생각이 많았던 자기를 머리가 나쁘고 게으른 증거로 여겨왔던 거였다. 엄마에게 발로 차여서 등교한 날이 더 많았던 어린아이가 어떻게 공부에 집중하고 어떻게 매사에 의욕적일 수 있겠는가. 나는 그의 고통에 더 무게를 실어 공감했다.

"어려서부터 죽을 둥 살 둥 필사적으로 견디고 여기까지 왔는데 자기한테 머리 나쁘다 구박하고 게으르다고 몰아붙이고 그랬네요."

나는 그의 생각이 잘못됐다고 하지 않았다. 잘했든 자신에게 야박했든 '너는 그러고 있었구나, 그랬었구나' 스스로의 모습을 있는 그대로 조망할 수 있도록 그의 앞에 선 거울인 양 나는 그를 계속 비추기만 했다.

"그러게요. 내가 나만 가지고 닦달을 했었네요."

"그랬네요. 엄마도 때리고 자기도 자기를 몰아붙이고. 아이가 얼마나 힘들었을까."

그날 그는 묻혀 있던 많은 기억들, 자신에게 야박하게 했던 자기 모습들을 끝도 없이 떠올리며 꺼이꺼이 울었다. 내가 한껏 공감하는 그 힘에 기대어 순간순간 고비를 넘어가며 자기 이야기를 이어갔다. 얘기하면서 자신의 여러 모습들을 손으로 만지듯 보았다. 자책만 하던 그가 엄마에 대한 분노를 생생하게 표현하기 시작했다. 무기력하고 무책임한 아빠에 대한 혐오도 쏟아냈다. 동시에 엄마와 아빠에 대한 한없는 연민도 느끼는 그대로 표현했다.

사람은 단세포가 아니라서 어떤 경우든 복잡다단한 감정이 당연하다. 엄마 아빠에 대한 상반된 양극단의 감정은 부모의 삶에 대한 그의 입체적인 반응이다. 서로 모순되더라도 그의 감정은 모두 옳다. 나는 서핑 보드 위에 그와 함께 올라간 사람처럼 그의 이야기를 들으며 그와 함께 출렁거렸다.

자기 상처를 이야기하며 새살 같은 건강성을 되찾다

공감을 바탕으로 도달한 자기에 대한 입체적인 이해는 사람을 자유롭게 한다. 자기 존재가 온전히 받아들여지면서 자기의 느낌이 정돋되면 모든 게 자연스러워진다. 고름이 꽉 찬 상처에서 고름을 빼내 듯 그는 공감 속에서 아픈 이야기들을 죽죽 끌어냈다. 고름을 빼낸 자리에 새살이 돋듯 그는 자기 상처 이야기를 하며 새살 같은 건강 성을 되찾기 시작했다.

아팠던 이야기를 꺼내면서 느끼는 통증은 병든 사람이 느끼는 통 증이 아니라 회복 중의 고통이다. 안전하게 공감받으며 자기 상처를 쏟아내는 사람은 그 아픔이 가벼워지는 과정의 아픔이라는 걸 스스 로 감지한다. 그래서 아파도 계속 말할 수 있다. 상처가 떠오르고 통 증이 시작되는 순간, 동시에 그 위에 빛의 속도로 도포되는 공감에 의해 상처는 새살로 채워진다.

공감은 상처를 더 드러낼 수 있게 만들고 제대로 드러난 상처 위 에서 녹아드는 연고다. 상처 위에 바로 스민다. 상처 부위를 덮고 있 는 겉옷 위에 뿌리는 분무제가 아니라 옷을 젖히고 상처 난 바로 그 부위 맨살에 바르는 약이다. 정확하고 집중력 있는 공감은 문제 해결 의 시작부터 끝까지를 책임진다. 공감은 치유의 처음부터 끝까지를 관장하는 강력한 치유제다.

7

공감의 과녁 5

마음은
언제나 옳다

공감에 관한 얘기를 함께 나누는 자리에서 초등학생 아들을 둔 엄마에게 편지를 받았다.

하루는 아이 담임에게서 전화가 왔습니다. 우리 아이가 다른 아이를 때렸다고 했습니다. 전에 없던 일이라 상황이 궁금하기도 하고 좀 엄하게 이야기를 해야 할 상황이라 아이와 마주 앉았습니다. "내가 때리기는 했다. 그치만 그 친구가 먼저 말로 나에게 시비를 걸었던 거다. 선생님이 야단치셔서 내가 잘못한 것을 안다"며 "죄송해요 엄마"라고 했습니다.

저는 아이가 학교에서 어느 정도 정리가 끝나서 왔다고 생각해 "그래. 어찌 됐든 먼저 폭력을 쓴 건 잘못이야. 그걸 알았으니 됐어. 다음에는 그러지 말자"라고 했습니다. 그랬더니 아이가 서럽게 울면서 말했습니다.

"엄마는 그러면 안 되지, 내가 왜 그랬는지 물어봐야지. 선생님도 혼내기만 해서 얼마나 속상했는데. 엄마는 나를 위로해 줘야지. 그 애가 먼저 나한테 시비를 걸어서 내가 얼마나 참다가 때렸는데. 엄마도 나보고 잘못했다고 하면 안 되지."

말이 끝나곤 엉엉 우는 것이었습니다.

그때 느꼈습니다. 저는 아이 마음이 어땠는지, 얼마나 속상했는지, 왜 때릴 수밖에 없었는지, 하나도 묻지 않았더군요. 행동이 일어나기 전에 어떤 마음이었는지 살피지 않았고 이미 한 번 야단을 맞고 온 아이에게 괜찮냐고 묻기 전에 왜 그랬냐고 따져 물었던 실수를 했다는 것을요.

겉으로 보기에 정리된 문제가 속마음까지 정리된 게 아니라는 것을 깨달았습니다. 자기 잘못을 인정하고 사과를 하는 사람도 깊은 공감을 받고 싶어한다는 것을요. 예민한 사람들은 특히 더 그렇다는 것을 알게 되었습니다.

아이가 울면서 한 말에 많은 것이 담겨 있다.

"엄마는 그러면 안 되지, 내가 왜 그랬는지 물어봐야지. 선생님도 혼내서 얼마나 속상한데, 엄마는 나를 위로해 줘야지. 그 애가 먼저 나에게 시비를 걸었고, 내가 얼마나 참다가 때렸는데. 엄마도 나보고 잘못했다고 하면 안 되지."

아이의 이 한마디 한마디는 공감이 가닿아야 할 지점이 어디인지를 정확하게 알려주는 공감의 현장에 가깝다. 아이의 말을 받아들이고 성찰하는 엄마의 깨달음 또한 그렇다.

마음과 행동은 별개

잘못된 생각과 행동을 한 사람에게 어떻게 공감할 수 있나. 본인에게 그걸 알려주지 않으면 계속 잘못된 길로 가지 않겠는가. 그런 걱정을 할 필요가 없다. 내 공감을 포갤 곳은 그의 생각과 행동이 아니라 그의 마음, 즉 감정이다. 존재의 느낌이나 감정이 공감 과녁의 마지막 중심점이다. (나는 마음이란 표현을 감정, 느낌이란 단어와 동의어로 사용한다. 사람들에게 같은 의미로 더 쉽게 다가가는 표현이라고 느낀다. 그래서인지 "마음이 어떠냐"고 물으면 사람들은 대부분 자기 느낌을 말한다.)

친구를 때린 아이의 행동에 동의하지 않더라도 그때 아이의 마음을 알면 마음에는 금방 공감할 수 있다. 그것이 공감이다. 자기 마음이 공감을 받으면 아이는 자기의 잘못된 행동에 대해 누가 말하지 않아도 빠르게 인정한다. 엄마와 아이의 관계에 어떤 불편함이나 부작용을 남기지 않은 채 (오히려 관계가 더 깊고 신뢰로워진다) 아이는 모든 상황을 흔쾌히 수긍한다. 걱정할 것이 사실 없다.

어떤 이의 생각, 판단, 행동이 아무리 잘못됐어도 그의 마음에 대해 누군가 묻고 궁금해한다면 복잡하게 꼬인 상황이 놀랄 만큼 쉽게 풀린다. 자기 마음이 공감받았다고 느끼는 사람은 자기가 감당해야 할 몫이나 대가를 기꺼이 받아들인다. 책임질 일이 있으면 기꺼이 진다. 자기 마음이 온전히 수용되었다는 느낌 때문이다. 억울함이 풀려서다. 그러므로 '사람의 마음은 항상 옳다'는 명제는 언제나 옳다.

검찰 역사상 동료와 후배들의 존경을 가장 많이 받았다는 L 검사는 부드러운 성품뿐 아니라 수사력에서도 모범이 되었던 사람이다. 검찰 조사 중에 폭력(심지어 고문도)이 많았던 시절에도 그는 강력 사건에서조차 강압적 방법을 동원하지 않고도 남보다 빠르게 그것도 조용하게 해결하는 것으로 유명했다.

피의자를 조사할 때 사건과 관련 없는 개인적인 질문을 많이 했는데, 그러다 보면 가족에 대한 질문으로도 이어지고 불우한 가정사와 함께 신산한 피의자의 삶도 드러나게 된다. 그런 얘기를 나눈 상대와는 개인적 느낌을 가지게 된다. 그렇게 개인에게 집중하는 일에 시간과 마음을 많이 쓰자 압박을 하고 자백을 강요하지 않아도 피의자 스스로가 죄를 고백하는 경우가 많았다.

L 검사는 공감력이 뛰어난 사람처럼 느껴진다. 만일 순수한 의도가 아니라 수사 기법 측면에서의 공감이라 해도 수십 년간 초지일관 그런 태도를 유지할 수 있었다면 대단한 공감 능력이다.

L 검사는 그에 대해 이렇게 전했다. 피의자의 구구절절한 개인사를 듣고 있는데 무슨 얘기 끝에 그가 오래전에 살인한 얘기를 꺼냈다. 구체적인 범행 사실까지 다 털어놓은 남자는 조사실에 있는 긴 의자에 누워 편안하게 잠이 들었다고 한다. 감춰뒀던 죄의 대가를

치를 일만 남은 것이 현실이지만 그런 현실적 상황과는 별개로 그의 마음은 평화로워진 것이다.

누군가의 행동과 생각이 그의 마음과는 별개라는 사실만 알아도 마음껏 공감할 수 있다. 공감의 걸림돌이 사라진다. 마음껏 공감해 주면 강퍅해질 대로 강퍅해진 흉포한 마음조차 움직인다. 반대로 평소 제 아무리 합리적인 사람도 그가 한 행동 뒤의 마음을 제대로 공감받지 못하면 그다운 합리성과 논리성이 제대로 작동되지 않는다. 그 논리성은 오히려 삐뚤어진 마음을 옹호하는 궤변을 펼치는 데 동원돼 본질과는 더욱 멀어진다. 평소 스마트한 사고와 태도로 인정받던 사람이 이해 불가할 정도로 억지와 비상식을 주장하는 경우, 공감받지 못해 그럴 가능성이 높다.

행동 뒤에 감춰진 마음 물어보기

담임에게 전화를 받았던 엄마는 좀 엄하게 이야기를 해야 할 상황이라 판단하고 아이와 이야기를 시작했다. 아이의 마음을 알기 전에 이미 스스로 판단하고 평가를 내린 것이다. 아이의 마음을 알기 전까지는 그 상황의 전모를 파악한 것이 아니라는 사실을 엄마는 미처 몰랐다.

엄한 표정으로 아이와 얘기를 시작하는 게 맞는 상황이라는 결론을 가지고 대화를 시작한 엄마는 그 순간 엄마가 아니라 결심 공판의 판사였다. 판결과 함께 처분을 내리는 것이 목적이지 아이의 마음을 궁금해하지 않았다. 그 순간 엄마에게 나(엄마)는 있지만 너(아들)는 없었다. 대화란 나도 있고 너도 있다는 전제에서 시작되는 것인데 그랬으니 엄마와 아들 사이에 정상적인 대화가 될 리 없다.

아이의 울먹이는 이야기를 들은 순간 엄마는 '너(아들)'의 존재를 인식했다. 그리고 빠르게 받아들였다. 겉으로 보기에 정리된 문제가 속마음까지 정리된 게 아니라는 것을, 자신의 잘못을 인정하고 사과하는 사람들도 깊은 공감을 받고 싶어 한다는 것을, 그것이 진정한 화해의 길이라는 것을, 예민한 사람들은 더 그렇다는 것을. 엄마의 통찰과 깨달음은 놀랍다. 쉽지 않은 일을 해냈다.

나는 엄마의 그런 태도에 깊이 감동받았다. 이런 엄마의 아들이어서 어린 아들도 자기 마음을 정확하고 당당하게 말할 수 있었을 것이다. 이런 엄마의 아들이어서 자기 마음이 어떤 대우를 받아야 하는지 잘 알고 있었을 것이다. 이런 엄마와 아들 사이에서 그동안 눈에 보이지 않게 작동했던 마음에 관한 학습이 결국 아이 자신을 보호했을 것이다. 친구를 때린 아이의 마음도 언제나 옳다.

8

공감의 과녁 6

감정이 옳다고
행동까지 옳은 것은 아니다

그녀의 남편은 인권 관련 집회에 참여했다가 경찰에게 무차별 구타를 당했다. 그후 다리를 제대로 쓰지 못한다. 그녀가 남편 대신 생계를 도맡아야 했고 병간호도 한다. 이제 겨우 30대 초반에 아이가 셋이다. 무기력과 분노 사이를 오가는 게 일상적 감정일 수밖에 없었다. 남편의 병세가 악화되자 분노가 극에 달했다. 그때 만났다. 몸을 떨며 그녀가 말했다.

"운전면허만 있었다면 트럭을 몰고 경찰청 정문을 들이받고 싶어요. 다 불태우고 나도 죽고 싶어요."

내가 바로 대꾸했다.

"운전면허가 왜 필요해요. 들이받고 말 건데. 면허 없어도 돼요!"

폭력적 자해 행위를 하려는 사람의 분노에 기름을 붓는 말처럼 들리는가. 물론 아니다. 그녀의 분노에 기름을 붓는 행위는 그녀가 표출하는 분노를 아무것도 아닌 것으로 취급할 때다. 그 분노를 다른 쪽으로 돌릴 수 있을 것으로 기대하고 시도했던 사람들, 그 분노를 이해한다고 쉽게 말하는 이들이 그녀의 분노에 기름을 붓는 것이다. "네 맘은 알지만 그래도 아이 생각을 해서라도" "네 맘은 알겠지만 네 남편은 죄책감 때문에 어떻게 살겠니" 같은 말들이 말한 사람의 의도와는 다르게 그녀의 분노에 기름을 붓고 분노를 배양하고 증식시킨다.

운전면허가 필요 없다는 내 말에 당사자인 그녀는 멈칫하다가 나를 보더니 이내 피식 웃었다. 빳빳하고 비장한 분노를 표출하다가 순간적으로 긴장이 풀어졌다. 그녀는 그 다음 자기의 분노를 더 구체적으로 말했지만 그 분노에 매몰되지 않았다. 자기의 분노를 앞에 놓고 그걸 바라보면서 말하는 것 같았다. 내 마음이 이렇게 지옥이었노라고, 분노를 느끼는 자기와 말하는 자기 사이에 순식간에 안전거리를 확보한 사람처럼 말했다.

분노를 말할 수 있으면 분노로 폭발하지 않는다. 분노에 매몰된 그녀가 순간적으로 그 감정에서 빠져나올 수 있었던 것은 자신의 분노가 전적으로 이해받고 수용됐다는 느낌 때문이다. 그녀 자신의 감정이 판단받지 않았기 때문이다.

그녀의 격한 그 말은 '다 부수고 나도 죽겠다'는 말이 아니다. 다 부수고 죽어버리고 싶을 만큼 지금 내가 억울하고 화가 난다는 말이다. 그 마음을 정확하게 알아듣고 받아주는 사람이 한 사람만 있으면 사람은 그 억울함에서 벗어난다. 한 사람만 있으면 된다.

사람의 감정은 항상 옳다. 사람을 죽이거나 부수고 싶어도 그 마음은 옳다. 그 마음이 옳다는 것을 누군가 알아주기만 하면 부술 마음도, 죽이고 싶은 마음도 없어진다. 비로소 분노의 지옥에서 빠져나온다.

만약 그녀가 실제로 부수고 누군가를 해코지했다면 그래도 옳은가. 자해하는 행동을 했다면 그래도 옳은가. 사람의 마음은 항상 옳으니 그녀의 파괴적 행동과 판단도 옳은가. 아니다. 사람의 감정은 늘 옳지만 그에 따른 행동까지 옳은 건 아니다. 별개다.

감정에는 공감해도 행동에는 동의하지 않을 수 있다

장남인 오빠와 다른 형제들 간에 유산 문제로 심각한 다툼이 생겼다. 큰오빠는 자신의 몫으로 동생들보다 다섯 배 정도 많은 재산을 챙겼고 동생들은 일제히 반발했다. 큰오빠와 그래도 사이가 괜찮았던 여동생이 대변인처럼 양쪽을 오가며 중재를 시도했다. 동생들의 생각과 입장을 성심껏 전하고 설득을 해봤지만 오빠는 꿈쩍도 하지 않았다. 시간이 갈수록 양쪽에서 원망을 듣게 된 여동생은 지칠 대로 지쳐갔다. 능력도 되지 않는 일에 나선 것 같아 자괴감이 들다가 큰오빠에게 화가 치밀었다.

그녀가 내게 물었다.

"큰오빠의 감정도 옳은가요. 오빠의 감정도 공감을 받아야 하는 건가요."

물론이다. 그런데 알아야 할 것이 있다. 감정은 항상 옳지만 그에 따른 행동이나 판단까지 항상 옳은 것은 아니다. 감정은 언제나 공감할 수 있지만 그의 행동이나 판단에는 동의하지 않을 수 있다.

오빠가 왜 자기 몫을 그렇게 책정했고 그래야 한다고 믿는지, 어떤 마음 때문인지 물어봐야 한다. 납득할 수 없으니까 물어봐야 한다. 이해할 수 없는 일을 공감할 수 없다. 여동생은 오빠에게 물었고 큰오빠는 묻기를 기다렸다는 듯 답했다.

아버지가 뇌수술하셨을 때 병원비를 형제들이 나눠 내기로 하고 돈을 모았다. 그때 큰오빠의 장모도 암진단을 받고 투병 중이었다. 처가도 도와야 할 형편이라 부부가 경제적으로 심리적으로 굉장히 힘들었다. 그때 동생들이 오빠에게 장남인데 아버지 병원비를 조금 더 내야 되는 거 아니냐고 눈치를 줬고 그 때문에 장모 병원비를 원하는 만큼 주지 못했다는 것이다. 그때 동생들이 자신에게 했던 매정한 말과 눈빛이 오빠 마음속에 박혀 있었다. 동생들의 태도에 깊이 상처를 받았고 그게 그렇게 서운했다. 동생들이 자신에게 무례했으며 자신이 존중받지 못한다고 느꼈다. 지금도 그때의 모멸감, 억울함, 분함이 생생한 것 같았다.

여동생은 상상도 못한 얘기를 오빠에게 들어서 알게 됐다. 그렇다면 늦었지만 그 당시 오빠가 받았을 상처에 공감해 줘야 한다. 그때 본의 아니게 상처를 줬다는 사실을 알게 됐으니 오빠에게 사과하면 좋을 것이다.

"그랬구나, 오빠가 그때 그렇게 서운했구나, 동생들이 야박하고 미웠겠구나."

공감받으면 마음에 봄이 온다. 강물이 꽁꽁 얼었을 때 얼음을 깨겠다고 망치와 못을 들고 나선다면 어리석다. 망치와 못을 들고 나서는 것은 판단, 평가, 설득 같은 계몽을 하는 일이다. 힘만 들지 온 강의 얼음을 다 깰 수는 없다. 봄이 오면 강물은 저절로 풀린다. 공감은 봄을 불러오는 일이다.

오래 묻어둔 서운함과 상처를 말하고 사과를 받자 오빠의 마음은 많이 풀어졌다. 상처가 누그러진 덕분인지 오빠는 자기 몫을 일정 부분 줄이는 것에 동의했다. 그후 유산 분배를 재조정했지만 오빠는 여전히 동생들보다 두 배 정도 많은 재산이 자신의 몫이어야 한다고 주장했다. 동생 셋 중 두 명은 과거 오빠의 상처를 이해는 하지만 여전히 지나친 욕심이라고 여겼다.

동생들이 큰오빠의 판단과 행동까지 수용해야 할 의무는 없다. 별개의 문제다. 큰오빠의 그간 서운했던 마음에 공감할 순 있지만 그로 인해 동생들에게 하는 행동 자체는 공감의 대상이 아니다. 그 행동으로 인해 오빠가 감수해야 할 대가가 있다면 그것은 오롯이 오빠 몫이다. 오빠가 두 배의 몫을 차지하는 것이 탐욕스런 행동이라 판단하면 "오빠의 서운함은 백번 공감하지만 그래도 오빠의 이런 행동은 옳지 않아"라고 말할 수 있다. 그 때문에 오빠를 더 이상 보고 싶지 않으면 보지 않을 수도 있다. 동생들을 못 보고 사는 불편함과 동생들로부터 거부당하는 또다른 상처는 오빠 스스로가 한 행동 때문에 감수해야 하는 오빠 자신의 몫이다.

오빠를 보지 않기로 했다고 동생들이 공감적이지 않은 사람은 아니다. 오빠의 오빠답지 못한 행동에는 동의하고 싶지 않지만 오빠의 상처받은 마음 자체는 일부 공감할 수 있다. 그럼에도 오빠를 다시 보고 싶지 않은 동생들의 마음도 동시에 존중받아야 한다.

때로 관계를 끊는 힘도 필요하다

공감자는 모든 사람과 원만하게 지내는 사람이 아니다. 너도 마음이 있지만 나도 마음이 있다는 점, 너와 나는 동시에 존중받고 공감받아야 마땅한 개별적 존재라는 사실을 안다면 관계를 끊을 수 있는 힘도 공감적 관계의 중요한 한 축이라는 사실을 받아들이게 될 것이다. 관계를 끊는 것이 너와 나를 동시에 보호하는 불가피한 선택일 때가 있기 때문이다.

이런 결정을 내리지 못한 채 울며 겨자먹기로 관계를 이어가는 것은 나에게는 파괴적인 행위고 상대에게는 자기 행동에 대해 성찰할 수 있는 기회를 놓치게 만드는 결과를 가져온다. 양쪽 모두에게 불행한 일이다. 결국 또다른 문제를 일으키게 된다.

모든 사람과 원만하게 지내는 일은 불가능하다. 모든 사람에게 공감적인 사람도 불가능하다. 그런 사람이 있다면 그는 공감자가 아니라 혹독한 감정 노동으로 웃으며 스러지고 있는 사람일 가능성이 높다.

친구를 때린 아이와 엄마의 관계처럼 부모와 미성년 자식 간에 생기는 대부분의 정서적 갈등은 부모가 아이를 제대로 공감하지 못해서 생기는 문제다. 부모만 잘하면 해결되는 경우가 거의 대부분이다. 부모가 관계의 본질을 이해하고 사과하고 제대로 공감하기 시작하면 그때부터는 허무할 만큼 어렵지 않게 갈등이 풀린다.

그러나 성인 간의 관계는 다르다. 내가 감당해야 할 몫이 있지만 나만 잘한다고 되지 않는다. 상대가 감당해야 할 몫도 있다. 그것까지 내가 짊어질 이유는 없다. 너도 있지만 나도 있다. 어떤 관계에서든 납득할 수 없는 심리적 갑을 관계가 일방적이고 극단적으로 계속된다면 이런 관계를 끊을 수 있는 것이 더 건강하다. 우선 내 건강성을 지켜야만 나중을 기약할 수도 있다.

공감자는 모두와 원만하게 지내는 사람이 아니다. 큰오빠를 보지 않겠다고 한 동생의 마음도 옳다.

공감은 다정한 시선으로
사람 마음을 구석구석, 찬찬히, 환하게 볼 수 있을 때
닿을 수 있는 어떤 상태다.
사람의 내면을 한 조각, 한 조각 보다가
점차로 그 마음의 전체 모습이 보이면서
도달하는 깊은 이해의 단계가 공감이다.
상황을, 그 사람을 더 자세히 알면 알수록
상대를 더 이해하게 되고
이해하면 할수록 공감은 깊어진다.
그래서 공감은 타고나는 성품이 아니라
내 걸음으로 한발 한발 내딛으며 얻게 되는 무엇이다.

문이 '존재 자체'라면 문고리는 '존재의 감정이나 느낌'이다.

존재의 '감정이나 느낌'에 정확하게 눈을 포개고 공감할 때

사람의 속마음은 결정적으로 열린다.

공감은 그 문고리를 돌리는 힘이다.

··· 지금까지 읽어오며
    마음이 어떤가요?

    지금 떠오르는 단어가 있다면
    세 가지 정도 적어보세요.

어떤 단어들이 떠오를 땐 이유가 있을 것입니다.

그 느낌이나 기억들에 충분히 머물러보세요.

4장

경계 세우기

나와 너를 동시에 보호해야
공감이다

1

우리는
모두
개별적 존재

국가는 독립적인 영토를 가진다. 자기만의 역사, 법, 언어를 가지고 있고 자기들만의 문화와 풍습을 공유한다. 나라마다 그들 고유의 음식 문화도 다르다. 기후도 다르다. 추운 나라도 있지만 1년 내내 더운 나라도 있고 안정적인 지질 조건을 가진 나라도 있지만 잦은 지진과 태풍으로 순식간에 모든 것을 잃어버리는 나라도 있다. 지하자원이 보물처럼 땅속에 그득하게 담겨 있는 나라도 있고 풀 한 포기 제대로 나기 어려운 척박한 땅이 국토의 대부분인 나라도 있다.

사람도 마찬가지다. 국가처럼 각각 모두 고유하고 개별적인 존재들이다. 나는 나 아닌 다른 사람과 전혀 다른 개인의 역사를 가진다. 성격과 기질도 다르다. 심지어 일란성 쌍둥이나 샴쌍둥이도 그렇다.

말투나 심성, 취향이나 취미, 식성이 다 다르다. 같은 나라가 둘 존재하지 않듯 같은 사람이 둘 존재하지 않는다. 천만 인구를 가진 나라의 대통령 10명을 합해야 1억 인구를 가진 나라의 대통령 1명과 동등한 자격을 갖지 않는 것처럼 작든 크든 국가 대 국가는 일대일의 존재감을 갖는다. 하나의 우주로 일컬어지는 사람은 더 말할 게 없다.

국가 간에는 국경이 있다. 국경은 한 국가의 물리적 정체성의 마지노선이다. 타국의 국경을 무단으로 침범한다는 건 상대 국가의 주권을 인정하지 않겠다는 의미다. 존중할 마음이 없다는 메시지다. 이때는 모든 걸 동원해서 이를 막거나 맞서 싸워야 한다. 타국의 도발을 막지 못하면 목숨을 빼앗기거나 유린당하며 비참한 삶을 살 수밖에 없다. 국경이 튼튼해야 오롯이 내 삶을 살아갈 수 있다. 그래서 각국의 국경에는 군인들이 중무장을 한 채 엄중한 경계를 하고 있다.

국가의 국경처럼 사람과 사람 사이에도 경계가 존재한다. 모든 인간이 개별적인 존재라는 것은 나와 너 사이에 둘을 구분하는 경계가 있다는 걸 의미한다. 내 신체의 경계가 피부인 것처럼 말이다. 국경 수비대가 하는 일은 사람 사이의 경계에서도 반드시 필요하다. 그런데 사람 사이의 경계는 눈에 보이지 않아서 지키는 일이 어렵다. 경계를 인지할 수 있어야만 나도 지키고 상대방을 침범하지 않을 수 있다.

자신의 경계가 뚫려서 피를 철철 흘리면서도 내가 왜 이렇게 아픈지 모르는 경우도 많다. 반대로 내가 타인의 경계를 침범해서 마구

짓밟고 훼손하고 있으면서도 그걸 전혀 인식하지 못하고 상대방을 사랑해서 그랬다는 둥 진심을 몰라줘서 답답하다는 둥 자신이 피해자인 줄 착각하는 경우도 흔하다. 본인이 그런 일을 했다는 사실조차 모른다. 사람 사이의 경계는 눈에 보이지 않아서다. 사람 사이의 경계를 지킬 수 있으려면 경계를 인식하는 일이 무엇보다 우선이다.

공감을 주고 받는 일에서도 똑같은 원리가 적용된다. 나와 너의 관계에서 어디까지가 '나'이고 어디부터가 '너'인지 경계를 인식할 수 있어야 한다. 너를 공감해야 할 순간인지 내가 먼저 공감을 받아야 하는 건지 알아야 너와 나 모두에게 도움이 되는 공감을 할 수 있다. 경계에 대한 인식이 있어야 공감에 대한 정확성이 높아진다.

그 누구도 함부로 내 주권을 침범할 수 없다

상대방의 주권을 인정하지 않는 행위는 경계를 침범하는 행위다. 주권이 훼손되면 사람은 모욕감, 모멸감, 수치심과 함께 그로 인한 분노가 생긴다. 이런 감정들이 올라온다면 내 경계가 침범당하고 있다는 신호다.

전문직에 종사하는 40대 미혼 여성 A가 있다. 동갑내기 남자와 긴 연애 끝에 결혼을 결심했는데 홀로 사는 엄마의 반대로 스트레스가 심했다. 대상 포진까지 생길 정도였다. 남자는 괜찮은 직장과 높은 연봉, 수수한 외모를 가졌다. 누가 봐도 멀쩡한 남자를 반대하는 엄마의 반대 사유는 남자가 전문직이 아니어서다. 나중에 자기 딸에게 얹혀살지 모른다는 생각 때문이었다. 읍소도 하고 선물 공세 등으로 설득도 해봤지만 엄마는 완강했다. 결혼을 강행하고 싶지만 그러다 엄마가 쓰러지기라도 하면 그 죄책감을 어쩌느냐며 눈물지었다.

얼핏 그녀는 엄마의 마음을 배려하는 효녀 같다. 하지만 그녀는 자기와 엄마 사이의 경계에 대한 인식이 없는 사람이다. 주권을 빼앗기고도 수치심이나 모멸감, 분노 등을 또렷하게 느끼지 못하고 있다. 엄마와의 관계에서 경계가 무너졌는데 그걸 인식하지 못한 채 불필요한 노력을 하며 진을 빼고 있는 것이다. 문제의 근원을 인식하지 못한 채 최선을 다하는 건 공중에 대고 쏘아대는 총쏘기다. 목표물과 상관없는 사격이니 아무리 많이 쏴도 헛일이다.

그녀는 국경 수비대가 한 명도 없는 나라 같다. 엄마가 경계를 허물고 침략군처럼 자신의 고유한 감정과 의사 결정 영역까지 쳐들어왔는데 나가라는 말도 못하고 맞서 싸우지도 못한다. 한술 더 떠 침략군은 쳐들어오느라 얼마나 힘이 들었겠느냐며 울고 있는 것이다. 칼로 자기를 찌르고 있는 사람에게 당신 팔은 얼마나 아프겠느냐고 공감(?)하는 격이다.

자신이 찔리고 있다는 자각이 없으니 자기가 사랑하는 남자에게도 '나중에 여자에게 빌붙어 살 위인'이라는 괜한 모욕감을 안겨준다. 엄마와 자기 사이의 경계를 지키지 못함으로써 사랑하는 사람에게도 상처를 주는 무례한 사람이 된 것이다. 자기 경계를 지키지 못하면 자기 보호도 못하지만 동시에 타인의 경계를 침범하는 상대적인 가해자가 된다.

그녀의 엄마는 딸의 남자친구에 대해 맘에 든다, 안 든다는 의사 표현을 할 수 있다. 거기까지가 전부다. 결혼을 할 수 있다, 할 수 없다는 결정은 엄마의 몫이 아니다. 그럴 권리가 없다. 그럼에도 그 결정권을 쥐고 있는 듯 딸이라는 타국의 국경을 허물고 들어와 그 나라의 주권을 침탈한 침략군이 됐다. 그런 상황인데도 침략군 엄마에 대한 그녀의 태도는 갑 자신보다 더 갑을 염려해 주는 을이나 병 같다. 경계가 무너진 사람의 안쓰럽고 부적절한 태도다. 백번 양보해도 엄마에 대한 과잉보호다.

딸의 입장에서는 걱정돼서 그렇다고 하지만, 쓸데없는 걱정이다. 사람에 대해 잘 몰라서 그렇다. 사람이 개별적이고 독립적 존재라는 말은 사람은 자기가 처한 상황과 관계의 변화에 따라 주체적으로 끊임없이 적응해 가는 존재라는 의미다. 노인이나 어린아이, 성인 누구나 마찬가지다.

모든 존재는 존재 자체로 독립적이고 온전한 심리적 메커니즘을 가진다. 딸의 남자친구가 맘에 안 들어도 그 남자가 딸의 남편이 되고 자신의 사위가 되면 그 관계에 맞춰 사람의 마음과 판단은 또 달라진다. 달라진 상황에 의해 영향을 받고 적응해서다. 적응은 인간의 본능이다. 끝내 적응하지 못한다 하더라도 그로 인한 불행감은 엄마 스스로 감당해야 할 몫이다.

이런 대화 끝에 그녀는 결혼을 감행했다. 그녀의 엄마는 여전히 사위를 탐탁지 않게 여기지만 쓰러지지 않았다. 건강하게 산다. 사위에 대한 탐탁지 않은 엄마의 감정은 딸이 해결해 줘야 할 과제가 아니다. 그럴 수도 없고 그럴 필요도 없다. 그것은 엄마 자신이 해결해야 할 엄마의 숙제다. 딸의 경계 바깥에서 벌어지는 엄마 영역 안의 엄마 과제다. 엄마가 힘들어하면 경계 바깥에서 도움을 줄 수는 있지만 그것이 딸인 자신의 책임이거나 딸이 제대로 하지 못한 무엇 때문은 아니다. 그런 경계를 분명히 자각하고 엄마의 몫으로 돌려줘야 엄마의 감정도 딸이 개입할 때보다 더 빠르게 수습된다.

딸이 경계에 대한 인식 없이 계속 개입을 하면 엄마도 자신의 불편하고 싫은 감정이 딸 때문이라고 여기게 된다. 자신의 과제라는 인식을 하지 못하는 한 그 문제는 해결될 수 없다. 엄마의 과제를 엄마에게 돌려줘야 한다.

누군가를 과잉보호하고 있지 않은가

예상치 못한 사고로 고1 아들을 잃은 아빠가 있다. 그의 아들은 할아버지(그의 아버지)가 가장 사랑하던 장손이었다. 아들의 장례를 치른 후에도 고향에 계신 아버지께 손주의 일을 알리지 못했다. 소식을 들으면 고혈압이 있는 아버지가 곧 쓰러지실 것이 확실해서다. 사고 후 2년간 아버지 댁에 갈 때마다 아들이 외국에 유학을 갔다고 말씀드렸다. 가끔 아버지께 전화가 올 때마다 가슴이 방망이질 쳤다.

혹시나 손주를 찾으면 어쩌나, 어떻게 설명해야 하나 고통스러웠다.

그의 얘기를 듣다가 내가 물었다.

"만약 아버지가 돌아가신 후에야 손주가 자기보다 먼저 저세상으로 갔다는 사실을 알게 되면 할아버지로서 부끄럽지 않을까요. 아들이 자기 때문에 자식 잃은 고통조차 삼키고 자기를 위해 애썼다는 사실을 알면 아들에게 미안하지 않을까요. 아들이 자기 자식을 잃고 죽을 만큼 고통스러웠을 때 아버지로서 위로 한마디 해주지 못하고 외려 그 마음을 더 고통스럽게 한 자신을 얼마나 자책하게 될지 생각해 보셨나요."

노인이지만 아버지는 톡 건드리면 깨져버리는 유리 조각 같은 존재가 아니다. 오히려 우리보다 더 모진 세월을 버텨낸 생존자다. 당신의 오늘을 있게 한 산맥이다. 나는 그에게 더 물었다.

"당신이 아버지를 만만하게 보고 과잉보호 하는 것 아니냐. 아버지를 너무 단순한 존재로 여기는 거 아니냐. 당신은 생각 깊은 성인이고 아들 잃은 슬픔도 견뎌내는 존재인데 반해 아버지는 부끄러움도 없고 작은 고통도 견딜 수 없는 약한 존재냐."

질문을 듣다가 그는 한참 울었다. 며칠 후 그는 혼자 고향집을 찾아가 아이처럼 울면서 아버지에게 손주의 일을 말했다. 아버지가 너무 충격받고 상심하실까 봐 걱정돼서 그랬다고 말하는데 펑펑 눈물이 났다고 했다. 뜻밖에도 아버지는 이미 당신도 알고 있었노라 대답했다. 그 사실을 알면 아들 마음에 짐이 될까 봐 말도 못하고 명절때마다 모르는 척 지내느라 본인도 힘들었다며 함께 우셨다.

모든 인간은 상황에 따라 움직이고 적응하는 독립적이고 개별적 존재다. 그 사실을 믿으면 함께 울며 고통을 나누면서도 서로의 경계를 인정하며 서로가 서로에게 살아갈 힘과 근원이 된다. 눈에 보이지는 않지만 존재들이 지닌 경계를 인식해야만 모두가 각각 위엄 있는 개별적 존재로 살아갈 수 있다.

2

자기 보호가
먼저다

"힘들어하는 친구의 얘기만 들어도 그 감정이 전이돼서 너무 힘든데 어떻게 그 일을 계속 하세요?"

내가 사람들에게 가장 많이 받는 질문이다.

그 일이란 심리치유에 관련된 일을 말한다. 상대의 힘든 이야기를 듣다가 힘들어지는 건 상대의 고통이 내게 전이돼서이기도 하지만 결정적인 건 내 상처와 연결된 어떤 감정이 자극될 때다. 초보 정신과 의사 시절 무수히 경험했다.

내가 열두 살 때 7년간 암으로 투병하던 엄마가 세상을 떠났다. 어린 시절 내 기억은 결핍과 잿빛이었다. 세상으로부터 나만 고립된 것 같은 느낌들에 한없이 외로웠다. 젊은 아버지의 우울과 무기력을 실시간으로 실감하며 통과한 내 사춘기는 함께 아득했다. 그런 기억들

속에서 빚어진 우울과 콤플렉스들이 정신과 의사가 돼 누군가의 속마음을 듣는 중에 걸핏하면 내 의식으로 치고 올라왔다.

그럴 때 상대방의 이야기는 멀어진다. 잘 안 들리거나 그 정도 가지고 뭘 그리 엄살인가 하는 생각도 든다. 그렇게 상대방 얘기에 집중하지 못하고 내 상처의 기억 속으로 빠져버리기도 한다. 마음이 아픈 게 상대방의 고통에 공감한 때문인지 내 아픔 때문인지 헷갈리기도 한다. 네 고통과 내 상처가 뒤섞인다. 혼돈은 불안을 유발하고 불안해지면 내가 누군가의 고통을 들을 자격이 있는 사람인가, 내가 직업을 잘못 선택한 것은 아닌가 자책에 빠지기도 했다.

내 상처가 공감받고 치유받지 못했던 시간 동안 내 직업은 발을 빼고 싶은 마음이 들 만큼 큰 고통이었다. 선배 의사에게 정신분석 상담을 받았던 몇 년의 시간이 도움이 됐지만 더 결정적인 건 상담실 카우치 위가 아닌 내 일상에서 그 시간의 백 배도 넘는 시간 동안 나의 스승이자 연인, 도반이고 반려인 남편에게 남김없이 공감받은 경험이었다.

그러면서 나는 조금씩, 천천히, 끝까지, 모든 게 바뀌었다. 나를 더 충분하게 드러내고 깊이 공감받고 이해받았던 시간, 그리고 깊이 사랑받았던 시간을 거치며 내 직업은 고통이 아닌 희열로 바뀌었다. 그 때부터는 누군가의 고통에 기꺼이 심리적 참전을 할 수 있다는 게 축복이 되었다.

온전한 공감은 건강한 경계 인식으로부터

누군가에게 공감자가 되려는 사람은 동시에 자신의 상처도 공감받을 수 있어야 한다. 공감하는 일의 전제는 공감받는 일이다. 자전하며 동시에 공전하는 지구처럼 공감은 다른 사람에게 집중하는 동시에 자기도 주목받고 공감받는 행위다. 타인을 구심점으로 오롯이 집중하지만 동시에 자기 중심을 한순간도 놓치지 않아야 가능하다.

공감은 본래 상호적이고 동시적인 것이다. 지구가 자전을 하느라 정신이 없어서 공전을 멈추거나 공전을 하느라 힘이 빠져서 자전을 쉬면 자연의 모든 이치가 깨지듯 공감도 마찬가지다. 상호성과 동시성을 잃으면 공감도 없다.

누군가의 아픔을 듣는 공감자도 듣는 과정에서 다시 자신의 상처가 덧나거나 새롭게 상처를 입을 수 있는 연두부 같은 존재다. 공감자와 상처 입은 사람이 따로 있지 않다. 둘 다 본질적으로는 상처 입은 인간이다.

공감은 상대를 공감 '해주는' 일이 아니다. 내 상처가 공감받는 것에 예민하지 못하면 누군가를 공감하는 일에 대한 감각을 유지하기 어렵다. 나와 너, 양방을 공감하지 못하면 어느 일방의 공감도 불가능한 것이 공감의 오묘한 팩트다. 그래서 공감은 너도 살리고 나도 구한다. 그래서 공감은 치유의 온전한 결정체다. 이 온전함의 토대는 오로지 자기 보호에 대한 감각에서 시작되고 유지되며 자기 보호는 자기 경계에 대한 민감성에서 시작된다.

트라우마 현장에서 헌신적으로 활동하는 자원활동가나 사회 복지사, 시민운동가 같은 공감자들 중에 심리적으로 탈진(번아웃)하는 사람들이 많다. 탈진의 가장 흔한 이유는 공감 강박이다. 국가 폭력으로 가족을 잃은 이들의 비극적 고통은 제3자가 가늠하기 어렵다. 공감자들은 그런 이들과 함께 먹고 자고 눈물 흘리고 집회나 농성을 준비하면서 그들의 고통에 함께 참여한다. 심리적 참전 중이다.

그 고통과 슬픔에 무한 공감하면서도 다른 부분에선 피해자와 의견이 다를 수도 있다. 예를 들어 농성을 위한 실무 계획을 세우고 역할 분담에 관한 결정을 할 때 서로 의견 차가 있을 수 있다. 당연한 일인데 그런 경우에 공감자들은 피해자들과 다른 자신의 의견을 제대로 말하기 힘들어한다. 피해자들의 의견을 받아들이면 개인적으로 부당한 희생을 감수해야 하는 경우에도 거절하지 못한다.

그 결과 자기가 동의하지도 않는 일을 견디다가 화나 미움이 생긴다. 예외 없이 죄책감이 뒤따른다. 피해자를 미워하는 자신이 나쁜 사람처럼 느껴져서다. 끙끙 앓거나 견딜 수 없는 지경까지 견디다가 어느 날 말도 없이 현장에서 사라져버리기도 한다. 공감의 상호성, 동시성을 외면한 결과다.

어떤 면에서 트라우마 현장 같은 극단적인 고통의 현장에 있는 공감자들은 피해자 보호보다 자기 보호에 사력을 다할 수 있는 사람이어야 한다. 자기 보호에 민감한 사람만이 끝내 타인을 공감하는 일을 감당한다.

국가 폭력 피해 유가족을 돕던 한 사람이 급하다며 찾아왔다. 한

밤에 집에서 자다가 옷을 챙겨 입고 밖으로 나갔는데 그 사실이 전혀 기억에 없다고 했다. 나가서 운전을 하다가 접촉 사고를 냈고 그래서 자신이 상대방에게 명함까지 줬는데 그 사실조차 명함을 준 상대방에게 연락이 와서 알게 됐다는 것이다. 필름이 끊어진 것처럼 내 기억에는 없는데 내가 그런 일을 했다는 확실한 증거들은 있는 상황. 그는 무섭다고 했다. 해리성 장애에 속하는 몽유병이다.

그는 수년간 유가족들과 함께 활동하며 극도로 감정을 억제해야 했다. 피해자들에게 견디기 힘들 만큼 화가 나고 이해하기 어려운 순간들도 많았다고 고백했다. 그럴 때마다 초심을 잊으면 안 된다고 자신을 다그쳤다.

내가 그에게 물었다.

"상처 입은 사람들한테 화가 나다니 인간도 아닌 것 같죠? 약자에게 화가 나다니 당신이 혐오하던 사람들과 당신이 하나도 다를 바 없는 인간인 것 같죠?"

가만히 듣던 그가, 피의자를 심문하는 형사처럼 자기를 매섭게 몰아붙이기만 했던 그가 오래 침묵하더니 입을 열었다.

최선을 다해 돕고 있던 한 피해자를 거론하며 그가 자기에게 얼마나 무례했는지에 대해 털어놓았다. 그 피해자가 얼마나 한심한 인간인지 엄마에게 이르는 아이처럼 내게 말했다. 쏟아내듯 말하던 그가 잠시 멈칫하더니 "그래도 그 사람이 본래 그렇게 나쁜 사람은 아니에요"라고 해서 나는 그에게 분명히 말했다.

"그 사람 변호해 주는 말은 나중에 하세요. 지금은 충분히 더 화내도 돼요. 그동안 얼마나 화를 삼켰겠어요."

피해자를 욕하고 있는 자신이 얼마나 불편하고 용납이 안 될지 알지만 미운 사람을 변호하는 그의 말은 단호하게 끊었다. 그의 마음도 누군가 알아줘야 나중에 피해자에 대해 홀가분한 공감이 가능하다.

다시 미친 사람처럼 화를 내며 내가 왜 이런 처지가 됐는지 서럽다며 울던 그가 자신의 어린 시절 기억을 꺼냈다. 그의 부모는 사소한 다툼에도 서로 칼부림을 할 정도로 극단적인 부부싸움을 했다. 그런데 다른 형제들에 비해 자신은 그 기억이 제대로 나지 않는다고 했다. 그는 감당하기 어려운 고통을 마주할 때마다 푸딩 떠내듯 자기 현실에서 그 고통을 들어내려 했다. 분리와 해리. 그가 자기 삶의 고통을 처리하는 방식이었다.

그가 피해자에 대해 분노를 느꼈던 시간은 어린아이가 칼부림하던 부모를 바라볼 때의 마음만큼이나 감당이 안 됐던 시간이다. 그는 다시 푸딩처럼 그 감정들을 들어내려 애쓰고 있었던 것이다.

한참 만에 그는 트라우마 피해자들과 함께 지내던 시간이 자신에게 얼마나 힘든 일이었는지 알게 됐다고 말했다. 그는 자신에게 그 일을 더 이상 강요하면 안 되겠다고 느꼈다. 나는 그동안 그의 진심과 헌신이 피해자들에게 얼마나 많은 도움이 되었는지 조목조목 말해줬다. 그가 퍼붓다시피 했던 몇 년의 시간들에 대해 나도 잘 알고 있고, 정말로 애썼다고 온 체중을 실어 말해줬다. 그후 그는 트라우마 현장을 떠났지만, 자책은 내려놓고 자기를 꼭 부둥켜안고 떠났다.

자기 보호를 잘하는 사람이 타인을 도울 자격이 있다

누군가의 고통에 함께하려는 사람은 동시에 자신에게도 무한 공감할 수 있어야 한다. 그것은 이기적인 것도 아니고, 타인을 도울 자격이 없는 사람의 비겁한 행위도 아니다. 자기 보호를 잘하는 사람이야말로 누군가를 도울 자격이 있는 사람이다.

트라우마 현장처럼 심리적 참전까지는 아니더라도 일상에서 내 옆에 있는 누군가의 고통에 공감해야 할 때도 자기 보호에 대한 예민함은 언제나 공감의 토대가 된다.

같은 친구 사이인데 A는 공감해 주고 싶지만 B는 공감해 주고 싶지 않을 때가 있다. 이런 차별적 공감은 상담 전문가들도 많이 겪는 문제다. 전문가든 아니든 모든 사람이 겪는 일상이라 할 수 있다. 그런 마음이 들 때는 그럴 만한 개인적인 이유가 있어서다. 그러니 내가 어떤 마음 때문에 그러는 건지 곰곰이 생각해 볼 일이지 두 사람 모두를 공감하지 못하는 자신을 책망할 일이 아니다. 그런 책망은 심리적 오지랖이다.

상대방은 힘들고 다급해 보이는데 내가 피곤하고 심란해서 공감하기 어려울 때도 있다. 이때도 우선은 자기 보호다. 자기 보호가 되지 않은 상태에서 상대가 힘들어 보인다고 개입하는 것은 수영을 하지 못하는 사람이 물에 빠진 사람을 보고 다급한 마음에 무작정 뛰어드는 것과 같다. 둘 다 불행해진다.

우리 모두는 자기 보호를 잘해야만 다른 누군가를 도울 수 있는 상처 입은 존재들이다. 예외가 없다. 공감자의 자격을 결정하는 기준을 내게 묻는다면 단연코 자기 보호에 대한 민감함이라고 말할 것이다.

어떤 기간 동안, 어떤 특정 맥락과 상황 속에서는 내가 참고 견딜 수도 있지만 나는 항상 그래야 하는 존재, 그럴 수 있는 존재가 아니라는 사실, '너도 있지만 나도 있다'는 자기에 대한 감각이 살아 있어야 공감자가 될 수 있다. 나와 너를 동시에 공감하는 일은 양립 불가능한 일이 아니다. '나와 너 모두에 대한 공감'의 줄임말이 '공감'이다.

3

헌신과 기대로
경계를
넘지 마라

중3 아들이 담배를 핀다는 걸 알게 된 엄마가 있다. 그녀는 '사춘기 남자 애들이 다 그러면서 크는 거지' 하고 통 크게 생각하기로 마음을 먹었다. 아들과 대화의 끈을 놓치지 않는 것이 더 중요하다는 생각에 아들에게도 말했다.

"아빠도 너 만할 때 그랬대. 그럴 수 있어. 그런데 학교에서 담배를 피우다가 걸리면 문제가 복잡해지니까 집에서 피우면 좋겠어."

아들도 엄마에게 고마워하며 흔쾌히 그러겠다고 대답했다.

문제는 그 다음부터였다. 아이는 자기가 직접 담배를 사기가 어렵다며 엄마에게 담배를 대신 사주면 안 되겠느냐고 했다. 마음은 찜찜했지만 아이에게 호기롭게 말했던 체면이 있어 간혹 사다 줬다. 그러다가 어느 날 겁이 덜컥 났다. 이러다 아이가 내게 친구들 담배까지 사달라고 요구하면 어떡하나. 아이를 끝까지 믿고 이해해 주는 게 성숙한 엄마라는 생각에 견뎌왔지만 도대체 내가 지금 무엇을 하고 있는 건가.

모든 요구를 들어줄 수 없다

상대방의 모든 것을 다 품고 공감할 수 있다고 했을 때 그 모든 것이란 상대방 존재 자체와 그 존재의 마음이다. 누군가를 때리고 싶다고 말하는 사람을 공감한다는 것은 그의 분노, 분노를 유발한 상황과 그 상황에 처한 그의 마음을 이해한다는 뜻이지, 폭력적 행동 자체를 받아들이고 이해한다는 것이 아니다. 그건 별개다. 화가 난 마음은 공감받을 수 있지만 그로 인해 폭력적 행동을 했다면 그 행동은 공감의 대상이 아니며 그에 대한 책임은 온전히 당사자의 몫인 것이다.

마찬가지로 담배를 피우고 싶어 하는 아들의 담배 심부름까지 해주는 게 공감이 아니라 아들의 담배 피우고 싶은 그 마음을 비난하지 않고 알아주는 게 공감이다. 그것을 분별하지 못하면 아들의 현실적 요구에 휘둘리며 엄마 자신의 경계를 침범당하게 된다. 결국 엄마가 작심하고 시도했던 공감은 방향성도 건강성도 잃게 된다.

내 의견을 그녀에게 말했다. 엄마가 아들을 하나의 개별적, 독립적 존재로서 충분히 존중하기로 했다면 엄마와 아들 사이의 경계를 잘 지켜야 하는데 엄마가 그 경계를 넘어갔다. 담배를 피우고 싶은 마음을 비난하지 않고 엄마가 이해해 준 것만으로도 아이는 어떤 경우에도 엄마에게 충분히 신뢰를 받고 이해받는다고 느낄 것이다, 엄마의 역할은 거기까지다, 그것으로 충분하다, 아이가 담배를 사서 피우거나 피우다 걸려서 정학을 받는다면 그것은 아이가 감당해야 할 몫이다, 그 위험을 자기가 감당하기 힘들다면 아들은 담배를 피우지 않으면 된다, 위험을 감수하든 포기하든 그건 아들이 자기 경계 안에서 자기가 결정할 일이다.

그녀가 물었다. 아들이 엄마가 담배 피우는 거 괜찮다고 하지 않았냐, 나는 미성년자라서 담배를 못 사는데 그럼 어떻게 하냐고 따지면 할 말이 없는데 어떻게 하느냐고.

공감은 모 아니면 도가 아니다. 엄마가 담배 피우는 것을 허용하고 공감해 줬다고 담배까지 사다 줘야 하는 것은 아니다. 담배를 사다 주지 않았다고 담배 피우는 것을 허용한 엄마가 아닌 것으로 바뀌는 것도 아니다. 두 사안은 별개다.

"엄마는 네가 담배 피우고 싶어 하는 마음은 개인적으로 충분히 이해할 수 있어. 그런데 미성년자 흡연에 대해 학교나 우리 사회가 갖는 편견이나 규율까지 엄마가 어떻게 할 순 없어. 거기부터는 엄마가 도울 수가 없네. 그리고 엄마가 네 담배 사다 주는 일까지 하고 싶지는 않아. 그건 네가 알아서 해야 할 일이야."

그렇게 엄마는 아들의 마음을 전적으로 공감하면서도 엄마 자신의 경계를 아이에게 분명히 그어줘야 한다.

엄마와 자기 사이의 경계를 인식한 아이는 오히려 엄마에게 담배를 사달라고 요구했던 것을 미안하다고 할 것이다. 만약 그런 경계가 없이 엄마가 계속 담배를 사다 주는 것까지가 아들을 진실로 공감하는 것이라고 생각한다면 어느 날 아이는 엄마가 생각보다 적게 사다 줬다거나 기타 다른 이유들로 점점 엄마에게 짜증을 내게 될 것이다. 경계가 무너지면 많은 것을 희생하고도 오히려 비난과 공격을 더 받게 된다.

부모 자식 간에만 국한되는 문제가 아니다. 배우자나 연인, 친구 사이에서도 흔한 일이다. '헌신성'이란 덕목은 의외로 사람과 사람 사이의 경계를 쉽게, 소리 없이 허문다.

나와 내가 아닌 것 구분하기

이런 사례는 또 어떤가. 소극적이고 내향적인 성격이 늘 그녀의 콤플렉스였다. 삶이 힘들었던 이유도 성격 탓이라고 그녀는 믿었다. 하나뿐인 아들은 그녀와 달랐다. 어릴 때부터 활발하고 친구 사이에 인기가 많았다. 어디서든 그녀 이야기의 대부분은 아들 칭찬이었다.

어느 날 그녀와 아들, 그 외 일행 여러 명이 함께 밥을 먹을 자리가 있었다. 그때 접한 그녀의 아들은 그동안 그녀가 말하던 모습과는 달랐다. 활발하기보다는 공격적이고 충동적이었으며 엄마에게도 함부로 대하는 모습이 옆 사람까지 불편하게 만들었다. 몇 개월 후 그녀는 아들이 학교를 자퇴하고 집에만 계속 틀어박혀 있다며 그런 아이가 아닌데 왜 이러는지 모르겠다고 당황스러워했다. 그녀와 오래 이야기를 나누며 알았다. 그동안 그녀가 말하던 아들은 그녀가 꿈꾸던 아들의 모습에 더 가깝다는 사실을.

그녀는 어린 시절을 힘겹게 통과한 생존자라 할 만했다. 폭력적인 아버지를 피해서 열여섯 살에 탈출하다시피 가출해서 혼자 생계를 해결하며 대학까지 졸업했다. 너무 외로워 가족을 만들고 싶어 결혼했다는 그녀는 남편과의 생활에서보다 아들을 키우며 안정감을 느끼기 시작했다. 아들은 똑똑했다. 학교에서 반장을 도맡았고 친구도 많았다. 경제적으로도 어려웠지만 소극적인 자기 성격 탓에 더 힘겹게 살았다고 생각했던 그녀는 아들의 그런 모습에 희망을 느끼고 터질 듯한 자부심을 느꼈다.

그런데 이상한 것은 아들이 중학교 2년 동안 세 명의 친구들에게 집단 폭행을 여러 차례 당했는데 그 사실을 알고도 그녀가 별로 심각하게 여기지 않고 그냥 넘어갔다는 점이다. 돌이켜보면 그녀는 그 기간에도 지인들과의 모임에서 틈만 나면 아들 자랑을 했다. 폭행 사건 후 아들은 날카롭고 공격적으로 변했고 친구와의 교류도 없어졌다. 그런 시기였음에도 그녀의 마음에 아들은 늘 '사교적이고 리더십이 있는 인기 많은 아이'였다.

학교 폭력에 시달리던 아들이 전투를 치르듯 그 시절을 통과하던 중에도 그녀는 편안했다. 그녀는 아들의 공격성을 리더십과 어른 티가 나는 징후로, 충동적인 행동들은 자기처럼 소극적이지 않은 다행스러운 모습으로 받아들였다. 그녀는 아들을 자기가 믿고 싶은 모습대로 마음속에서 편집했다. 편집을 거치는 동안 그녀의 마음속 아들과 실제 아들의 모습 사이에는 점차 괴리가 생겼지만 엄마만 몰랐다.

그녀는 자신이 욕망하는 아들의 모습을 아들의 실제 모습으로 여겼다. 자신의 욕망대로 아들의 모습을 마음속에서 성형해 온 결과다. 자신이 성형한 아들의 모습을 통해 그녀는 스스로 행복했고 충만했다. 그녀는 일생 침이 마르도록 아들을 칭찬하고 인정했지만, 사실 아들이 어릴 때 몇 년 외에는 아들의 존재 자체에 주목한 적이 없는 엄마였다. 아들에게 해주었던 칭찬과 인정은 아들 존재 자체와는 상관없는 무의미한 독백이었다.

그녀는 일생 아들에게만 집중하고 아들만을 유일하게 인정했으며 스스로를 공감력 넘치는 엄마라고 믿어 의심치 않았다. 하지만 그녀는 아들이 죽을 만큼 고통스러웠을 때도 아들의 고통에 주목하거나 눈길을 포갠 적이 한 번도 없는 무정한 엄마였다.

자기 세계 안에 갇혀 있던 엄마에게 타인에 대한 공감이란 가능하지 않은 것이었다. 그러다가 아들이 학교를 포기하고 집에 틀어박히자 도무지 이해할 수도, 상상할 수도 없는 일이 일어난 것처럼 충격을 받고 한꺼번에 무너져내렸다.

관계에서의 상처는 경계에 대한 인식의 부재에서 비롯하는 경우가 많다. "얘는 딱 자기 아빠야, 얘는 딱 어릴 적 나야, 얘는 나랑 정반대야"와 같은 말들은 내 아이를 부모와의 연결 속에서만 바라보고 있다는 점에서 나와 '내가 아닌 너'를 구분하지 못하는 사람의 언어다. 자식을 바라보는 게으른 시선이다. 사람을 바라보는 이런 게으른 시각은 큰 둑의 작은 구멍이다. 결국 둑 전체를 무너뜨린다.

갑을 관계에서도
을인 '나'를
드러낼 수 있나

직장 생활이나 계약 관계에 있는 사람 관계에서도 경계를 유지하고 사는 것이 가능한가. 나의 상사에게 을인 내가 내 경계를 드러낼 수 있을까, 자기 경계에 민감한 사람이 문제없이 먹고 살 수 있을까, 갑을이 분명한 우리 사회에서 사람과 사람 사이의 건강한 경계 설정이란 것은 애초에 빈말이거나 이상향은 아닐까.

결론부터 말하면 이상향이 아니다. 기상천외한 갑질 행태가 하루가 멀다 하고 쏟아져 나오는 우리 사회에서도 을의 건강한 경계 설정은 가능하다. 갑질이 넘쳐나는 사회라서 오히려 경계에 대한 개념이 반드시 필요하다. 국경이 무너진 나라에서 평화를 기대할 수 없듯 경계에 대한 개념이 없으면 결국 살아남지 못한다.

경계란 개념은 이상향이 아니라 구체적이며 현실적이고 실용적인 것이다. 사회적 관계에서는 너와 나를 갑과 을로 나눌지 모르지만 심리적으로 모든 사람은 갑 대 갑이다. 갑과 을 같은 사회적 관계로 너와 나의 관계 전체가 결정되는 것이 아니라는 점만 인지할 수 있어도 갑을 관계를 갑갑의 관계로 바꿀 수 있다.

갑질 상사, 회피와 충성이 답일까

자기네 회사에는 하급자에게 함부로 하는 권력자들이 별처럼 많다고 하소연하는 직장인들이 그야말로 별처럼 많다. 부하 직원들의 이야기를 듣지 않거나 들어도 대놓고 무시하는 상사, 가끔 대꾸라도 하면 모욕적인 말을 쏟아내는 상사들이 즐비하다는 방증이다. 이제 이런 정도의 상사를 참아내는 건 사회생활의 기본 의무 사항쯤이 됐다.

'권위적인 사람'이라는 그럴 듯한 말로 불리지만 그런 식의 일방적인 사람들, 나만 있고 너는 없다는 듯 살아가는 사람은 상대방의 '나'를 무너뜨리는 사람이다. 치명적이고 파괴적인 인간이다.

직장인 A는 그런 상사와 일한다. A는 상사 앞에서는 듣기만 하고 입은 닫고 살았다. 상사와의 대면을 가급적 피하려고 애쓰며 지냈다. 그러나 시간이 흐를수록 그런 방식으론 한계가 있었다. 자신도 견디기가 어려웠고 업무적으로도 문제가 생겼다. 방법을 바꿔보기로 했다. 등산을 좋아하는 상사를 위해 A는 주말에도 함께 산에 가줬다.

겨울에는 상사가 좋아하는 보드를 타러 평일 밤이나 주말에 스키장을 가준다. 자신의 취향과는 전혀 상관없는 일이다. 상사가 원하는 것에 빠르게 반응하고 적극적으로 맞춰주다 보면 관계가 조금이라도 달라질 수 있을 거라 생각해서다.

그는 소기의 목적을 달성했을까. 불행하게도 그러지 못했다. 온전히 상사에게만 맞춘 삶을 살았는데도 상사를 피하던 시절과 차이가 없었다. 상사가 구제 불능의 뻔뻔한 인간이기 때문일까. 관계의 역동 측면에서 보면 그게 전부가 아닐 것이다. 그런 결과에는 A가 기여한 면도 있다.

A의 상반된 두 가지 접근에도 불구하고 결과는 같았다. 더 정확하게 말하자면 A의 극과 극 두 대처법은 두 가지가 아닌 같은 대처법이었다. 나는 없고 너(상사)만 있는 관계로 일관했다는 점에서 똑같다. 그러니 결과가 같은 것은 당연하다.

이전의 A는 상사 앞에서 입을 다물고 대면을 피하는 식으로 자기 존재를 지웠다면, 최근의 A는 자기 존재를 상사의 욕구 충족의 도구로만 여기며 자기 존재를 지웠다. 상사에게 A는 이전부터 지금까지 전 시기에 걸쳐 존재감이 없는 존재다. 이전의 A는 상사를 거스르지 않기 위해, 최근의 A는 상사의 욕구를 적극 충족시키기 위해 존재했다.

A는 언제나 상사의 존재를 중심으로 반응하는 도구였지 개별적인 한 존재로서 존재하지 않았다. 상사가 A를 개별적 존재로 인지하지 않아도 되는 쪽으로 A 스스로가 적극적인 심리적 공모자가 되어준 것이다.

자기를 지켜낸 힘으로 먹고살 수 있다

자기 경계를 허물면서 상대방의 도구가 기꺼이 돼주는 사람의 개별적 희망과 기대는 번번이 좌절될 수밖에 없다. '내가 그렇게까지 애쓰면 그래도 고마워하겠지, 내 노력을 알아주겠지' 하는 A의 기대가 물거품이 된 건 자연스러운 결말이다. 자신을 스스로 투명인간 취급하는 것에 거부감이 없는 사람은 상대방의 인식 속에서도 사라진다. 회피도 충성도 답이 아니라면 도대체 어떻게 해야 하는가.

A의 방식과는 정반대로 해야 한다. 그가 나를 의식할 수 있도록 내 존재감을 드러내야 한다. 너(상사)도 있지만 나도 있는 관계로 이동할 수 있어야 해결의 실마리가 찾아진다. 무모하거나 위험해 보이는가. 그럴 수도 있지만 그것이 유일하고 근원적인 방법이다. 그의 인식 속에 내 존재감이 생겨야만 그와 나의 관계에서 일관되던 그의 일방성에 제동이 걸린다. 그가 나를 의식해야 그의 일방성이 주춤하기 시작한다. 비대칭적이고 일방적인 관계가 대칭적이고 상호적으로 서서히 변한다.

그가 적응할 수 있는 속도로 내 존재감을 드러냈는데도 불구하고 전혀 통하지 않는 사람이라면 어떻게 해야 할까. 자기에게 완벽히 맞춰주지 않으면 참지 못하고 어떤 관계도 유지하지 않는 사람이라면 어떻게 하나. 그런 사람이라는 판단이 든다면 그 관계는 내가 먼저 끊어야 한다. 그런 관계를 유지하면 자신이 망가질 수밖에 없기 때문이다. 그 관계를 끊는 것이 자기를 구하고 지키는 일이다.

목구멍이 포도청인데 그럴 때마다 관계를 끊으면 어떻게 먹고사느냐고 생각할지 모른다. 그렇지 않다. 먹고살기 위해서라도 끊어야 한다. 먹고사는 힘은 자기를 지켜내는 힘에서 만들어진다. 자기 학대와 모멸을 스스로에게 강제하는 사람은 끊임없이 자해하는 사람이다. 국경을 침범한 사람이 무서워 그의 비위를 맞춰주면서 살아야겠다고 생각하는 사람이다. 잠시는 목숨을 부지할 수 있지만 식민지의 국민으로 비참한 삶만이 기다릴 뿐이다.

"그래도 계속 만나야 하는 사이인데 그런 상사와도 잘 지낼 수 있는 방법은 없을까"라고 묻는다면 다시 말할 것이다. 질문이 잘못됐다. 상사를 상수로 놓고 나만 변수로 취급하는 불평등한 인식의 구도 안에서 내가 제대로 살 수 있는 방법을 찾을 수 없다. 상사가 중심이 아니라 내가 중심이 되는 질문으로 질문 자체를 바꿔야 한다. 내 삶이기 때문이다.

"이런 상황에서 나를 잘 보호하려면 어떻게 해야 할까."

"어떻게 하는 것이 나를 지키는 일일까."

상사를 파악하고 살피는 것도 그를 기쁘게 하기 위해서가 아니다. 궁극적으로 나를 지키기 위해 하는 행위다. 상사가 아니라 그 어떤 관계도 그 관계를 유지하는 것 자체가 관계의 목적일 수는 없다. 그래서도 안 된다. 그것이 부모 자식의 관계라도 마찬가지다. (병이 있는 부모, 장애를 가진 자녀와의 관계 등은 예외일 것이다.)

관계를 유지한다는 것은 그 관계가 기쁨과 즐거움이거나 배움과 성숙, 성찰의 기회일 때다. 그것이 관계의 본질이다. 끊임없는 자기 학대와 자기혐오로 채워진 관계에서 배움과 성숙은 불가능하다. 자기 학대와 자기혐오가 커질 수밖에 없는 관계라면 그 관계는 끊어야 한다. 주변을 찬찬히 돌아보면 끊어야만 자기를 지킬 수 있는 관계들이 의외로 많다. 관계를 끊으면 그때서야 상대방도 자기를 돌아볼 수 있는 최소한의 계기가 만들어진다. 그런 계기로 삼지 못해서 결국 대가를 치르게 되어도 그건 그의 몫이다. 누구도 대신해 줄 수 없다.

국가의 국경처럼 사람과 사람 사이에도 경계가 존재한다.

국경 수비대가 하는 일은 사람 사이의 경계에서도 반드시 필요하다.

그런데 사람 사이의 경계는 눈에 보이지 않아서 지키는 일이 어렵다.

그 경계를 인지할 수 있어야만 나도 지키고

상대방을 침범하지 않을 수 있다.

경계란 개념은 이상향이 아니라

구체적이며 현실적이고 실용적인 것이다.

사회적 관계에서는 너와 나를 갑과 을로 나눌지 모르지만

심리적으로 모든 사람은 갑 대 갑이다.

갑과 을 같은 사회적 관계로

너와 나의 관계 전체가

결정되는 것이 아니라는 점만 인지할 수 있어도

갑을 관계를 갑갑의 관계로 바꿀 수 있다.

5장

공감의 허들 넘기

진정한 치유를
가로막는 방해물

1

'다정한 전사'가
되어

영화나 드라마에 나오는 정신과 의사는 대부분 지적이고 날카로운 눈매를 가졌다. 정신과 의사의 업무 수행에 필요하다고 대중들이 느끼는 기능을 상징화한 이미지일 것이다. 사람 마음을 꿰뚫어 보고 분석해서 정확하게 해석하고 그에 맞는 조언을 해주는 것이 치유고 그런 일을 하는 사람이 정신과 의사라면 적절한 캐릭터 연기다. 반대로 전문가적 관점에서도 치유라는 것이 잘 품어주고 따뜻하게 해주는 것이 핵심이라면 영화 속 정신과 의사의 이미지는 바꾸어야 할 것이다.

마음의 상처가 더 잘, 더 말끔하게 아물기 위해선 어떤 품성의 사람이 더 적합할까. 다정하고 섬세한 사람일까, 정확하고 분석적인 사람일까. 둘 다 아니다. '다정한 전사', 이런 사람이 필요하다. 이런 사람이 가장 적합한 공감자라고 할 수 있다. 공감이 필요한 순간에는 온 체중을 다 싣는 다정한 공감자여야 하지만 공감을 방해하는 사람이나 상황을 마주했을 때는 전사처럼 싸워야 한다. 그래야만 종래 공감에 도달할 수 있다. 그게 온전하고 입체적인 공감자다.

공감까지의 길목에는 여러 허들이 있다. 가족이나 타인의 몰이해, 무관심, 비난일 때도 있고 거대한 벽 같은 사회 구조적 문제가 허들인 경우도 있다. 상처 입은 당사자 자신이 공감의 허들일 때도 많다. 공감을 방해하는 허들이 무엇이든 그것을 만나면 단호하게 맞서 싸워야 한다. 그렇게 허들을 넘어설 수 있어야 홀가분하게 공감을 경험하고 자유를 얻는다. 그래서 공감자는 '다정한 전사'라야 한다.

자신의 마음에 붙인 험한 딱지

고등학생 딸을 잃은 엄마가 장을 보러갔다 갑자기 어지럽고 쓰러질 것 같아 급히 집으로 돌아왔다. 두 달 전에도 쓰러졌었고 그후 무엇에라도 집중을 해야 조금이라도 고통을 잊을 수 있을 것 같아 일자리를 잡았다. 아이를 떠나 보내고 2년 만에 일터로 출근을 한 날, 오전도 넘기지 못한 채 숨이 쉬어지지 않고 가슴이 터질 것 같은 증상 때문에 응급실로 옮겨졌다. 응급실에서 나와 나를 찾아왔다. 자기가 점점 미쳐가는 것 같고 몸과 마음이 쓰레기통에 처박히는 쓰레기 같다고 했다.

"내가 완전히 미친년이에요. 미친년"이라며 꺼이꺼이 우는 그녀에게 내가 그랬다.

"아름이가 사라졌는데 아름 엄마가 안 미치면 누가 미쳐요. 딸이 없는데도 하루하루 잘 살아 가면 그게 엄마예요? 미치면 어때요, 엄마니까 미치는 거지!"

슬픔에 몸도 가누지 못하는 자신을 "미쳤다, 쓰레기 같다"고 몰아붙이고 있는 아름 엄마의 말에 나는 단호하게 맞섰다.

"아름 엄마의 친구가 아이를 잃고 힘들어해도 쓰레기 같다고 할 거예요? 미쳤다고 손가락질할 수 있어요? 남한테도 하지 않을 말을 왜 자기한테 함부로 해요. 자기한테 사과하셔야 해요!"

나는 조금 소리를 높여 말했다.

그 순간 나는 피해자인 그녀의 마음도 몰라주고 질책만 한 몰인정한 사람인가. 아니다. '미칠 것 같은 것이 당연한 그 마음'에 미친년이라는 험한 딱지를 붙이던 그녀의 반공감적 시선에 맞섬으로써 그녀의 고통에 무한 공감을 한 것이다. 공감을 방해하는 허들을 치운 것이다. '미친년은 누가 미친년이냐. 잘 지내면 그게 오히려 미친 거지. 그럴 수밖에 없는 자신의 상태를 왜 그렇게 나쁘게 말하느냐. 죽을 만큼 아프니까 숨이 넘어가는 거지. 그러면 퍼져서 울고불고 할 수도 있지, 그걸 왜 나쁘게 보느냐'는 말을 한 셈이다. 자신의 아픔에 공감하지 못하고 판단자의 입장에서 모질게 자신을 몰아붙이고 있던 그녀 자신의 공감 허들과 싸운 것이다.

공감은 상대의 이야기에 무기력하게 *끄덕여주고* 긍정하는 게 아니다. 상처투성이로 누군가의 공감을 애타게 갈구하면서도 자기도 모르는 사이에 자기 자신이 공감을 막는 허들이 되기도 한다. 본인 스스로가 자신의 안티 세력이 되는 것이다. 그러면서 고통의 늪으로 더 빠져든다. 그럴 때 공감자는 단호해야 한다. 격렬하게 싸워야 한다.

무엇에 다정하고 무엇에 단호해야 할까

일상적인 사례 하나를 들어보자. 오래전 우리집 얘기다. 아들 중 하나가 어릴 때 말도 늦고 학습 속도도 늦었다. 사회성도 부족해서 친구도 사귈 줄 몰랐다. 매사 행동이 굼떠서 밥을 먹을 때도 젓가락으로 아예 밥알을 세는 것처럼 먹었다. 식사 시간이 오래 걸릴 수밖에 없다. 집에서 먹을 때는 괜찮지만 문제는 외식을 할 때였다.

고급 식당이 아니고 번잡한 자장면집이나 백반집 같은 데 가면 신경이 쓰였다. 그런 곳에 식구가 함께 가면 우리 부부는 아이 몰래 주인에게 양해를 구했다. 우리 아이가 밥을 아주 천천히 먹는다, 한 시간이 넘을 수도 있다, 테이블 회전이 문제가 되면 그 비용을 우리가 부담하겠다, 그러니 재촉하거나 눈치를 주지 않으면 좋겠다. 그렇게 하고 나서 나머지 식구들은 그 아이가 다 먹을 때까지 담소를 나누며 편안하게 기다렸다.

식당 주인의 눈치를 살피며 아이에게 빨리 먹어라 재촉한다고 빨리 먹을 수 있는 상태가 아니라는 걸 알아서다. 좀 빨리 먹게 할 수 있다 해도 어리버리한 아이가 불안하게 밥을 먹게 할 필요는 없다고 생각했다. 발달이 유난히 늦을 뿐 아이는 이해받고 존중받아야 마땅하다. 그러나 그 상황에서 의도치 않게 피해를 받을 수 있는 사람은 식당 주인이다. 그에게 경제적인 손해를 감수하라고 요구할 권리가 우리에겐 없다. 그래서 우리 부부가 택한 방법이 그거였다.

훗날 내 친구가 그 얘길 듣더니 자기 같으면 "빨리 안 먹으면 남에게 피해를 주게 된다"며 아이를 재촉했을 거라며 웃었다. 우리 부부는 그 상황에서 아이의 입장을 상수, 식당 주인을 변수로 본 것이고 친구는 식당 주인의 입장을 상수, 아이를 변수로 본 것이다. 우리 부부는 아이에게 '다정'했고 식당 주인에게는 (진짜 싸워서가 아니라 그쪽을 상대로 문제 해결을 시도했다는 측면에서) '전사' 역할을 한 것이다. 반대로 친구는 식당 주인의 입장을 우선적으로 배려해서 식당 주인에게 다정하고 아이에게 문제 해결을 요구하는 셈이다.

양자 모두가 이해받고 존중받으며 양자 모두가 부당한 대우나 불필요한 요구를 받지 않고 상처를 받지 않기 위해선, 어디에서 다정하고 어디에서 전사가 되어야 하는지 잘 생각해야 한다. 그렇지 않으면 딱히 가해자는 없는데 모두가 피해자가 된다. 다정해야 할 데서는 전사로, 전사로 나서야 할 데서는 다정해서 얻게 되는 결과란, 백 퍼센트 아무도 원치 않는 결과다.

2

좋은 감정 vs
나쁜 감정

　　충분히 공감받고 공감하며 살아가는 사람을 만나기 쉽지 않다. 공감하며 사는 사람은 꽤 만날 수 있지만 동시에 그가 한 개별적 존재로 충분히 공감받고 사는가에 시선이 미치면 그렇다고 자신 있게 말할 수 있는 사람은 극소수다.

　누구나 한결같이 공감받고 공감하며 살길 원하면서도 막상 그렇게 살기 힘든 건 공감이 무엇인지 제대로 몰라서 일 수도 있지만 공감까지 가는 길목에서 여러 허들을 만나기 때문이다. 그 허들을 잘 넘어야 마침내 공감에 도달할 수 있다. 그토록 원하는 공감받고 공감하는 삶을 살기 위해선 허들의 실체를 알아야 한다. 대표적인 허들이 감정에 대한 통념이다.

　내 마음을 말하는 걸 유치하게 여기는 사람이 적지 않다. 감정을 미성숙함의 표현이며 통제의 대상으로 바라본다. 감정 통제를 잘해야 어른이고, 그래야 성숙한 사람이라고 생각한다. 감정은 이성으로 얼마든지 통제 가능한 것이라고 믿는다. 마음에 관해 가장 널리 알려진 잘못되고 위험한 통념이다. 그런 인식 때문에 우리는 일상에서 너무 많은 대가를 치른다. 도대체 우리는 어떤 비용을, 얼마나 치르고 사는 걸까.

20여 년 시민운동가로 헌신했던 후배는 긴 얘기 끝에 그동안 자기가 스스로에게 허용한 감정은 열정과 분노 딱 두 가지뿐이었던 것 같다고 고백했다. 사회 정의, 공동체의 가치를 지키는 일을 목숨처럼 귀하게 여겼던 그에게는 꼭 필요한 감정이 열정과 분노였을 것이다. 후배는 불안이나 후회 같은 건 자신을 갉아먹는 감정이고 쓸모없는 공해 같은 것으로 생각했다. 그런 가치관은 절도 있고 유능한 시민운동가로 성장하는 데 중요한 바탕이 되었다. 그 두 감정 외의 다른 감정들은 출산을 더 이상 원하지 않는 여자에게 계속되는 생리처럼 짜증스러운 것일지도 모른다. 없어도 아무 지장이 없는, 아니 없으면 더 좋은……

그렇게 살아가던 후배가 주춤 비틀거리기 시작한 것은 출산 후부터다. 두 아이를 키워주는 시어머니와의 유치한 감정싸움이 피곤했고 그러다 보니 아이들에 대해서도 짜증이 늘었다. 이런 일상을 대범하게 넘겨보려 애썼지만 잘 되지 않았다. 그럴수록 스스로가 위선적으로 느껴졌다. 짜증과 자기혐오를 오가다 보면 어느새 아이들은 돌아가며 병이 났고 후배의 죄의식은 커져만 갔다.

항상 긍정적인 것이 과연 좋은가

자타공인 선이 굵고 성품이 대범한 그녀에게 어울리지 않는 이물질 같은 이런 감정의 정체는 도대체 무엇일까. 그녀는 자신이 서서히 망가지고 있는 증거 같다고 진단했다. 애초에 결혼이라는 제도에 맞지 않는 사람이 감행한 결혼이 문제라고 생각했고, 혼란스러워했다.

얘기 끝에 그녀는 자신의 혼란이, 자신에게 익숙하고 편안한 감정인 열정과 분노에서 벗어난 감정들이 많아지면서부터 시작됐다는 사실을 자각하기 시작했다. 그녀는 시어머니와 남편 그리고 아이 사이에서 발생하는 갈등 자체보다도 그 과정에서 생기는 자신의 '찌질한' 감정들을 어쩌지 못했다. 소화해 내지 못한 것이다.

그런 괴로움에 시달리는 사람이 의외로 많다. 그로 인해 감당해야 하는 에너지 소모는 상상을 초월한다. 잘 모르니 그게 얼마나 엄청난 대가를 치르는지조차 모른다. 기름이 줄줄 새는 자동차 같은 상태라고 보면 된다. 여력이 있을 리 없다.

자기의 사회적 역할을 자기 자신과 과도하게 동일시를 한 결과다. 사회적, 직업적 소임은 때와 장소에 따라 갈아입어야 하는 옷처럼 한 존재의 삶에서 상황과 여건에 따라 달라진다. 내 몸 자체가 아니라 입었다 벗었다 해야 하는 옷인 것이다. 가열 찬 시민운동가든 가장이나 장남, 장녀로서 힘겹게 살아가는 사람이든 자기 역할에 적합한 감정은 자기 몸이 아니라 옷에 불과하다. 상황과 여건에 따라 얼마든지 달라져야 한다. 달라질 수 있다.

226

그럼에도 불구하고 우리는 은연중에 좋은 감정과 나쁜 감정이 따로 있다고 여긴다. 좋은 감정은 수용하지만 나쁜 감정이라 믿는 것은 없애거나 억누르려 한다. 후회나 짜증, 무기력, 불안, 두려움 같은 것은 나쁜 감정, 없애야 하는 감정이고 유쾌하고 잘 웃는 마음, 매사 긍정적이고 좌절하지 않는 마음은 좋은 감정이다. 북돋우고 강화시켜야 마땅하다고 믿는다. 나쁜 감정을 어떻게 해서라도 좋은 감정으로 전환시킬 수 있어야 멘탈이 좋은 사람이라고 생각한다.

항상 긍정적인 마음으로 사는 건 좋은 일인가. 좋을 때도 있지만 아닐 때도 얼마든지 있다. 때론 위험하기도 하다. 긍정적 감정은 자기 합리화와 기만이 만들어내는 결과일 때도 있고 자기 성찰의 부재를 뜻하는 신호이기도 하다.

성찰이 깊고 스스로에게 근원적인 질문을 던지면 불안하고 흔들리게 된다. 상황을 더 깊고 입체적으로 보는 과정에서 만나는 불안은 불가피한 것이다. 깊은 성찰은 여러 갈래의 길과 전망을 보여준다. 복잡한 갈래 길들을 바라보며 인정하고 통합하는 과정은 불안을 전제로 진행되는 것이다.

그런 과정을 거치며 심리적 토대는 더 튼실해진다. 이럴 때의 불안은 건강한 불안, 건강한 혼란이다. 입체적 통합을 위한 필수 과정이다. 건강한 불안을 외면하면 이 모든 과정이 생략되고 사라진다. 좋은 감정이 항상 좋은 것만은 아니듯 부정적인 감정도 항상 부정적인 것만은 아니다. 상황마다 다르다. 고정값이 아니므로 개별적 상황마다 다시 성찰해야 알 수 있다.

나를 점검할 수 있는 신호, 감정

감정은 좋고 나쁘고, 옳고 그르고의 이분법으로 판단할 대상이 아니다. 감정은 한 존재의 지금 상태를 있는 그대로 나타내는 바로미터다. 내 뺨을 스치는 바람 한줄기마다 고유한 이름과 성질을 붙이고 규정지을 수 없듯 끊임없이 움직이는 감정은 내 존재의 상태를 시시각각으로 반영하는 신호다.

모든 감정에는 이유가 있고 그래서 모든 감정은 옳다. 불안을 느낀다면 '이러면 안 되는데' 할 게 아니다. '내가 지금 불안하구나, 왜 그런 걸까?' 곰곰이 나와 내 상황을 짚어봐야 한다.

복통이 있을 때 응급실에 가면 복통의 원인을 찾을 때까지 진통제를 주지 않는다. 복통의 원인에 따라 치료법이 전혀 다르기 때문이다. 맹장염 때문인지 위천공의 결과인지 아니면 전혀 다른 원인 때문인지를 찾기 위해서는 복통의 양상, 진행 상태를 면밀히 살펴야 한다. 그래서 의사는 복통으로 바닥을 구르는 환자가 있어도 통증을 바로 없애는 약이나 주사를 주지 않는다. 통증의 양상에 집중해서 빠르게 진단을 내리는 것이 우선이다.

불안할 때 안정제로 불안을 없애버리고 그 신호의 근원을 외면하면 계속 약에 의존할 수밖에 없다. 불안 신호를 따라 '나'를 점검해봐야 한다. 불안을 따라가다 보면 근원이 나오고 그러면 근원적인 해결책을 찾을 수 있다.

좋은 감정이든 나쁜 감정이든 모든 감정은 옳다. 모든 감정은 그 자체로 존중받아야 한다. 표피적으로 드러나는 모습만으로 감정을 긍정적, 부정적으로 가르는 시각은 한 존재의 핵심에 다가가는 일, 누군가에게 깊이 공감하는 일을 막는 큰 걸림돌이 된다.

적정심리학에 대한 주제로 몇 차례 얘기를 나누던 중 한 엄마가 내게 물었다.

"아들과의 관계를 가만히 생각해 보니 제가 여전히 아들을 가르치려 들고 바꿔놓으려 하고 있더라고요. 그런 자각이 들어선지 요즘 제가 자꾸 위축이 되고 기운이 떨어지는 것 같아요. 에너지를 다시 솟게 하려면 어떻게 하면 좋을까요?"

내가 웃으며 그녀에게 물었다.

"에너지 솟구치게 해서 뭐 하려고요. 다시 가르치려 들려고요? (웃음) 내가 지금껏 아들한테 괜한 용을 썼다는 느낌이 더 깊고 강해져야 더 이상 그러지 않게 돼요. 그러니 더 마음껏 위축되세요. 에너지를 끌어올리려 하지 마세요."

감정은 판단과 평가, 통제의 대상이 아니다. 내 존재의 상태에 대한 자연스런 신호다. 좋은 감정이든 부정적인 감정이든 내 감정은 항상 옳다.

슬퍼하는 걸 나쁘게 보지만 않아도

세월호 희생 학생들의 어린 시절 친구들, 중학교 때 친구들이 친구를 잃은 후 몇 년간 숨죽이고 있던 슬픔을 담아서 보여준 치유 다큐

멘터리 〈친구들: 숨어 있는 슬픔〉의 한 장면이다. 희생 학생의 친구가 자기 말에 함께 울고 집중해 주던 또래 공감기록단 친구들에게 울먹이며 말한다.

"여기서는 내가 슬퍼하는 걸 나쁘게 보지 않아서 너무 다행이에요."

이 다큐를 본 한 상담 전문가는 예전에 자신의 친구가 자기에게 "난 네가 너무 많이 우는 게 불편해, 싫어"라고 한 말을 떠올리며 다큐 속 친구의 그 말이 자신에게도 최고의 치유제였다면서 똑같이 울먹였다.

단짝 친구를 잃은 아이가 "슬퍼하는 걸 나쁘게 안 봐줘서 다행"이라고 하는 말. 참 이상하고 가슴 아픈 말이지만 잘 살펴보면 우리 일상에서 형태는 다르게 흔히 일어나는 일이다.

"이제 좀 그만하지, 이젠 좀 나아졌지, 가족이 죽은 것도 아닌데 왜 그렇게 오버야" 등의 말이 친구를 잃은 그 아이들에게는 슬퍼하는 걸 나쁘게 여기는 말들이다. 이런 류의 공기 속에서 나고 자라고 살아온 우리 모두는 사실 슬퍼하는 걸 나쁘게 여기는 집단 무의식을 품고 산다. 이런 심리적 공기 속에서 내 정서적 욕구와 내 정서적 결핍을 온전히 공급받고 충전받으며 삶의 동력을 여유 있게 확보하는 일은 전쟁일 수밖에 없다.

한 상담사는 슬프고 힘든 사연을 듣다 보면 자기도 눈물이 나서 눈물을 감추고 참으려 애쓰다가 상대방의 맥락을 놓치기 일쑤라고 했다. 슬퍼하는 걸 무능하게 여기는 상담사의 자아가 자기 눈물을 수습하느라고 놓쳐선 안 되는 이야기의 끈을 놓친 것이다.

나는 그에게 말해줬다. 나는 슬프고 고통스러운 얘기를 듣다가 눈물이 핑 돌거나 눈물이 주르륵 흐르는 경우가 많다고, 그래도 괜찮다고. 당황할 정도로 북받치는 눈물도 아니고 폭발적으로 터지는 눈물도 아니어서 내 눈물이 얘기하는 사람의 마음을 불편하게 하지 않으며 그의 이야기를 멈추게 하지도 않는다고, 이야기하는 사람이 미안하게 생각하거나 이야기에 방해를 받지도 않는다고, 오히려 자신의 고통에 깊이 공감하는 신호로 보고 마음을 더 잘 열고 깊이 이야기를 하게 된다고, 내 눈물은 그의 고통에 나도 심리적 참전을 하고 있다는 징표 같은 것이라고.

슬퍼하는 걸 나쁘게 보지만 않아도 누군가의 상처를 말하고 듣는 시간은 두 사람 모두에게 치유적인 경험이 된다. 내 경우 고통스런 이야기를 들으며 함께 눈물을 흘리고 나면 나도 정화되는 느낌을 갖는다. 나와 다른 주파수를 갖고 있던 사람의 소리를 듣다가 어느 순간부터 서로의 주파수가 일치하면서 잡음이 사라지고 또렷한 소리가 들리는 합일을 경험하기 때문이다. 불필요한 에너지 소모가 없어지고 모든 것이 명징해지는 평화를 느낀다.

그때부터는 힘이 들지 않는다. 상대와 함께 같은 서핑 보드 위에 올라서 같은 파도를 맞으며 함께 출렁이며 함께 호흡하는 느낌이 든다. 온몸의 힘을 다 빼도 나도 안전하고 내 앞에 앉아 이야기를 하는 이도 안전하다. 안개가 걷히고 지평선 끝까지 보이는 느낌이다. 공감은 사람을 움직이는 가장 날렵한 힘인 것 같다고 나는 매순간 느낀다.

3

충족되지 않은
사랑에 대한 욕구

사랑과 인정에 대한 욕구를 더 압축해서 말하면 '사랑에 대한 욕구'다. 인정 욕구는 사랑 욕구의 유아기 이후 또하나의 변주다. 사랑 욕구는 아기 때부터 시작해서 늙어서 숨이 멎기 직전까지 인간이 한결같이 갈망하는 것이다. 예외가 없다. 욕구의 표현 방식이 세련되어지거나 욕구 충족의 대상이 달라질 수 있지만 총량 자체는 줄지 않는다. 줄어들 수 없다.

사랑 욕구가 일생 동안 쉬지 않고 안정적으로 채워져야 피폐해지지 않고 살 수 있다. 차의 성능이 좋아져도 휘발유나 전기 등의 동력 없이는 1밀리미터도 움직일 수 없다. 몸이 산소와 음식이라는 동력원으로 움직이듯 마음은 사랑 욕구가 채워져야 움직인다. 사랑과 인정 없이는 제대로 살아갈 수가 없다. 나이, 지식, 경륜, 성찰이 아무리 깊은 사람도 사랑을 받지 못하면 마음이 뒤틀린다. 그가 가진 경륜이나 지식, 성찰도 무용지물이 된다. 제대로 작동하지 않는다. 일종의 법칙이다.

사랑을 갈구하는 대상은 나이가 들면서 부모에서 학교 선생님으로, 친구나 이성 친구에서 배우자와 상사로 옮겨간다. 더 늙으면 자식이나 후배에게 사랑받길 원하기도 한다. 대상은 나이와 상황에 따라 끊임없이 이동하지만 욕구 자체는 변치 않는다. 결핍이 더 쉽게 일어날 수 있는 조건과 상황 때문에 욕구는 더 절박하고 강렬해진다.

나이가 들면서 사랑에 대한 욕구에 덜 휘둘리며 품위 있게 사는 노년도 있지 않나 생각할지 모른다. 그렇게 보이는 사람이 있을 순 있어도 그 이유가 욕망을 잘 절제해서라거나 욕망 자체가 줄어서가 아니다. 그런 사람은 충분히 사랑받고 깊이 인정받은 사람이다. 그래서 욕구로부터 자유롭고 연연하지 않는 것으로 보인다. 열흘을 굶은 사람이 음식 앞에서 품위를 갖출 수는 없다. 일상적으로 잘 먹어야 음식 앞에서 품위를 유지한다. 충족된 욕구는 더 이상 욕구가 아니므로 충분히 사랑받은 사람은 그 욕구에 휘둘리지 않고 품위를 유지할 수 있다.

가장 어려운 인생 숙제, 사랑과 공감의 관계 맺기

존재의 외형은 노력과 재능, 재력으로 구축할 수도 있지만 사랑 욕구를 일생 안정적으로 공급받을 수 있으려면 고도의 인간관계 능력이 필요하다. 연인이나 배우자, 자식들에게 한 존재로서 온전히 사랑받는 일은 재력이나 권력과는 별개의 중요한 능력이다. 나와 또다른 존재 간에 공감적 관계를 유지하는 일은 삶의 동력원을 확보하는 일이다. 일생을 살아갈 안정적인 동력원인 사랑의 공급에 차질이 생기지 않게 만드는 것은 세상에서 가장 어려운 과제 중 하나다. 가장 단순한 이 일이 참 어렵다. 삶의 이 대목에서 많은 사람들이 돌부리에 걸려 넘어진다. 전문가도 별반 다르지 않다.

상담 전문가들을 대상으로 한 공감에 관한 워크숍 중에 20년차 상담 전문가가 뜻밖의 고백을 했다.

"저는 그동안 제가 제 마음을 이야기하는 걸 징징댄다고 생각하고 있었던 것 같습니다. 사실은 제가 사람을 무척 싫어하는 사람이라는 것도 알게 됐습니다."

상담 전문가로서 결격 사유일 수 있다는 걸 충분히 아는 사람의 가슴 쓰린 고백이었다. 사람의 마음은 항상 옳다는 것, 사람을 존재 그 자체로 수용하고 공감하는 일이 치유의 근원이라는 당연하고도 단순한 명제가 두려울 만큼 어렵게 느껴진다고 했다.

그날 새벽 그녀에게 긴 메일을 받았다.

새벽시장에 나가 장사를 하는 홀어머니를 도와야 한다는 마음으로 살았습니다. 빨리 어른이 돼서 돈을 벌고 싶었습니다. '엄마를 편히 살게 해드려야지' 하는 마음으로 살았습니다. 그런데 엄마는 제가 성인이 되기도 전에 세상을 떠났습니다. 부정도 모정도 느껴보지 못했습니다. 살면서 한번도 징징거리지 못했고 어리광을 부리지 못했다는 것을 이번에 뼈저리게 느꼈습니다.

엄마가 힘들까 봐 착한 아이가 되어야 했습니다. 아주 어릴 때부터 옷을 알아서 챙겨 입고 숙제도 공부도 집안일 거드는 것까지, 눈치를 보며 애어른이 되었던 것 같습니다. 그것이 지금까지 살아온 힘이 되었다고만 생각했습니다. 그런데 지금 보니 제가 다른 사람들과 제 아이들에게까지도 저처럼 징징거리지 말고 스스로 알아서 해야 한다고, 그렇게 사는 것이 독립적인 성인이라고 강요해 왔습니다. 그렇게 믿어 의심치 않았으니까요.

저는 제 마음을 한번도 제대로 말하지 못한 것 같습니다. 주변 사람들의 눈치를 살피며 그들의 마음에 들려고만 했습니다. 그래서 징징거리거나 불만을 토로하는 사람, 어떤 문제가 생기면 짜증부터 내는 사람들을 잘 이해할 수가 없었습니다. 저는 자기 마음, 자기 감정을 드러내는 것을 사실은 안 좋게 생각하는 사람이었습니다. 답답하게 느껴지고 한심하다는 생각이 먼저 들었습니다. 어리석게도 저는 제가 독립적이고 철이 빨리 들어 제 앞가림을 잘하고 살았다고 믿었습니다. 열심히 살아왔다고만 생각했습니다. 그런데 알고 보니 그게 아니었습니다.

다음 날 워크숍에서 본인의 동의를 얻어 익명으로 이 편지를 읽어 주었더니 비슷한 고백들이 쏟아졌다.

"상담할 때 자기가 왜 그러고 있는지 알면서도 문제 행동을 바꾸지 않고 계속 징징거린다고 느껴지는 사람에게는 정말 공감이 안 된다."

"징징거리는 사람을 만나면 징징거리는 거 적당히 좀 하고 자신이 뭘 해야 할지 생각을 좀 해봐!라는 식의 엄격한 태도를 취하게 된다."

"자기 문제는 자기가 감당해야 된다는 생각이 들 때마다, 이런 내가 누구의 이야기를 듣는 일을 하는 게 맞는지 아이러니하다고 느낀다."

누군가의 속마음이나 정서적 결핍을 공유하고 공감하는 일은 이 일을 업으로 하는 사람들에게도 쉽지 않다. 감정 노동처럼 그저 견디는 경우가 많다. 우리의 짐작과는 사뭇 다르다. 공감은 단순하지만 세상에서 가장 어려운 일인지도 모른다.

관계가 깊어질수록 공감이 힘든 이유

전문가들뿐 아니다. 사랑하는 사람들일수록 공감에 실패할 확률이 더 높아진다. 관계가 깊어질수록 사람은 더 많이 오해하고 실망하고 그렇게 서로를 상처투성이로 만든다. 서로에 대한 정서적 욕구, 욕망이 더 많아서 그렇다.

옆집 사는 이웃에게는 친절하고 배려심 있게 대해도 내 배우자에게 그렇게 대하는 것은 쉽지 않다. 더 어렵다. 남에게는 특별한 기대나 개인적 욕망이 덜해서다. 그러나 내 배우자나 가족이라면 얘기가 다르다. 그로부터 받고 싶은 나의 개별적 욕구와 욕망이 있다. 그 욕구만큼이나 좌절과 결핍이 쌓인다. 그래서 배우자나 가족에겐 너그럽기가 더 어렵다.

친구가 밥을 사달라고 하면 살 수 있지만 만약 내게 갚을 돈이 있는데도 갚을 생각은 안 하면서 밥을 사달라고 한다면 돈이 있어도 사지 않을 것이다. 내가 받을 것이 있다고 믿는 사람에게 더 빼앗기고 휘둘리는 건 더 억울한 일이다. 부아가 치민다. 줄 것은 주지 않으면서 계속 요구만 하고 있다는 생각, 이게 사람들이 자기 가족이나 연인처럼 관계가 밀접한 상대에게 갖는 공통적인 감정이다. 나만 가족이나 연인에게 그런 마음을 가진 것이 아니라 내 가족이나 연인도 나에게 비슷한 감정을 갖고 있다.

서로에게 받을 것이 있다고 믿는 두 사람이 서로가 서로를 깊이 수용하고 공감하는 일은 어려울 수밖에 없는 것이다. 세상에서 가장 사랑했던 가족이나 연인이 가장 원망스럽고 상처를 주는 존재가 되는 이유다.

그럼에도 포기할 수 없는 건 이런 욕구와 욕망이 채워지지 않고서는 삶이 1밀리미터도 제대로 굴러가지 않아서다. 서로의 사랑에 대한 욕구를 지겨워하지 않고 비난하지도 않고 정면으로 마주한 채 기꺼이 공급하며 공급받는 일은, 우리 모두가 자기 삶의 동력을 마련하는 일이다. 미룰 수도 외면할 수도 없는 일이다. 휘발유나 전기의 도움 없이 굴러가는 차는 없다. 사람도 마찬가지다.

4

내 안에
남아 있는
콤플렉스

수영을 못하는 것이 콤플렉스인 남자가 있다. 대학 때 동아리 MT에 갔다가 한 여학생이 물에 빠졌고 그를 제외한 선후배 남학생들이 나서서 구했다. 아무도 그에게 뭐라 하지 않았지만 비겁했다 자책했고 물에 대한 공포는 더 커져서 결국 수영은 배우지 못했다.

지금 연년생 아들 둘을 둔 그는 아이들은 맘껏 뛰어놀며 자유롭게 커야 한다고 믿는 학부모다. 과외나 학원 보내는 일도 안 한다. 그런데 아이들에게 수영만은 꼭 가르쳐야 한다고 생각한다. 그래야 언제 어디서든 당당하게 살 수 있다고 믿어서다. 아이들이 학교 숙제를 안 해도 시험을 망쳐도 너그럽기 그지없는데 수영 강습을 빼먹으면 불같이 화를 낸다.

당당하게 살기 위해서 배우고 익혀야 할 것이 수영만은 아닐 것이다. 그럼에도 그는 수영에 관한 한 합리적인 사고가 작동하지 않는다. 아들에게 수영 강습을 강요할 게 아니라 수영을 배워야 할 사람은 정작 그 자신이다. 오랫동안 허기진 사람이 자기가 먹어야 할 밥을 배부른 옆 사람에게 억지로 먹이는 격이다.

우리 마음속에도 그의 '수영' 같은 것들이 여러 형태로 존재한다. 여기서 '수영'이란 한때 걸려 넘어졌던 돌부리 같은 내 안의 콤플렉스다. 그래서 융통성 넘치고 너그럽다가도 어떤 일에는 심하게 열을 받는다. 옆에서 보기에도 이해하기 어려울 만큼 어떤 지점에서 황소고집을 부리기도 한다. 그 지점과 연결되면 타인에 대한 공감은 물건너 간다. 다른 사람이 된 것처럼 흥분하고 공감은커녕 심한 거부감만 보인다.

자신에 대한 성찰을 건너뛰고 타인의 마음을 공감하는 일로 넘어갈 방법은 없다. 타인에 대한 공감이 자전거의 왼쪽 페달이라면 자기를 살펴보는 일은 동시에 돌아가는 오른쪽 페달이다. 한쪽이 돌아가지 않으면 그 즉시 자전거는 멈추고 넘어진다. 자기에 대한 성찰이 멈추는 순간 타인에 대한 공감도 바로 멈춘다. 그 반대도 마찬가지다. 자기 성찰의 부재는 공감을 방해하는 허들이 된다.

"나중에 후회하거나 힘들다고 하지 마라"

초등학교 때까지 너무 밝고 잘 뛰어놀던 아이였습니다. 사춘기를 지나고 나니 말이 없어지고 친구들과 잘 어울리지도 못하고 집에서 혼자 있는 시간이 길어졌습니다. 고등학교에 들어가서 요리를 하겠다며 중식과 한식 조리사 자격증을 따겠다는 목표를 세우고 의욕을 보였습니다. 저와 남편은 아들의 선택을 존중하고 격려했습니다. 아이는 온 부엌을 밀가루로 어질러놓으면서 식구들에게 만두와 탕수육을 해주기도 했습니다. 정말 맛있기도 했고 대견한 마음에 저와 남편은 아낌없이 칭찬했고 즐거웠습니다. 그런 와중에도 아이가 놓지 않는 한 가지가 있었습니다. 컴퓨터 게임입니다. 사촌동생들이 놀러오면 어린 동생들과 컴퓨터를 놓고 창피할 정도로 싸우기도 했습니다.

고2 어느 날 동생들과 컴퓨터를 가지고 심하게 다투는 걸 보는 순간 제가 이성을 잃고 저도 모르게 아들의 뺨을 때리며 "창피하지도 않냐"며 소리를 질렀습니다. 아들은 방으로 들어가 문을 걸어 잠그고 우는 것 같았습니다. 저는 다 큰 아이의 뺨을 때린 것이 후회가 되기도 했지만 사과하고 싶지는 않았습니다. 정신 차리고 어서 공부에 집중하기를 바랐던 것 같습니다.

다음 날 아들이 제게 편지를 내밀고 학교에 갔습니다. 빨간색 펜으로 쓴 붉은 편지였습니다. 눈물 자국이 뚝뚝 떨어진 그 편지엔 자기는 요리보다 컴퓨터 게임 쪽으로 전공을 하고 싶다며 자기 선택에 절대 후회하지 않을 자신이 있다는 내용이 적혀 있었습니다. 아이가 진짜 하고 싶은 것은 컴퓨터 게임이었는데 부모에게는 얘기하지 못한 것이었습니다.

저는 게임하느라 컴퓨터를 붙잡고 있다고만 생각했습니다. 그게 아이의 공부나 장래와 상관있을 거라는 생각을 해본 적이 없어서 그만하라고 윽박지르기만 했던 겁니다. 검정색이 아니라 붉은 펜으로 쓴 그 편지가 제 마음을 찔렀습니다. 자기가 하고 싶은 공부를 하게 해주자고 남편과 얘기했습니다. 며칠 후 우리는 아들에게 "좋다! 네가 원하면 해라. 다만 나중에 후회하거나 힘들다고 하지는 마라"는 식으로 동의를 해줬습니다. 마음에 없는 동의였습니다. 아이는 자기가 원했던 대로 컴퓨터 관련 전공을 택해 현재 대학에 다니고 있습니다.

존재 그 자체에 주목하는 공감을 배우면서 저는 요즘 아이의 붉은 편지가 목에 걸린 가시처럼 마음에 남아 있습니다. 제가 그 아이의 뺨을 때린 것에 대해 진심으로 사과하지 못했던 것, 그 아이의 결정을 존중해서라기보다 자포자기의 심정으로 동의했던 것, "후회하거나 힘들다고 하지 마라"는 단서를 달았던 것. 그것들이 지금도 아들과 저 사이의 공감을 가로 막는 거대한 벽으로 있는 것 같습니다.

공감에 관한 워크숍에 참석한 한 사람이 보내온 이야기였다. 본인의 동의를 구한 후 워크숍 중에 익명으로 이 편지를 다른 참석자들과도 공유하고 긴 이야기를 나눴다.

나는 우선 사연 속의 그녀가 그 당시에 사과하지 못했어도 10년, 20년이 지난 사과도 충분히 의미가 있으니 지금도 늦지 않았다는 말을 하고 시작했다. 의례적인 위로의 말이 아니라 명백한 사실이다.

엄마 마음속에 그 일이 계속 가시처럼 걸려 있었는데 사과를 못하고 긴 시간을 보냈다며 오늘에야 너에게 말한다고 한다면 아이에게 더 큰 울림이 있을 것이다. 자신은 엄마로부터 상처를 받았고 그 때문에 엄마와의 관계가 결정적으로 나빠졌는데 엄마는 그 일을 까마득히 잊고 살았다 생각하면 아이에겐 그게 더 큰 상처다. 자기를 때렸던 그 일 때문에 엄마가 그렇게 오랫동안 마음이 괴로웠구나 하는 확인은 아들에게 위로가 된다. 엄마가 자기의 상처를 의식하고 마음을 쓰고 있었다는 걸 알면 안심이 된다. 뒤늦은 사과라도 그것만으로도 아이의 상처는 절반 이상 덜어질 것이고 그 이후 엄마와 아들의 관계에도 질적인 변화가 있을 것이다.

아들에게 마지못해 동의하고 단서를 달았던 허락에 대한 내 생각도 말했다. "나중에 딴소리 마라, 후회하거나 힘들단 소리 하지 마라"는 강요성 다짐은 아이의 퇴로를 막은 거나 마찬가지다. 진로는 몇 회까지 바꿀 수 있다는 법조항이라도 있는가. 없다. 직업은 얼마든지 바꿀 수 있다. 열 번, 스무 번 계속 바꾼다고 안 될 이유가 없다.

계속 바꾼다는 건 흔히 생각하듯 게으르거나 끈기가 없어서만은 아니다. 자기를 찾기 위한 고민을 계속하고 있다는 의미이기도 하다. 그 고민 속에는 '왜 나는 한 가지 일을 진득하게 오래 하지 못하는 걸까?'라는 생각도 늘 함께 들어 있다. 사람은 그런 존재다. 당사자는 그런 자신에 대해 남보다 더 많이 자책하며 생각한다. 그러니 "나중에 후회하거나 힘들다고 하지는 마라" 같은 강요는 아이의 퇴로를 막고 철창에 가두는 것과 마찬가지다.

예전에는 딸을 결혼시키면서 '그 집 귀신이 되라'며 딸의 퇴로를 다 막아버렸던 야만이 횡행했다. 남편에게 구타를 당하고 시댁에서 사람 취급을 못 받아도 친정으로 돌아오면 안 된다는 부모의 말 때문에 짐승 같은 삶을 살았던 딸들이 이 땅에는 눈물 나게 많았다. 부모들은 딸의 인생에서 퇴로를 봉쇄해 버렸다. 그게 무슨 짓인 줄도 몰랐다.

퇴로가 막힌 밀봉된 삶 속에서 무슨 수로 자유롭고 인간답게 사나. 부모라는 이름으로 자식에게 행했던 협박성 계몽이 부모의 도리나 역할인 줄 알았던 폭력의 시대가 지금은 아니다. 그런 시대는 끝났다. 끝나야 한다.

나는 그녀에게 내 딸이 지금 결혼한다면 "언제든 네 맘에 아니다 싶으면 돌아와라. 너는 그동안 사랑을 많이 받고 현명하게 잘 자랐다. 네가 그렇게 판단하면 언제나 그게 옳은 거다. 언제든 와라. 엄마 아빠는 항상 네 뒤에 있다"라고 말할 거라고 얘기해 줬다. 부모의 그런 말에 영향을 받아 관계를 쉽게 끝내는 사람은 없다. 절대적으로 믿어주고 지지해 주는 부모가 뒤에 있다는 걸 아는 딸은 어떤 힘든 상황에서도 모든 경우의 수를 늘어놓고 합리적으로 고민하고 판단할 수 있다.

사람은 자기가 안전하다고 느껴야 자신이 놓인 상황을 객관적이고 합리적으로 볼 수 있다. 그러니 공감에 제한을 둘 필요는 없다. 사람은 믿어도 되는 존재다. 사랑하는 사람의 유일한 역할이 그것이다. 온 체중을 다 실어 아이를 믿어주면 그게 어떤 일이든 본인이 오히려 '내가 너무 성급하게 결정을 내리는 건 아닌가' 열심히 고민한다. 안전하면 입체적이고 온전한 성찰이 가능하기 때문이다.

친정 엄마와 평생 불화하는 중년 여성이 있다. 열 살 때, 피아노가 너무 치고 싶어서 엄마에게 피아노를 사달라고 졸랐다. 엄마가 어렵게 피아노를 사줬고 서너 달 신나게 쳤는데 점차 흥미가 없어져서 결국엔 피아노를 멀리했다.

그후부터 엄마는 "네가 먼저 하겠다고 해놓고도 결국 안 했다"는 말을 신물나도록 반복했다. 그녀가 무언가를 배우고 싶다고 하거나 다른 종류의 어떤 선택을 할 때마다 "네가 하겠다고 해놓고도 너는 금방 그만둘 거"라는 짜증성 예언을 하고 또 했다. 결국 어릴 적 언제부턴가 그녀는 엄마에게 어떤 요구나 부탁도 하지 않겠다고 결심했다. "네가 선택해 놓고 또 그만둘 거지?" 올가미 같은 그 말이 머릿속을 떠나지 않아서다.

내가 선택했어도 열 번 백 번 무를 수 있고 바꿀 수 있다. 바꿔도 되는 공인 횟수가 따로 정해져 있지 않다. 사람마다 다르고 상황마다 다르다. 그걸 인정해 줘야 한다. 바꿔도 된다는 충분한 인정을 받은 사람이 가장 빠르고 안정적으로 자기의 최종 선택지에 닿는다.

옆에서 누가 채근하지 않아도 '내가 선택했으니 내가 책임져야 하는 게 아닐까'라는 생각을 지나칠 만큼 하는 것이 사람이다. 누가 애써 일러주지 않아도 그런 식의 바르고 옳은 생각들은 우리 사회에 공기처럼 자리 잡은 명제다. 옆에 있는 사람, 사랑하는 사람이 해야 할 일이 있다면 공기처럼 강박적으로 스며드는 그런 생각들에 당사자가 휘둘리지 않도록 도와주는 것이다. 그래야 여유 있게 자신을 점검하고 숙고해서 판단한다. 그렇게 하는 판단이 그에게 가장 좋은 판단이다.

그녀에게 "아들의 퇴로를 막았다"는 가슴 아픈 얘기를 했던 나는 그날 그녀에게 다정한 '전사'였다. 아들을 더 온전히 공감하는 것을 방해했던 그녀의 생각에 전사가 되어 싸운 것이다. 나는 그녀에게 상처를 준 것이 아니라 아들에게 상처를 주고 공감해 주지 못했던 그녀의 판단에 전사처럼 대응한 것이다. 그날 얘기를 한 후 그녀가 다시 편지를 보내왔다.

스스로에게 다짐했던 말

"아이의 퇴로를 막은 것이다" "갇히게 한 것이다"라는 선생님 말을 듣고 숨이 턱 막히는 느낌이었습니다. 제가 정말 무지막지하게 아이를 몰아 붙였다는 자책감이 몰려왔습니다.

제 편지글을 들으며 다른 분들이 눈물 흘리는 것을 보았습니다. 그분들도 자기 부모로부터 진심 어린 사과 한마디를 듣고 싶었다는 얘기를 들으며 저도 모르게 눈물이 났습니다. '이런 간절함을 갖고 사는구나. 내 아이도 그랬겠구나. 힘든 상처가 되었겠구나' 후회와 미안함이 밀려왔습니다. 그날 이후 온몸을 실어 진심으로 사과를 해야 한다는 생각이 저를 떠나지 않았습니다.

한편으로는 제가 아이한테 "원하면 해라. 다만 나중에 후회하거나 힘들다고 하지 마라!"고 했던 말은 저 자신에게 한 얘기였을지도 모른다는 생각을 하게 됐습니다. 20대 때 데모하다가 경찰서에 잡혀 있다 나왔을 때, 시민운동을 하다 구속됐을 때 들었던 말들을 잊을 수 없습니다. 가족들은 "계속해서 그렇게 살 거냐?"는 질책 섞인 질문을 했고 이 바닥을 떠난 옛 동료들은 "아직도 그렇게 사냐?"라는 뼈아픈 질문을 비수처럼 날렸습니다. 그때마다 저는 '이건 내가 원하는 삶이야. 절대 후회하지 않아!'라고 스스로에게 다짐했습니다.

저를 다잡기 위한 다짐 같은 이 말이 아이에게 상처를 주는 폭력적인 말로 내뱉어졌을 수 있겠다는 사실에 괴로웠습니다. 추석 연휴가 끝나기 전에 사과를 해야겠다고 마음먹었습니다. 아이에게 다시 얘기를 하자고 연휴 마지막 날에 말했습니다. "무슨 얘기요?"라고 아이가 물었습니다. 붉은 편지를 기억하느냐고 물으니 고개를 끄덕였습니다. 끄덕이는 걸 보자 왈칵 눈물이 쏟아졌습니다. 목소리가 떨리기 시작했습니다.

"너의 뺨을 때린 거, 너의 선택에 화를 내고 조건을 달았던 일이 그 후 내내 마음에 걸렸지만 용기 내서 사과하지 못하고 지금까지 왔어. 네게 큰 상처를 계속 안겨줬던 것이 너무 미안해. 엄마가 잘못했어. 앞으로는 엄마도 너를 믿고 너의 선택을 존중할게. 미안해."

그 말에 반응하는 아이의 목소리도 어느새 떨리기 시작했습니다. 온몸을 실어서 사과하는 것이 아직 서툴고 한 번으로 충분하지 않을 수도 있지만 얘기를 하고 나니 제 마음이 조금 가벼워졌습니다. 아이는 저보다 조금 더 가벼워졌으면 합니다. 이런 바람 또한 욕심일지도 모르니 접겠습니다.

공감은 온몸을 갈아가며 자기 성찰을 하는 과정이겠지요. 내내 불편하게 자꾸 떠오르며 저를 깨우는 그 무엇이 제 몸을 갈아내며 성찰하는 과정이겠지요.

공감이 무엇인지 찬물로 끼얹은 듯 알았다는 그녀의 성찰이 그윽했다. 나는 그녀의 그윽한 성찰에 이끌려 한 번 더 말했다. 아들이 가벼워졌는지 궁금하면 다시 물어보면 된다. 눈치볼 필요 없다. 물어봐 주는 것 자체가 치유적 손길이다. 자기에게 사과한 엄마가 자신의 반응에 계속 관심을 가지고 있다는 것을 확인한 아들의 마음은 또 얼마나 포근하겠는가.

진심으로 나에게 묻고 충분히 시간을 줄 것

그녀와 아들의 관계와 별개로 내 맘에 크게 와닿은 편지 한 대목이 있었다. '이건 내가 원하는 삶이야. 절대 후회하지 않아!'라고 다짐하듯 살았다는 엄마 자신의 말이었다. 그녀는 스스로 자신의 퇴로를 막은 경험이 있었던 것이다. 아들의 퇴로를 막았다는 얘기를 하다가 젊은 날 자신이 자기 퇴로를 막았던 사실을 떠올렸다. 네가 원하면 해라. 다만 나중에 후회하거나 힘들다고 하지는 말라고 했던 그 말은 젊은 날 스스로에게 세뇌하듯 했던 얘기였다.

그렇다면 그녀는 이제 무엇을, 어떻게 해야 하는가. 간단하다. 우선 멈추고 자신에게 물어봐야 한다. 젊은 날에는 미처 물을 수 없었지만 이제 떠올랐으니 자신에게 눈을 포개고 물어봐 줘야 한다.

"너 계속 그렇게 살 거니?"

"그렇게 계속 살고 싶은 거 맞니?"

"진짜니?"

결론이 어느 쪽으로 나든 개의치 말고 진심으로 물어봐 줘야 한다. 빠르게 대답을 하거나 대답을 들으려 애쓰지 말고 자기에게 질문할 수 있어야 한다. 그런 다음 그 질문 언저리에서 충분히 배회하며 머무를 수 있도록 자신에게 시간을 줘야 한다. 질문에 대한 대답을 하려고 쫓기지 말고 자신에게 물어보면서 자기 마음을 먼저 둘러봐야 한다.

그 일을 계속하든 당장 그만두든 결론은 중요하지 않다. 처음으로 그 질문과 관련해서 자신에게 집중 또 집중하는 것, 자기 마음의 구석구석을 거울로 비춰주는 것, 어두워서 잘 안 보이는 곳이 있으면 플래시도 비춰가며 찬찬히 더듬어 보고 눈길도 포개는 것 자체가 중요하다. 좋은 대답과 결정이 자신을 지켜주는 게 아니라 자기에게 주목하고 공감해 주는 과정 자체가 자신을 끝내 보호하는 것이다.

내가 외롭게 살아서 사는 게 힘들었다고 생각하는 사람, 그 외로웠던 시절의 마음이 충분히 공감을 받지 못한다면 부모가 되었을 때 자녀에게 "외롭게 살면 절대 안 돼"라고 강요할 가능성이 높다. 공감을 받지 못하고 넘어간 상처는 일방적 계몽과 충고의 형태로 상대방의 마음에 칼로 꽂히기 쉽다.

"그렇게 살면 외로워져, 안 돼."

"당당하게 살아야 해."

"자기가 선택한 것은 끝까지 책임을 져야 해."

아무리 훌륭한 말이어도 일방적인 계몽과 교훈은 사람에게 도움을 주지 못한다. 아무리 옳은 말이어도 듣는 이에게 강박 관념으로 남거나 상처만 주고 튕겨 나가는 경우가 더 많다. 그저 겉보기에 좋은 말일 뿐이다.

사람은 옳은 말로 인해 도움을 받지 않는다. 자기모순을 안고 씨름하며 그것을 깨닫는 과정에서 이해와 공감을 받는 경험을 한 사람이 갖게 되는 여유와 너그러움, 공감력 그 자체가 스스로를 돕고 결국 자기를 구한다.

아들 얘기를 하다 문득 젊은 날의 자신을 만나기 시작한 그녀의 이야기를 들으며 함께 있던 다른 사람들도 자기 자신을 떠올리기 시작했다. 그녀의 고백, 그녀의 그윽한 성찰은 자신도 구하고 다른 사람에게도 치유 촉발제가 된 것이다.

"넌 누구니? 지금 네 마음은 어떤 거니?"

요즘은 바쁜 일상 중에도 조금만 틈이 생기면 저를 깊이 들여다봅니다. 문득문득 저를 깨우는 습관이 생겼습니다. "넌 누구니? 지금 이 순간이 너한테는 어떠니? 진심으로 마음이 움직이는 거니? 재미있니?" 되묻습니다. 제 감정과 제 느낌을 있는 그대로 제 자신에게 묻습니다. 그동안은 "오늘 잘했니? 얼마나 보람된 일을 했니?"라고 되물었는데 그것과는 다른 결의 질문입니다. 나에 대한 이런 질문이 신기합니다.

지위나 권력, 재산이나 역할은 얼마든지 바뀔 수 있다고 하셨죠? 가치관이나 신념도 바뀌거나 타협할 수 있는 것이라 하셨죠? 그러나 내 느낌, 내 감정, 내 마음은 내 존재 자체라서 무조건 주목하고 수용해야 한다고 하셨죠? 쉬운 것 같으면서도 어려운 얘기였습니다.

그동안 저는 내 신념과 가치관을 현실 속에서 실천해 가는 것이 제 삶의 최고의 기준이라고 생각하며 살아왔습니다. 우리 사회의 정의와 민주주의 그리고 소외받고 억압받는 약자들의 삶에 조금이라도 보탬이 되는 삶이란 것이 남들에게는 추상적으로 느껴질지도 모르지만 제게는 너무나 당연한 말들이었습니다.

삶 속에서 나를 느끼고 살피기보다 내 신념과 가치관에 따른 판단이 우선했습니다. 그게 제 삶이었습니다. "아직까지 그렇게 사니?"라는 질문에 "이건 내가 원하는 삶이다. 후회하지 않아"라고 대답했던 것 역시 제 신념과 확신의 표현이었겠죠. 그런 대답을 하면서도 제 한구석에는 '그래도 내 몸과 마음은 정말 힘들어. 때로는 무서워'라는 마음이 있었던 것 같습니다. 차마 입밖으로 내지는 못했지만요.

저는 신념에 따라 20대 초반에 구로공단에 있는 공장에서 일을 시작했습니다. 공장에 갔을 때 선배가 그런 말을 했습니다. 대부분 석 달을 못 버티고 떠난다고요. 실제로 그랬습니다. 한 달이 안 돼 같은 방을 얻어 공장을 다니던 친구가 짐을 싸서 집으로 돌아갔습니다.

친구가 짐을 싸가지고 떠나던 날 밤에 속상하고 불안한 마음에 늦게까지 잠 못 들고 있다가 잠이 들었습니다. 그러다 느낌이 이상해서 눈을 떠보니 낯선 남자가 제 방에 들어와 이불을 들추려고 했습니다. 순간 "누구야. 이 새끼야!" 고함을 지르고 벌떡 일어났습니다. 그 놈은 깜짝 놀라 도망갔습니다. 문고리에 숟가락을 끼워 문을 단단히 잠근 후 밖에 대고 "도둑이야!" 고래고래 소리를 질렀습니다. 제 방에 있던 연필깎이 칼을 들고 후들후들 떨며 서 있었습니다. 그러다 눈물이 왈칵 쏟아졌습니다. 두려움을 이기려고 큰 소리로 제가 아는 노래란 노래는 다 불렀습니다. 얼마 뒤 아까 그 남자가 문밖에 다시 와서 "아가씨 목소리가 너무 커요" 하고는 어느 방으론가 들어가버렸습니다. 소름이 끼쳤습니다. "나 지금 칼 들고 있다. 들어오면 죽여 버릴 거야!" 소리쳤습니다.

당시 구로공단은 벌집이라고 부르는 방들이 나란히 붙어 있는 구조였습니다. 한두 사람이 겨우 누울 정도의 작은 방들이었습니다. 내가 고래고래 소리를 질렀는데도 고단한 일상에 지쳐서인지 아무도 내다보는 사람이 없었습니다. 저는 분명히 숟가락으로 문을 단단히 걸었다고 생각했는데 나중에 확인해 보니 그 문고리는 바깥에서 문을 당겨 손가락으로 툭 치면 열리는 형편없는 것이었습니다. 벌집 방의 구조를 니무나 살 알던 남자는 친구가 이사를 나가고 혼자 남은 것을 보자 그날 밤 제 방으로 들어왔던 것이었습니다.

유선전화도 휴대전화도 없던 시절이라 방 안에서 어둠이 걷히기를 기다릴 수밖에 없었습니다. 사투를 벌이듯 시간과 씨름하며 새벽이 오기를 기다렸고 곧 주변이 밝아졌습니다. 1층에 있는 주인집으로 달려가 방을 내놓겠다고 했습니다. 그렇지만 그후로도 8년 동안 구로공단 생활은 계속되었습니다.

이제 와서 생각해 보니 힘들고 무서워서 물러서고 싶은 순간들이 떠오릅니다. 때로는 친구들처럼 집으로 돌아가고 싶었던 것 같습니다. 하지만 제 마음을 모른 척 해왔습니다. 힘들어하면 안 된다고 저를 눌렀습니다. 저한테 너무 미안합니다. 힘들 수 있는데, 돌아가고 싶을 수도 있는데, 제 자신에게 가혹했던 시간들이 고스란히 느껴집니다. 또 한편으론 주변의 동료들에게도 마음이 아닌 판단의 잣대로만 대했던 것이 미안합니다.

살아오면서 순간순간이 찌릿할 정도로 기쁘고 가슴이 벅차오르는 행복감을 느끼기도 했습니다. 힘든 일보다 훨씬 더 많은 기쁨을 누렸을지도 모릅니다. 여전히 신나 하면서 살고 있으니까요. 다만 충분히 나를 느끼고 격려하고 공감하는 데 인색했던 것 같습니다. 공감의 허들을 치우기보다 그 허들을 애써 무시하는 데 익숙한 저를 만나게 됩니다. 사람과 사람 사이에 주파수를 맞추는 공감과 공명이 아직은 안갯속 불빛처럼 언뜻언뜻 보이는 정도지만 이제는 잡힐 듯도 합니다. 다정한 전사를 향해 나아가고 싶습니다.

그녀의 세 번째 편지를 읽으면서 울었다. 그녀의 젊은 시간이 너무 고단하고 안쓰러워서 울었고, 치열하고 용감했던 그 시간들이 아름다워서 눈물이 났다. 힘들고 무서워 물러서고 싶은 순간이 있었고 친구들처럼 집으로 돌아가고 싶었던 적이 있었지만, 그녀는 여전히 그때와 같은 연장선상에서 그 일을 하고 있다.

하지만 그녀는 이전의 그녀가 아닌 것처럼 느껴진다. 더 담담하고 더 당당하고 더 안정적이다. 그녀를 감싸는 공기가 달라졌다는 것을 나는 느낀다. 그녀의 궁금함이 "오늘 잘했니? 얼마나 보람된 일을 했니?"라는 질문에서 "넌 누구니? 지금 네 마음은 어떤 거니?"라는 질문으로 이동하면서 일어난 일일 것이다.

타인을 공감하는 것이 쉽지 않은 이유는 공감까지 가는 길 굽이굽이마다 자신을 만나야 하는 숙제들이 숨어 있기 때문이다. 그 길은 문제를 해결하며 한고비 한고비 넘는 스무 고개 같은 길이다. 하지만 그녀가 그랬듯 수십 년 전에 헤어졌던 혈육을 찾은 것처럼 쪼개졌던 내 심장의 일부를 찾는 뜨거운 설렘과 횡재의 길이기도 하다.

5

개별성을 지우는
집단 사고

　　"고기를 진짜 좋아하는 사람이라면 비계를 잘 먹어야지""회를 제대로 먹는 사람은 절대 초고추장에 찍어 먹지 않는다"는 식의 말을 자주 듣는다. 누가 그 기준을 정한 건가. 왜 그 기준에 맞춰 나도 모르게 내 식성의 급을 정하고 있는가. 어떤 음식을 진짜 좋아하는지 아닌지는 외부 기준에 따라 정해지는 것이 아니다. 자기만이 느끼고 알 수 있다. 그럼에도 그런 류의 규정들이 오랜 버릇처럼 우리에게 남아 있다.

　　내 눈앞에 한 사람이 있는데 그를 더 천천히 느끼고 묻고 들어보지 않은 채, 자수성가한 사람이니까, 모름지기 교육자니까라는 붕어빵 같은 틀로 상대를 짐작하고 넘겨짚는다. 자수성가한 이력이나 교육자라는 직업은 그를 이해하는 데 도움이 될까, 장애물이 될까. 내 경험에 의하면 2:8 정도로 장애물이다.

　자수성가한 누구도, 어떤 교육자도 그 집단의 표상이 될 수 없다. 경력이나 그가 속한 집단의 특성으로 한 사람을 미루어 짐작하고 규정하는 것은 집단 사고다. 집단 사고에 의해 파악된 그는 '그'가 아니다. '그'는 집단 사고에 의해 규정된 모습 그 이상이다.

진짜 '그'를 만난 적이 없을 수도 있다

　집단 사고는 유일성이나 개별성 같은 한 존재의 심리적 S라인을 두루뭉술하게 지워버린다. 꾸준한 운동으로 섬세한 라인이 생긴 몸매를 부대 자루 같은 평퍼짐한 원사이즈 옷을 입혀 아름다운 몸의 곡선이 드러나지 못하게 꽁꽁 묶어두는 것이나 마찬가지다. 집단 사고로 '그'에 도달할 수 없는 것은 당연하다. 그럼에도 사람들은 집단 사고로 상대를 파악하고 대우한다.

　명절 때 동서들끼리 모인 자리에서 사회적으로 성공한 동서, 돈을 많이 번 동서가 내는 의견은 그렇지 않은 동서의 의견보다 더 탁월한 어떤 것으로 받아들여진다. 자녀 교육이나 부모님 모시는 일 등 사회적 성공 여부나 재산 규모와는 상관이 없는 주제일 때도 그렇다. 성공한 사람이나 재력가가 세상사 모든 일에 뛰어난 판단력을 발휘하는 것이 아님에도 불구하고 모름지기 성공한 사람이란 이러이러할 것이다는 집단 사고가 작동한 결과다.

성공한 사람은 부지런할 것이다, 머리가 좋을 것이다, 합리적일 것이다 등 집단적 지레짐작이 집단 사고다. 모름지기 여자란, 모름지기 장남이란, 모름지기 성직자란, 모름지기 학생이란……. 우리 사회의 이런 집단 사고들은 자연의 곡선을 직선으로 밀어버리는 포크레인 같은 심리적 폭력이다.

　사람에 대한 판단과 평가가 이미 내려졌으므로 그가 어떤 개별성을 가진 존재인지에 집중하는 일에는 당연히 소홀해진다. 더 자세히 볼 필요가 없다고 믿는다. 집단 사고에 휘둘리면 어떤 사람도 제대로 만나지 못한다.

　아파트 경비원이 휴일 오전에 순찰을 하던 중 쿵하고 둔탁한 것이 떨어지는 소리를 들었다. 불길한 예감에 뛰어가 보니 아는 남자가 화단에 떨어져 있었다. 다급하게 그 집으로 올라가 초인종을 누르자 그의 아내가 나왔다. 경비원은 엉겁결에 물었다.

　"아저씨 어디 계세요?"

　그의 아내가 답했다.

　"그이 안방에 있는데요."

　남편이 시멘트 바닥에 누워 피를 흘리고 있는 그 순간에 아내는 남편이 안방에 있다고 믿고 있었다.

　사람들은 농반진반으로 배우자를 지칭하며 말하곤 한다. "저 사람은 내 손바닥 안에 있어" "저 사람은 내가 한마디만 하면 끝이야"라고. 그러나 그런 인간이란 어디에도 없다. 일곱 살 아이도 내 손바닥 위의 존재가 아니다. 내가 속속들이 알고 있다고 의심치 않았던 내 배우자가 진짜 '그'인가. 내가 알고 있던 그가 실제 '그'와 거리가 멀다면 그건 왜일까.

서로가 마음이나 느낌을 주고받는 존재의 차원에서 만나는 관계가 아니라면 배우자나 절친 사이라도 실제로 나는 그를, 그는 나를 만난 적이 없는 관계일 수 있다.

공감이란 제대로 된 관계와 소통의 다른 이름이다. 공감이란 한 존재의 개별성에 깊이 눈을 포개는 일, 상대방의 마음, 느낌의 차원까지 들어가 그를 만나고 내 마음을 포개는 일이다. 그러면서 동시에 나도 내 마음, 내 느낌을 꺼내서 그와 함께 나누고 소통하는 일이다. 그렇게 서로의 개별성까지 닿지 않으면서 함께 사는 부부는 서로의 역할에 충실한 기능적 관계이기 쉽다.

기능적 역할에 충실한 관계라면 부부보다는 조직원이나 동료에 가까운 관계다. 사랑해서 만났어도 서로의 개별성에 다다르는 과정을 생략하다 보면 기능적 역할에 충실한 관계에 머물게 된다.

역할에 충실한 관계란 '모름지기 주부란, 아내란, 엄마란, 며느리란 이러이러해야 한다. 모름지기 가장이란, 아빠란, 아들이란, 사위란 이러이러해야 한다'는 집단 사고에 충실한 삶이다. 역할 놀이 중인 삶이다. 이런 삶, 이런 관계 속에서 상대가 누군지, 나는 어떤 존재인지 알 수 없는 건 당연하다. 내 심리적 S라인이 드러나지 않는 삶이다. 사랑하는 사람과 살면서 한 번도 그의 속살을 본 적이 없는 삶이다. 평생을 살아도 그가 누구인지 모를 수밖에 없는 삶이다.

'우리'가 아닌 '나'를 찾아서

운동권 출신의 한 정치인에게 "요즘 마음이 어떠냐"고 물은 적이 있다. 가만히 생각에 잠겨 있던 그가 진지하게 답했다. 자기는 대학 때부터 '우리'에 익숙하고 '우리'가 할 일을 나의 일로 받아들여 왔다. 그래서 내 마음, 내 느낌을 묻는 질문이 너무 어색하다고 했다. 그는 자신과 당연히 한 몸으로 평생 살았지만 자기가 누구인지 모르고 살았다. 평생 자기 속살을 본 적이 없을지도 모른다. 함께 살던 사람이 땅에 떨어져 있는데 안방에 있다고 믿고 있던 사람처럼 그 정치인도 '우리'가 아닌 '자기'의 소재는 모르고 있는 것이다.

'고3 엄마들은 거의 다'라고 말하며 고3 엄마라는 집단의 정체성으로 자신을 덮어버리는 주부, '지잡대 출신이라서'라는 표현으로 자기를 옴짝달싹하지 못하게 규정하는 청년, 자기의 무뚝뚝함을 '공대 출신들은 원래'라며 전공으로 자기를 대체해 버리는 남자, 심지어는 비극적인 상처를 입은 국가 폭력 피해자도 자신의 통증을 말하면서 '우리 유가족들은'이라는 표현을 쓴다.

월드컵에 출전한 우리나라 축구 대표 선수들에게 경기 종료 직후에 "오늘 경기가 어땠느냐?"고 물으면 대답의 주어가 거의 '우리 선수들은'이라고 시작한다. 경기에 대한 개인의 생생한 느낌을 듣기가 어렵다. '우리 선수들'이 나오기 시작하면 뒤에는 '국민들의 기대와 성원에 부응하기 위해 피나게 노력했던' 같은 천편일률적 말이 이어질 수밖에 없다. 그래서 시합은 매번 달랐지만 소감은 비슷하다. 개별적 상황과 개별적 존재의 생생함을 집단적 사고가 다 덮어서다. 우리의 오랜 습관이다.

그런 표현 속에서 개별적 존재의 모습은 보이지 않는다. 보이지 않으니 그 실체를 전달할 수도 없다. 그런 식으로 얘기를 하면 아무리 많이 얘기를 해도 마음이 시원하지 않다. 미진한 느낌만 남는다. '나'가 실종돼서다. 가려운 발가락을 구두 위에서 아무리 세게 긁어봐야 가려움이 사라지지 않는다. 구두와 양말까지 벗고 가려운 발가락 사이로 손을 넣고 긁어야 가려움이 가신다.

'우리'로 시작되는 이야기는 구두 위에서 간지러운 발가락을 긁는 행위다. 내 마음, 내 느낌 등 고유하고 개별적인 존재로서 내 육성에 접근해 가는 것이 제대로 된 관계의 시작점이고 그게 바로 공감이다. 다양하게 깎인 수많은 입체적인 면면들 때문에 빛이 드는 방향에 따라 빛깔과 분위기가 달라지는 예각의 크리스탈 조각 같은 존재가 사람이다. 그런 존재를 집단적 정체성이라는 둔각으로 뭉개는 일은 자신에 대한 폭력인 동시에 자기 은폐나 억압, 사람이란 존재에 대한 무지다.

특별히 공감에 반대하는 불순 세력이 있는 것도 아닌데 일상에서 공감적인 관계를 맺으며 살아가는 일은 너무 어렵다. 공감까지 가는 길목에 허들이 많아서다. 가장 흔히 만나는 허들이 집단 사고다. 나에게 그 허들이 무엇인지 민감하게 자각할 수 있으면 넘어갈 수 있다. 그 허들만 넘으면 공감은 닿을 수 없는 신기루가 아니라 길목마다 흐르는 현실의 옹달샘이 된다.

6

유형과 조건으로
사람을 판단하는
습관

　　사람을 처음 만나면 상대방을 파악하기 위한 촉수가 활발하게 작동한다. 남녀가 만나는 소개팅이나 거래처 미팅을 하면 여러 가지 방법으로 상대방을 살피고 파악한다. 내 질문에 대한 반응을 보면서 상대를 파악하고 평가하기도 한다. '이 사람은 순진한 데가 있구나. 너무 자기중심적이네. 착하구나. 마초인가 봐.'

　　좋아하는 영화 장르나 종교, 혈액형, 동물에 대한 태도, 정치 성향, MBTI 유형 등 자기가 할 수 있는 방법으로 상대방의 실체를 파악한다. '이 사람은 이런 종류의 사람이구나!' 하는 그림이 완성될 때까지 더듬이를 멈추지 않는다.

　　그 기준은 사람마다 다르다. 각자의 기질이나 취향, 삶의 경험을 통해 설정된 자기만의 알고리즘이 있다. 편견일 수도 있지만 편견일지라도 자기만의 잣대가 있어야 사람 만나는 일에 스트레스를 덜 받는다. 괜찮은 사람이라고 판단이 서야 긴장을 내려놓을 수 있다. 차를 몰고 혼잡한 교차로를 지날 때 교통 신호만 잘 지키면 내가 안전할 것이라는 믿음이 있어서 차를 가지고 집을 나선다. 만일 신호등 없이 내 눈으로 일일이 사방을 두리번거리며 확인하고 운전을 해야 한다면 너무 피로해서 운전을 하기 어렵다.

마찬가지로 삶에는 변수가 많지만 최소한의 상수가 존재해야 한다. 끊임없이 사람을 만나고 헤어지며 사는 우리 삶에서 그 상수 중 하나가 사람에 대한 나름의 내적 평가 틀이다. 심리학의 여러 유형론들은 그 잣대를 만드는 일에서 중요한 역할을 했다. 만나는 사람에게 그 이론을 적용해 보면 잘 맞는 것도 같다. 사람에 대한 이해나 예측력을 높여서 불안을 덜어준다는 측면에서 큰 기여를 한 점이 있지만 부작용도 있다. 내가 보기엔 부작용이 더 많다.

4가지, 6가지, 9가지 혹은 16가지 유형으로 전 인류를 나눌 수 있을 것 같은 기세로 사람을 분류하거나 같은 유형에 속하는 사람들은 마치 비슷한 DNA를 가진 인간인 것처럼 해석하는 사람이 많아졌다. 여러 유형론의 틀 앞에서 '모든 인간은 유일하고 개별적인 존재'라는 명제는 초라하고 부질없는 말처럼 들린다.

그런 점에서 심리적 유형론은 공감을 가로막는 적폐가 되기도 한다. 사람을 어느 특정 유형으로 바라보는 일반화의 시선은 그가 어떤 존재인지를 모르게 한다. 그 시선으로는 절대 개별적 존재의 그를 만날 수 없다.

외형적 조건은 사람의 한 부분일 뿐

사회 활동 한번 못하고 아이만 키우다 세월을 다 보냈다며 자기를 낮춰 말하는 주부에게 당신은 차별적 시선을 가진 사람일지 모른다고 말한 적이 있다. 그런 이유로 자신을 도매금으로 평가하는 걸 보면 그와 반대로 근사한 직업, 번듯한 사회 활동을 한 여성은 무조건 우러러볼 거 아니냐고 말이다. 외형적인 조건에 휘둘려 한 존재의 개별성에 주목하는 일을 게을리 하면 본의 아니게 타인에게뿐 아니라 자신에게도 폭력자가 된다.

명문대를 졸업하고 수재들만 통과한다는 국가고시에 합격한 사람 중에도 어리석고 무지하고 비합리적인 사람이 얼마나 많은가. 정치인, 유명 인사들을 떠올려봐도 금방 알 수 있는 사실이다.

그런데 이런 실제 증거들이 널려 있음에도 그것이 우리 인식에는 좀처럼 반영되지 않는다. 실제와 인식 사이의 거리가 좀처럼 좁혀지지 않는다는 말이다. S대를 나왔다면, 사법고시를 패스한 사람이라면, 돈을 그렇게 많이 벌었다면 여전히 다시 쳐다본다. 나와는 뭔가 다른 사람일 거라 여긴다. 물론 그렇지 않다.

학력이나 지위, 자격증이나 재산 규모 등 외적 조건과 환경에 의해 규정되는 영역은 항상 그 사람의 한 부분이다. 사람은 그보다 더 크고 복잡한 여러 부분들로 이루어진 존재다. 몇 가지 조건에 의해 전체를 예측하고 가늠할 수 있는 존재가 아니다. 장갑 낀 손을 보고 그의 손과 손가락의 섬세한 형태를 알 수 없는 것과 같다. 손모아장갑이라면 더더욱 그렇다.

문 대통령 부부의 해외 순방 일정 중에 영부인의 머리를 만져줬다는 교포 미용사가 인터뷰 중에 영부인의 머리를 만져주던 사흘간 너무 많이 떨리고 긴장했다는 얘기를 했다. 그녀의 마음이 이해가 되면서도 의아하다. 그녀는 왜 그렇게 긴장했을까.

영부인 김정숙 여사는 평소 소탈하기로 정평이 났고 대선 직전까지 작은 빌라에서 살던 우리의 소박한 이웃이었다. 청와대 살림을 하면서도 이전과 별로 달라지지 않았다는 평가를 받는다. 부엌에서 음식도 하고 혼자 머리를 다듬고 남편을 살뜰히 보듬고 챙기면서 혼자 있는 시간에는 열심히 책을 읽는 그런 분이다. 그런 사실이 많이 알려졌지만 그래도 막상 영부인 앞에 서면 떨게 된다는 것이다.

알고 있는 사실이 자신의 행동까지는 영향을 주지 못하는 불일치가 일어난다. 영부인이라는 아우라에 주눅이 들고 압도되어서다. 개별적인 한 존재로서 김정숙이란 사람이 어떤 사람인 줄 알아도 영부인이라는 아우라가 더해지면 거기에 압도되는 것이다.

자기가 자기를 잃어버리기 전에

조용필 팬클럽 회장이 가수 조용필을 만났을 때 조용필이란 사람 자체를 만나는 건 쉽지 않을 것이다. 슈퍼스타급 연예인들이 예외 없이 외롭게 사는 이유도 자기를 자기로 봐주는 사람을 점점 잃어버리기 때문이다. 마침내 자기도 자기 존재 자체를 확인하기가 어렵게 되고 그런 과정 속에서 자기에 대한 감각을 잃는다.

결국 자기도 자기를 잃어버리는 것이다. 그로 인한 허무와 혼돈이 얼마나 큰지 다른 사람에게 말해도 잘 공감받지 못한다. 사람들은 그들이 소유하고 획득한 무엇에 더 큰 의미를 부여하기 때문이다. 아무리 혼돈스러워도 그런 큰 집에서 한번 헤매보면 좋겠다, 아무리 허무해도 그렇게 원 없이 한번 살아보면 좋겠다고 생각한다. 그들이 획득한 무엇들이 실제 이상의 가치를 가지고 그것에 의해 이상화, 우상화되면서 정작 스타 연예인의 자기 존재성은 더욱 소외되고 배제된다.

한류 스타인 정상급 여배우는 엄청난 인기와 막대한 부를 함께 얻었다. 그녀 덕분에 생활 형편이 확 달라진 엄마는 예전처럼 딸에게 잔소리를 못하고 오히려 눈치를 본다. 그녀의 오빠도 여동생의 지원 덕분에 유학 생활 중이라 예전의 그 오빠가 아니다. 스타가 된 그녀는 밖에서뿐 아니라 자기 집에서도 연예인이다. 가족 안의 그런 미묘한 변화 속에 그녀는 딸도 동생도 아닌 낯선 존재가 되어간다.

그녀는 집에서 혼자 TV채널을 돌리다가 자신이 나오는 드라마를 보게 되면 이상한 느낌이 든다고 했다. 세수도 안 하고 후줄근한 트레이닝복 차림의 그녀는 TV 속 매력 폭발 직전의 또다른 자기를 보면서 비현실적인 느낌을 갖는다. 어떨 땐 TV 속의 자기와 앉아서 그걸 바라보고 있는 자기 중에 '누가 진짜 나인가' 생각하기도 한다. 세상 사람에게 연예인인 그녀는 점차 가족에게도 마지막에는 자기 자신에게도 연예인이 된다. 자기가 사라진 곳에는 두려움이 자리를 잡는다.

누군가를 이상화하는 건 상대방을 슈퍼 울트라 갑으로 밀어올리는 동시에 자신은 한없이 미미하고 하찮은 존재로 구겨버리는 일이다. 떠받들려지는 사람이나 떠받드는 사람 모두에게 '자기'를 박탈한다. 모두가 '자기'에 치명상을 입는다.

공감은 들어주는 방법론의 문제가 아니다. 한 사람의 외형적 무엇에 압도되지 않을 수 있는 힘이 있을 때 가능한 일이다.

누구나 한결같이 공감받고 공감하며 살길 원하면서도

막상 그렇게 살기 힘든 건

공감까지 가는 길목에서 여러 허들을 만나기 때문이다.

그 허들을 잘 넘어야 마침내 공감에 도달할 수 있다.

그토록 원하는 공감받고 공감하는 삶을 살기 위해선

허들의 실체를 알아야 한다.

대표적인 허들이 감정에 대한 통념이다.

역할에 충실한 관계란

'모름지기 주부란, 아내란, 엄마란, 며느리란 이러이러해야 한다.

모름지기 가장이란, 아빠란, 아들이란, 사위란 이러이러해야 한다'는

집단 사고에 충실한 삶이다.

역할 놀이 중인 삶이다.

이런 삶, 이런 관계 속에서

상대가 누군지, 나는 어떤 존재인지 알 수 없는 건 당연하다.

내 심리적 S라인이 드러나지 않는 삶이다.

사랑하는 사람과 살면서 한 번도 그의 속살을 본 적이 없는 삶이다.

6장

공감 실전

어떻게 그 '한 사람'이
될 수 있을까

진심으로
궁금해야
질문이 나온다

공감 워크숍 중에 40대 여성 참가자의 편지를 받았다.

자기 속마음이 뭔지 잘 모르는 것 같아서 너무 답답합니다. 옆에서 그 마음을 어디까지 공감해야 하는 건지, 지친다는 생각을 할 때가 많습니다. 제 아들 애깁니다. 고3 아들이 여름 방학 동안에 집에서 자습을 한다며 학교 보충 수업을 안 갔습니다. 개학 후 학교에 간 아들은 자신이 애지중지 돌보던 곤충이 죽은 것을 보고 심하게 슬퍼했습니다. 곤충 관리를 부탁하고 맡겼던 친구에게 살인자라는 표현을 써가며 책임을 추궁했답니다. 그렇지만 한낱 벌레의 죽음에 과도하게 반응하는 아들을 두고 반 아이들은 신경과민이라고 놀렸나 봅니다.

제 아들은 아무도 공감해 주지 않으니 모든 친구들과 불편한 관계가 되어 학교를 그만두고 싶다고 했습니다. 저는 아이와 함께 곤충의 죽음을 슬퍼하면서 무심한 반 친구들을 성토하며 아이의 마음을 달래주었습니다. 1~2주 시간이 흘러도 아이의 슬픔은 가라앉지 않고 점점 더 심해졌습니다.

제 생각에는 대학 입시라는 부담감과 마음을 나누는 사람이 없는 교실 환경 등이 아이를 더 옥죄는 것 같았습니다. 평소에도 친구가 없다고 생각하는 아이는 자신의 마음이 왜 그런 것인지 보는 것조차 두려워하는 것 같았습니다.

"시험 때는 네가 원래 그렇게 예민해. 평소에도 친구들과 문제가 있으니 그런 것 아니냐"라는 말을 하고 싶었지만 할 수 없었습니다. "방학이라고 그렇게 아낀다는 곤충을 팽개치고 친구한테 맡긴 거니까 결과에 대해서 본인도 어느 정도 책임이 있지 않을까?" 하는 말도 물론 할 수 없었고요. 아이는 친구가 죽인 거라고 했지만 사실 한여름 무더위에 교실에 방치된 곤충이 살아 있기는 힘든 일인 것 같습니다.

아이만큼 슬프지 않은 저는 3주째가 넘어가자 조바심이 나기 시작했습니다. 그래서 "다른 사람들은 곤충의 죽음을 너만큼 슬퍼하지는 않는다"는 객관적인 말을 했다가 아이의 신뢰를 잃고 생명을 내팽개치는 엄마로 찍혔습니다. 서운했지만 다시 마음을 추슬러 아이와 함께 곤충의 죽음을 애도했습니다. 한 달이 넘어가자 아이는 서서히 진정이 됐고 무사히 졸업을 했습니다.

그때 아들의 마음이 진정되긴 했지만 제가 제대로 공감한 것 같지는 않습니다. 왜 그렇게 슬픈지 아무리 물어도 "생명이 죽은 게 안 슬프냐"

고만 하는 아들에게 제가 뭘 더 물었어야 했는지, 어떻게 했어야 아이가 진짜 자기 속마음을 꺼내 놓았을지 아직도 잘 모르겠습니다.

　아들이 자기 마음이 편할 때는 시험에 대한 두려움이나 친구들한테 배제된 느낌 등을 제게 표현하고 속마음을 나누기도 합니다. 그런데 뭔가 비합리적인 분노와 슬픔 속에서 계속 같은 말을 되풀이할 때는 어떻게 공감을 해줘야 하는지 정말 모르겠습니다. 나중에라도 이 건에 관해서 더 깊은 속마음을 물어야 하는 건지 묻는다면 어떻게 물어야 하는지 궁금합니다.

이런 엄마가 있을까 싶을 만큼 애를 쓴 엄마의 모습이 느껴졌다. 윽박지르지 않고 쓸데없는 짓을 한다고 얘기하지 않고 견디고 기다려주는 엄마의 모습이 특별했다. 엄마의 진심이 그대로 느껴져서 읽다가 울컥할 정도였다. 그녀의 마음속에 아직도 고스란히 남아 있는 그 몇 달이 얼마나 뜨겁고 곤혹스러웠을까 생생하게 와 닿았다. 그것과 별개로 나는 그녀에게 공감이란 이해할 수 없는 일에 무조건 끄덕여주는 것이 아니라고 말했다.

자기 결론이 담긴 질문을 하고 있지 않나

그렇다면 이렇게 감정이 예민하고 섬세한 아이와는 어떤 방식으로 소통할 수 있고 공감할 수 있을까. 아이를 공감하기 전에 엄마 속이 먼저 재가 돼버리는 건 아닐까. 누군가를 공감하기 위해 누가 재가 돼버리는 것은 공감이 아니라 감정 노동이다. 공감을 잘못 이해하면 그렇게 탈진만 한다.

공감은 한 사람의 희생을 바탕으로 이뤄지는 것이 아니다. 공감은 너도 있지만 나도 있다는 전제에서 시작되는 감정적 교류다. 공감은 둘 다 자유로워지고 홀가분해지는 황금분할 지점을 찾는 과정이다. 누구도 희생하지 않아야 제대로 된 공감이다.

그녀는 편지 첫머리에서 "어디까지 공감해야 하는지 지친다는 생각을 할 때가 많습니다"라고 했다. 안갯속에 있는 느낌이었나 보다. 자신은 탈진할 만큼 애를 써가며 씨름을 하는데 아이의 마음이나 상태, 상황이 딱히 손에 잡히지 않고 이해가 되지 않으니 안갯속에 갇힌 사람처럼 막막한 상태라고 느껴질 수밖에.

잘 모를 때는 아는 척 끄덕끄덕하지 말고 더 물어야 한다. 이해되지 않는 걸 수용하고 공감하려 애쓰는 건 공감에 대한 강박이지 공감이 아니다. 에너지 소모만 엄청나다. 그렇게 계속 버티기는 어렵다. 본인이 이해할 수 없는 일을 무슨 수로 공감하나.

그런데 엄마가 아이에게 물어볼 생각을 하지 못했던 이유가 있었던 것 같다. 그녀는 "대학 입시라는 부담감, 마음을 나누는 사람이 없는 교실 환경 등이 아이를 더 옥죄는 것 같았는데, 평소에도 친구가 없다고 생각하는 아이는 자신의 마음이 왜 그런 것인지 보는 것조차 두려워하는 것 같았습니다"라고 진단했다.

엄마는 아들이 그렇게 까탈을 부리는 이유가 입시에 대한 부담과 친구가 제대로 없는 학교생활 등에 있다고 이미 판단을 내리고 있는 것이다. 아이에게 물어보지 않은 것은 물어볼 필요가 없다고 생각해서일지 모른다. 이 사태에 대한 엄마로서의 진단이 이미 내려진 상태다.

공감을 이끌어내는 질문을 잘 습득하게 되면 적절한 질문을 던질 것 같지만 실제로 그렇게 되지 않는다. 공감에 대한 관념적이고 이론적 공부가 일상에 적용되지 않는 것도 그래서다. 적절한 질문을 몰라서 못하는 게 아니다. 궁금해야 질문이 나온다. 궁금하려면 내가 내린 진단과 판단이 전부가 아닐 수 있다는 생각의 틈이 있어야 한다.

내 판단과 생각도 있지만 아들의 마음과 판단도 별개로 있다. 아들의 생각과 마음도 있다는 것을 인정해야 내 안에 아들 몫의 틈이 생긴다. 그래야 아들의 마음에 대한 궁금증이 생기고 그래야 비로소 질문을 던지게 된다. 궁금하지 않은데 질문을 할 수는 없다. 이 경우 아들에게 묻지 않고 안갯속에서 빠져나올 방법은 없다.

관계란 것은 상대가 있는 게임이다. 홀로 모든 것을 파악할 수 없다. 내가 전부가 아닌, 나도 있고 너도 있는 판이기 때문이다. 결론을 이미 갖고 있던 그녀가 고심 끝에 던진 질문(혹은 던지고 싶었던 질문)들은 궁금해서 던진 질문이라기보다 자기 결론을 은연중에 전달하려는 의도가 담긴 '질문 형식의 조언이나 계몽'이었다.

그녀는 엄마로서 특별하다 할 만큼 애를 많이 썼다. 하지만 그 수고가 아이의 마음과 상황을 알아가면서 자연스럽게 공감하는 지경까지 이르지 못했다. 자기가 이미 내린 결론을 숨긴 채 그렇지 않은 것처럼 방어하면서 얘기를 이어가느라 에너지 소모가 엄청났다. 지칠 수밖에 없다.

아들 여자친구에 대해서 물어보듯이

내 결론이 전부라는 생각만 하지 않는다면 궁금한 게 많고 물어보고 싶은 질문도 넘칠 것이다.

"그 곤충 어디서 데리고 온 거니?"

"네가 그렇게 슬퍼하는 걸 보니 너한테는 아주 특별한 애였나 보다, 그렇지?"

곤충이 아들에게 어떤 존재인지, 어떤 사연, 어떤 인연으로 만난 생명인 건지 물어보면 좋을 것 같다. 그러면 곤충 얘기를 통해 자연스럽게 아들 자신의 상태, 마음, 상황 등에 관한 얘기로 연결될 것이다.

"그 곤충에게 이름을 지어줬니? (있다면) 이름이 뭐니?"

"어떻게 생겼니, 뭐랑 닮았니? 어디가 그렇게 맘에 드니?"

아들이 아끼던 곤충이었으니 궁금할 것이다. 아들이 만나는 여자친구가 있다면 물어봤을 법한 질문들이다. 사실 엄마가 아들에게 여자친구에 대해서 물어보는 이유도 여자친구 자체가 궁금해서라기보다 아들의 마음이 궁금해서인 경우가 더 많다. 아들의 취향이나 선호가 궁금하고 아들이 어떤 미래를 꿈꾸는지 알고 싶어서다. 마찬가지다.

아들에게 소중했던 곤충에 대해 관심을 가지고 구체적인 정보를 공유하다 보면 아들은 곤충에 대해 그렇게 민감한 자기 마음에 대해서 자연스럽게 말하게 될 것이다. 엄마도 얘길 듣다 보면 아들에게 그 벌레가 그냥 벌레가 아닌 이유를 알게 된다. 아이의 슬픈 마음을 전부는 납득 못해도 조금 더 공감할 수 있다.

"너한테 그런 애였구나. 그랬구나. 그렇게 소중한 애를 잃은 건데 친구들이 너를 신경과민이라고 했던 거구나. 제대로 알지도 못하면서 친구들이 그런 막말을 했구나. 그때 네 맘은 어땠는데?"

그렇게 아들에게 물어주면 좋을 것이다.

고름이 가득한 상처를 소독한 바늘로 터뜨리듯이 "그때 네 맘은 어땠는데?"라는 엄마의 질문은 슬픔과 분노로 가득찬 아들의 마음에서 고름을 터뜨리는 질문일 수 있다. 누르고 눌러놓았던 속마음을 쏟아놓을 수 있을 것이다. 그러면 엄마의 마음은 애쓰지 않아도 아들 마음에 스미게 된다.

엄마가 이해한 아들의 마음을 아들에게 다시 거울처럼 비춰주면 된다. "그 곤충은 그냥 벌레가 아니라 우리 아들의 베프였구나" "벌레 한 마리가 죽은 게 아니라 너는 친구를 잃은 거구나" "그런 애를 친구에게 맡긴 걸 후회하니, 아니면 죄책감이 드니?" 하고 물으면 아들과 또다른 긴 얘기를 하게 될 것이다.

공감은 내 생각, 내 마음도 있지만 상대의 생각과 마음도 있다는 전제하에 시작한다. 상대방이 깊숙이 있는 자기 마음을 꺼내기 전엔 그의 생각과 마음을 나는 알 수 없다는 데서 시작하는 것이 관계의 시작이고 공감의 바탕이다.

2

상대방과
똑같은 감정을
느끼지 않아도 괜찮다

곤충 베프를 둔 아이 엄마가 보낸 편지 중에 이런 대목이 있다.

"3주쯤 지난 후 '다른 사람들은 곤충의 죽음을 너만큼 슬퍼하지는 않는다'는 말을 아들에게 했다가 아이의 신뢰를 잃고 생명을 내팽개치는 엄마로 찍혔습니다."

상대방의 감정과 똑같이 느끼는 것이 공감인가. 공감을 잘한다는 건 상대와 똑같은 감정을 느끼는 상태까지 가야 하는 것인가. 아니다. 공감은 똑같이 느끼는 상태가 아니라 상대가 가지는 감정이나 느낌이 그럴 수 있겠다고 기꺼이 수용되고 이해되는 상태다. 그 상태가 되면 상대방 감정결에 바짝 다가가서 그 느낌을 더 잘 알고 끄덕이게 된다. 상대와 같은 감정을 느끼게 되는 경우도 있지만 안 되는 경우도 있다. 상관없다.

같은 감정을 느껴야만 공감이 아니다. "엄마는 그래본 적이 없지만 너는 지금 친구가 죽은 것처럼 슬픈 거구나, 그런 정도였구나" 그렇게 말하면 된다. 엄마와 아들도 각자 개별적 존재들이라서 서로가 느끼는 감정은 당연히 다르다. 엄마가 아들이 느끼는 감정을 이상한 것으로 취급하지 않고 인정해 주는 느낌을 아들에게 전달할 수만 있으면 된다. 그게 공감이다.

다르게 느끼더라도 기꺼이 이해하고 수용하는 것

세월호에 탔다가 희생된 학생 A와 세 살 때부터 같은 빌라의 위아래 층에서 살며 같이 놀고 자란 B가 있다. B는 세월호 사고 후 몇 년이 지났지만 여전히 A가 그립다는 얘기를 하며 눈물을 흘렸다.

B: A가 사고를 당하지만 않았으면 그냥 "우리 내일 어디서 만나자" 할 수 있는데 지금은 "꿈에 나와줘. 꿈에서라도 만나자"는 말을 자주 해요. 그게 너무 속상해요. 너무너무 보고 싶어요.

나: 그렇구나. 얼마나 보고 싶은 거니?

B: 만약 지금 죽어서 A를 볼 수 있다면 죽어서라도 A를 보러 가고 싶어요. 너무 소중해요.

나: 아……, 그런 정도였구나. 그렇게나 보고 싶었구나.

마지막 내 반응에 주목하자. 나는 그때 B에게 "그렇겠구나. 친구니까 당연히 그런 맘이 들겠네"라며 나도 네 마음이 그럴 것이라고 믿어 의심치 않았다는 듯 말하지 않았다. 나도 네 마음과 똑같다고 말하지 않았다.

실제로 나는 B가 그렇게까지 힘들고 슬퍼할 줄 짐작하지 못했다. 그래서 나는 "아……, 그런 정도였구나. 그렇게나 보고 싶었구나"라고 반응했다. "나는 네가 그 정도까지 슬프고 그리워할지는 짐작도 못했어. 그런데 너는 그런 정도였구나. 그랬구나"라고 말한 것이다.

그때 내가 아이와 똑같은 감정을 느끼지 못했다면 공감이 아닌가. 공감이다. "나는 미처 몰랐지만 너는 그랬구나, 그랬었구나" 하고 아이의 그 마음을 받아안는 것, 그것을 바탕으로 아이의 존재 전체를 이해하고 인정하는 것이 공감이다.

모든 인간은 각각 개별적 존재, 모두가 서로 다른 유일한 존재들이다. 똑같은 상황에서도 같은 감정을 갖지 않는다. 다르다. 그러므로 공감한다는 것은 네가 느끼는 것을 부정하거나 있을 수 없는 일, 비합리적인 일이라고 함부로 규정하지 않고 밀어내지 않는 것이다. 관심을 갖고 그의 속마음을 알 때까지 끝까지 집중해서 물어봐 주고 끝까지 이해하려는 태도 그 자체다. 그것이 공감적 태도다. 공감적 태도가 공감이다. 그 태도는 상대방을 안전하게 느끼게 하고 믿게 하고 자기 마음을 더 열게 만든다.

3

'나'에 대한 공감이
타인 공감보다 먼저

아들의 곤충 때문에 한바탕 전투를 치른 그녀와 긴 얘기를 하고 일주일이 지난 후 두 번째 편지를 받았다. 거기에는 한 주 동안 아이와 나눴던 얘기들, 지난날 엄마로서 아들에게 더 깊이 공감하지 못했던 것에 대한 사과와 그 이후에 아들과 했던 얘기들이 빼곡히 들어 있었다. 아이가 울면서 고맙다고 했던 얘기, 아이와 대학 생활에서의 고민들을 함께 나눈 얘기들도 있었다. 나는 그 내용보다 그녀 자신에 대한 이런 이야기가 더 많이 마음에 와 닿았다.

아들은 무척 예민한 편이라 다른 사람에게 공감을 잘 받지 못하고 유난하다는 말을 자주 들었습니다. 사람들과 잘 섞이지 못하는 게 안타깝고 그러다 보면 친구도 사귀지 못할 거 같아서 저도 모르게 자꾸

"너 자신을 남에게 좀 맞춰줘야 된다"는 조언을 했습니다. 그래서 아들이 친구들하고 갈등을 겪을 때도 네가 맞추어야 그게 네가 편히 지내는 길이라고 아이를 몰았던 거 같습니다.

늘 그러지 말자고 다짐하지만 아이의 그런 모습이 저랑 많이 닮았습니다. 저의 그런 면 때문에 저도 지금까지 외롭게 지내온 거 아닌가 하는 생각이 늘 있습니다. 그래서 자꾸 아이 편이 아니고 남의 편을 들게 됩니다. 아이에게 제 마음을 있는 그대로 말했습니다. 이유가 어쨌든 늘 너의 편이 되지 못해서 미안하다고. 아이가 울면서 고맙다고, 이제는 괜찮다고 말했습니다.

누군가의 속마음에 깊이 주목하고 귀 기울이기 시작하면 반드시 자기 내면의 여러 마음들이 떠오른다. 타인에게 귀 기울이는 사람에게 찾아오는 고통이자 축복이다. 자기 내면을 알 수 있고 치유할 수 있는 기회라서 축복이고 힘들어지고 혼란스러워지는 과정을 거쳐야 해서 고통이다. 그녀도 아들을 이해하기 위해 깊이 고민하던 끝에 자기를 만난 것이다.

타인을 공감하는 일보다 어려운 것

하지만 내 성격 때문에 내가 그동안 외롭게 살았다, 그래서 나를 닮은 아들을 다그치게 된 것 같다는 생각에 나는 절반만 동의한다.

그녀가 외롭게 산 것은 예민한 성격 때문이 아니라 예민한 성격을 잘못된 성격, 좋지 못한 특성이라 규정당하고 공감받지 못한 채 위축돼서 살아서다. 그렇지 않았다면 예민하면서도 당당하게 잘 살았을 것이다.

본인의 성격과 외롭게 살아온 자기 삶이 밀접한 관계가 있을 것이라는 자가 진단은 자기를 닮은 아들에 대한 불안으로 확장되었다. 아이가 겪는 갈등이나 어려움들도 웬만하면 다 그 성격 때문으로 규정했다. 그래서 그렇게도 공감적인 그녀가 아들과 대화를 할 때는 안갯속을 헤매는 사람처럼 비틀거리고 제대로 된 시작조차 못하고 답답했던 것이다.

아들의 얘기가 엄마 자신의 얘기로 번졌고 엄마의 성격은 다시 또 아들의 성격 이야기로 번졌다. 아들을 공감하기 위해 시작된 고민은 자신이 공감받지 못했던 지난 세월에 대한 이야기로 넘어갔다.

누군가의 속마음을 듣다 자기를 만나면 버선발로 뛰어나가서 반겨야 한다. 내 지난 세월을 누군가에게 다시 이야기하는 과정을 통해서 나도 동시에 공감받을 수 있어야 한다. 그러지 않으면 아들 얘기를 한다지만 실은 계속 자기 얘기를 하게 된다. 아들 걱정을 한다지만 사실은 지난 시절 자신의 상처와 불안, 회한을 무한 반복하게 된다.

내 문제가 해결되지 않으면 아들을 제대로 이해하고 만날 수 없다. 자기 모습만을 무한 투사하며 불안해하게 된다. 이미 아들과는 관계가 없는 일이 된다. 내 상처 속에 매몰돼서다.

너를 공감하는 일과 내가 공감받고 싶은 일이 있을 땐 항상 내가 공감받는 일이 먼저다. 내가 공감받아야 비로소 왜곡되지 않은 시선으로 너를 제대로 공감할 수 있다.

타인을 공감하는 일보다 더 어려운 것은 자신을 공감하는 일이다. 자신이 공감받아야 한다는 사실을 인정하는 것이다. 타인에게 공감하는 일은 감정 노동이든 아니든 공감하는 시늉이라도 할 수 있다. 하지만 자기를 공감하는 일은 시늉할 수 없다. 남들은 몰라도 자기를 속일 방법은 없다.

누구든 타인을 공감하는 과정에서 자신의 문제가 자극돼 떠오르고 뒤섞이면 혼란에 빠진다. 그때의 혼란은 자기 치유와 내면의 성숙을 위한 통과 의례 같은 반가운 혼란이다. 어떤 종류이든 혼란은 힘들다. 에너지 소모가 극심해서다. 그럼에도 나에 대한 혼란은 반가운 손님이다. 꽃 본 듯 반겨야 한다. 그 혼란에 주목하고 집중해야 한다.

요구하고 기대하는 마음 없이

워크숍 이후 엄마와 아들은 많은 얘기를 나눴다고 했다. 아들이 엄마에게 툭 던졌다.

"나는 왜 이렇게 사는 게 재미가 없는지 모르겠어."
"그렇구나. 요즘 재미가 없구나. 그래서 요즘 우리 아들이 시들시들했
  구나."

→ 아들의 마음을 있는 그대로 수용해 줬다. 해석하거나 판단하지 않고 조언이나 계몽도 하지 않았다. 아이의 마음을 있는 그대로 거울처럼 비춰줬다. 참 좋다.

"오늘은 어땠는데?"

→ 아들의 일상을 구체적으로 물었다.

"오늘도 그저 그랬어. 맨날 그래."

"그렇구나. 음. 재미가 없는 모양이구나."

→ 여전히 엄마가 아이를 채근하지 않는다. 아이의 감정선을 같은 라인에서 제자리 뛰기 하며 함께 호흡하고 있는 것 같아 보인다. 끌고 나가지 않고 함께 제자리에 있어 줘서 좋다.

"오늘은 누구 만났는데?"

"A랑 그냥 게임했어."

"게임은 재밌었어?"

그날 그녀는 아들과 그냥 수다를 떨었다고 했다. 좋은 시간이 분명하다.

공감을 잘하기 위해서 어떤 질문을 하는 게 좋을까 고민할 필요가 없다. 좋은 질문은 따로 있지 않다. 아이의 대답에 집중하고 궁금해하는 태도가 어떤 좋은 질문보다 더 좋다. 그 태도가 더 공감적이고 치유적이다.

엄마가 내게 무엇을 요구하고 기대하는 마음 없이 여유 있게 내 존재 자체에만 관심을 갖고 주목하고 있다는 느낌은 아이의 입장에서 더할 수 없이 안전하고 편안하다. 엄마의 그런 태도는 아들이 자기 말을 계속할 수 있게 하는 힘을 준다. 사람과 사람 사이에서 할 수 있는 최선의 공감이 그것이다. 아이에게도 배우자에게도 사회적 관계의 누군가에게도 똑같이 적용되는 원리다.

4

상처받은 아이에게
온 체중을 실어
사과하기

공감 워크숍에서 여성 S가 편지로 자신이 어떻게 해야 할지 물어왔다.

딸아이는 중학교 3학년이에요. 경계선 지능으로 장애 3급입니다. 딸아이는 학교에서 같은 담임 선생님과 3년째 생활하고 있습니다. 얼마 전 중3 수학여행을 아이와 함께 1박 2일로 다녀왔습니다. 이틀 동안 선생님은 A 학생의 손을 거의 자석처럼 붙들고 다니더군요. 칭찬은 물론 물까지 떠먹여주었습니다. A 학생은 여느 학생들과 똑같이 건강한 신체를 가졌고 돌발 행동을 하는 것도 아니고 오히려 다른 학생들보다 순하고 얌전했습니다.

수학여행 이틀 동안 예전에 딸아이가 했던 말들이 떠올랐습니다.

6장 공감 실전_어떻게 그 '한 사람'이 될 수 있을까 2876장 공감 실전_어떻게 그 '한 사람'이 될 수 있을까 287

"선생님은 A 손만 잡고 다녀. 우리를 차별해."

저는 대수롭지 않게 생각했고 오히려 선생님을 두둔했습니다. 그런데 수학여행 가서 이틀 동안 직접 눈으로 확인하니 화가 치솟았습니다. A라는 학생을 특별하게 돌봐야 할 무슨 이유가 있는지 알아봤지만 없는 것 같았습니다. 선생님의 차별에 엄마의 무지함이 더해져 그간 딸아이가 느꼈을 상처가 목구멍을 칼로 찌르는 듯 아팠습니다.

얼마 전 딸아이가 지각을 하고 일기도 안 써왔다는 이유로 오매불망 기다리던 체험 학습을 혼자만 못 가는 벌을 받았습니다. 특수반 친구들은 다 갔는데 혼자서 일반 반에서 생활을 하고 온 그날 밤에 딸아이는 자다가 "악!" 소리를 지르며 악몽에 시달렸습니다. 그후로 말을 심하게 더듬었습니다. 사회성 훈련을 받던 소아 정신과에서 신경 안정제를 처방받아 두 달 보름 동안 먹었습니다.

그동안 말도 못하고 속앓이만 했을 딸아이가 떠올라 생각하면 가슴이 부르르 떨려옵니다. '내가 아이의 말과 감정을 무시한 게 아니었나? 우는 게 안쓰러워서 달래기에만 급급하지 않았나?' 미안하고 가슴이 쓰라립니다. 내 아이가 이렇게 선생님에게 차별 대우를 받고 상처받았다는 사실을 알았으니 제가 이제 부모로서 어떻게 해야 하나요. 배운 대로 내 느낌을 그대로 표현하는 게 맞을까요.

어떻게 대처해야 그간 상처받았을 아이가 편안해질까. 엄마의 죄책감과 화는 어떻게 표출하는 게 좋을까. 교사에게는 어떻게 대처를 해야 할까. 워크숍에 참석한 사람들의 의견이 분분했다.

1. 사실을 확인했으니 교사를 찾아가 왜 부당하게 학생들을 대했는지 묻고 따져봐야 할 것 같다.

   → 그런데 혹시나 아이가 더 불이익을 당하지는 않을까.

2. 교사를 신뢰할 수 없으니 학교를 옮기는 게 현명하지 않을까.

   → 그런데 아이가 원하지 않을 수도 있다. 친구와 헤어지는 게 쉬울까.

3. 그간 학교에서 받았던 상처에 대해 아이에게 느낀 대로 얘기를 해보라고 하겠다. 아팠던 얘기를 자세하게 들어주는 게 좋겠다.

   → 아픈 얘기를 끄집어내서 아이가 다시 악몽에 시달리거나 더 심한 고통을 겪으면 어쩌지.

4. 먼저 엄마의 잘못을 사과해야 한다.

   → 사과하면 엄마 마음은 가벼워질지 모르지만 아이에게 엄마에 대한 신뢰를 잃지 않을까. 나중에 다른 문제가 생기면 다시 엄마 탓으로 돌리지 않을까. 부모의 권위가 손상돼서 앞으로 부모의 말이 아이한테 먹히지 않으면 어떡하나.

엄마가 2차 가해자가 되지 않으려면

우선 가장 먼저 보호하고 돌봐야 할 대상이 누구인지 그것부터 생각해야 한다. 딸, 교사(와 학교), 나. 당연히 딸에게 가장 먼저 주목해야 한다. 딸은 미성년자고 장애가 있고 피해자다. 엄마의 죄책감이나 교사 문제는 그 다음이다.

무엇보다 엄마가 아이에게 먼저 사과해야 한다.

"엄마가 직접 보니까 알겠더라. 그때 네가 한 말이 다 맞았어. 그때 네 말을 믿지 못하고 선생님 편만 들어서 미안해. 엄마가 정말 미안해."

충분히 사과하고 난 후에 "그동안 학교 다니면서 네 마음은 어땠니?"라고 묻기 시작해야 아이가 자기 마음을 말할 수 있다.

"엄마가 보니까 네 말이 맞는 것 같았어. 선생님이 걔만 예뻐할 때 너는 어땠니?"

대답을 잘 못하면 더 구체적으로 물어봐 줘야 한다.

"(친구 A나 선생님한테) 어떻게 해주고 싶었니? 걔가 미웠어? 때려주고 싶진 않았어?"

더 구체적으로 물어봐도 된다.

그런 나쁜(?) 질문을 하는 건 '네가 해코지하고 싶은 마음이 들었어도 괜찮아. 그만큼 네가 힘들고 억울했겠다'는 걸 엄마가 알아준다는 의미다. 엄마가 그런 마음이라는 걸 아이에게 알려주는 것이다.

그간 아이의 마음속에 엄마는 실질적인 2차 가해자로 자리매김하고 있을지도 모른다. 아이가 상처를 말했을 때 자세히 묻지 않고 일방적으로 선생님 편을 들었기 때문이다. 그랬다면 선생님에게 받은 상처보다 엄마에게 받은 상처가 더 아팠을 것이다. 이것을 해결하지 않고 선생님에게 받은 상처부터 얘기하라고 하는 건 가장 중요한 문제를 외면하고 건너뛰는 행위다.

그래서 엄마의 사과가 먼저다. 꼭 필요하다. 사과도 그냥 사과가 아니라 '온 체중을 실어' 사과해야 한다. 그래야 아이가 다시 자기 마음을 열고 얘기를 시작할 수 있다.

엄마의 질문은 그래서 나쁜 질문이 아니라 적극적이고 의도적인 정서적 부추김이다. 네가 어떤 나쁜 상상을 했어도 이제 엄마는 그 마음을 알 것 같다는 수용이다. 이해하고 지지한다는 뒤늦은 응원이다.

벌을 받아 일반 반에 가서 종일 있었던 날 밤에 아이가 악몽을 꾸었고 소아 정신과를 다시 찾아가게 되었다고 했다. 그날 일반 반에서 아이에게 어떤 일이 있었는지 더 구체적으로 물어봐 줘야 한다. 자세히 묻고 듣다가 궁금하면 더 자세히 묻고. 몰랐던 일, 몰랐던 아이의 감정이 나오면 "그랬구나, 네가 그때 엄마에게 말했던 건데 내가 무시했었구나" 다시 사과하고 또 인정하고. 그렇게 묻고 또 물어야 한다.

그 과정은 아이의 존재 자체에 엄마의 눈길을 비로소 포개는 행위다. "내가 너에게 주목하고 있고 함께 마음을 쓰고 있고 네 마음과 내 마음이 함께 움직이고 있다"는 표현이다. 이런 때는 질문이 곧 메시지다. 뭔가 있어 보이는 얘기를 해주고 충조평판을 날리는 것이 메시지가 아니다. 그런 때의 충조평판은 이런 절박한 메시지들이 전달되는 걸 방해하는 걸림돌이다.

상처보다 주위 사람들의 거부가 더 아프다

'아팠던 얘기를 다시 하는 것은 고통을 다시 떠올리게 해서 당사자를 더 힘들게 하는 일이다.' 사람들이 흔히 하는 생각이다. 정설로 믿는다. 아니다. 아이도 예전에 상처받았을 때 그 사실을 엄마에게 말했다. 엄마는 몰랐겠지만 엄마에게 거부당해서 얘기를 더 할 수 없었을 뿐이다.

상처를 떠올리고 말해서 힘든 게 아니라 내 상처가 거부당하는 느낌, 거부당할지도 모른다는 불안 때문에 아픈 것이다. 상처를 말하는 일이 더 큰 고통과 상처로 이어졌던 경험 때문에 힘든 것인데, 그걸 상처를 얘기하는 것이 당사자를 더 아프게 하는 것이라고 오판한다. 반복하자면 아팠던 얘기를 다시 꺼내는 게 고통스러운 것은 그 얘기가 외면당하고 공감받지 못해서다. 거기에 더해 내 고통이 충조평판의 대상으로 전락할 때다.

상처를 끄집어내는 것이 아파서 못 꺼내는 것이 아니라 꺼낸 고통 위에 소금이 뿌려졌던 경험이 상처를 꺼내지 못하게 한다. 그래서 이중 삼중으로 안전하다는 느낌이 들기 전까지 상처를 다시 꺼내기가 어렵다. 심약한 사람들만 그런 게 아니라 누구나 그렇다.

안전하다는 느낌만 있으면 상처받은 사람은 어떤 얘기보다도 그 얘기를 하고 싶어 한다. 자기 얘기를 잘 들어줄 것 같은 기미가 조금이라도 보이는 사람을 만나면 낯선 상황이나 낯선 사람이라도 어떤 식으로든 그 말을 꺼내는 경우가 많다. 이해받고 위로받고 싶어서다. 공감을 받고 털어내야만 머릿속에서 자기 상처가 반복적으로 떠오르는 '아픈 기억의 습격' 속의 삶에서 탈출할 수 있다는 걸 본능적으로 느껴서다.

딸에게 "이제 엄마는 그때 상처를 다시 주었던 그 엄마가 아니다"

라는 걸 적극 전달해야 한다. 그래야 치유가 시작될 수 있다.

상처를 얘기하면 더 큰 상처를 입게 된다는 것이 법칙으로 굳어지면 그 사람은 치유의 가능성에서 멀어지게 된다. 사람 자체에 대한 신뢰도 다 거둬들이는 상태가 된다. 사람을 결정적으로 무너뜨리는 건 원래의 상처 그 자체보다 그 상처에 대한 주위 사람들의 부정적인 반응을 통해 받는 2차 트라우마다. 1차 트라우마가 총을 맞은 것이라면 2차 트라우마는 확인 사살을 당하는 것이다.

사과에는 부작용이 없다

부모의 사과가 가져올 부작용에 대해 워크숍에 참석했던 많은 사람들이 걱정했다. 결론부터 말하자. 단언컨대 부작용 같은 거 없다. 부모 입장에서가 아니라 자식 입장에서 생각해 보면 금방 답이 나온다.

평생 자식을 고통스럽게 한 늙은 부모가 어느 날 자식에게 지난 과오에 대해 진심으로 사과를 한다면 자식은 어떤 마음이 들까. 어떤 부작용이 있겠는가. 그때부터 부모를 무시하거나 함부로 해도 되겠다는 생각이 들겠나. 아니면 나약해진 부모를 확인했으니까 그때부터 마음껏 부모를 우습게 보겠는가. 부모가 자신의 실수를 인정했으니 지금껏 받았던 상처와 고통이 떠오르면서 분노가 폭발하겠는가.

아니다. 정반대일 것이다. 눈물이 펑펑 흐를 것이다. 평생 원수였던 부모에게 고마운 마음이 들 것이다. 그 부모에게 처음으로 진심 어린 연민을 느끼게 될 것이다. 부모를 용서하고픈 마음이 들 것이다.

부모의 사과 한마디를 듣고 싶어서 평생 엇나가며 폭발하는 사람은 봤어도 사과를 받고 나서 엇나가는 사람은 본 적이 없다. 용서받기 어려울 만큼 심한 폭력을 휘둘렀던 부모라도 자식에게 진심으로 사과하면 자식은 마치 자존심이 없는 사람인가 싶을 정도로 마음을 돌린다. 부모에게 연민을 느끼고 깊은 위로를 받는다. 붙들려 있던 자신의 상처에서 그때서야 조금씩 풀려나기 시작한다. 진심 어린 사과란 그런 힘을 갖는다. 부작용은 전혀 없다. 부작용이 있을 거라는 건 오해다.

어른이 사과하면 아이 버릇이 나빠지지 않을까? 어른의 권위가 손상이 돼서 그 다음부터 얘기가 먹히지 않으면 어떡하지? 그런 추측도 부질없다. 게으르고 습관적인 생각이며 잘못된 생각이다. 온 체중을 실어 아이에게 사과해야 한다. 진심으로 사과해도 아무 문제가 없다.

엄마: "엄마가 진짜로 너한테 미안해."
딸: "엄마, 왜 그래. 괜찮아."
엄마: "아냐. 엄마가 오늘 진짜, 진짜 너무 화났어. 수학여행 갔다가 그런 모습을 보고서 그때 네가 얘기할 때 제대로 듣지 않은 게 너무 미안해. 숨이 막힐 정도로 화가 나고 미안해."

온 힘을 다해서 미안한 마음을 전달해야 한다. 어색하거나 당황해서 아이가 말을 돌리거나 피하려고 해도 그러지 않도록 하고 아이가 알아들었다고 느낄 때까지 엄마가 말해야 한다.

부모인 내가 자식을 사랑했다고 해서 사랑이 아니라 부모가 자신을 사랑하고 있다는 것을 아이가 느껴야 사랑이다. 사과도 마찬가지다. "난 사과했어"가 아니라 엄마인 내가 얼마나 미안해하고 가슴 아파하는지 아이가 느끼고 아이 마음에 스밀 때까지 해야 진짜 사과다. 제대로 못 알아듣는 것 같으면 붙들고 앉아서 다시 정확하게 사과해야 한다.

"엄마 맘이 이런 거야. 진짜야. 너한테 진짜 미안해."

사과한 이후에 아이에게 힘들었던 지난 일들을 그때부터 자세히 물을 수 있다. 물어야 한다. 그러면 아이 상처에 연고가 스미듯 치유가 시작된다. 똑같은 이치로 국가 폭력 피해자들에게도 국가 체면이 말이 아니라고 생각될 정도로 국가가 사과를 해야만 비로소 사회적 치유가 시작될 수 있다.

상황을 파악한 후 학교로 항의하러 바로 달려가는 것보다 더 중요한 것은 "너희 선생님에게 달려가서 따지고 싶을 만큼 엄마는 지금 화가 나. 선생님에게 참을 수 없을 만큼 화가 나. 선생님이 잘못했어. 네 잘못이 아니야"라고 아이에게 말해줘야 하는 것이다.

엄마의 이런 마음을 아이에게 빠르게 전달하는 것이 학교로 달려가서 현실적인 문제 해결을 하는 것보다 우선이고 더 강력하게 아이를 안정시킨다. 그러지 않고 엄마가 먼저 학교로 뛰어가면 아이 마음에 앞으로 학교생활에서 짐이 하나 더 얹혀지고 불안만 가중된다. 아이 마음을 먼저 보듬고 편안하게 하는 것에 우선 집중해야 한다.

그러면 그 다음 과정에서도 부작용이 없다.

아이가 편안해졌다면 학교에 문제 제기를 하거나 필요하다면 학교를 옮길 수도 있다. 그러나 엄마는 내 편이라는 느낌을 가진 아이와 엄마 사이에 안정적인 공감대가 있으면 그 다음에 생기는 힘든 과제들은 함께 겪으며 얼마든지 이겨낼 수 있다. 엄마와 아이 사이의 이런 '같은 편' 인식은 둘의 일상을 더 탄탄하고 편안하게 만든다. 그만큼 에너지도 비축된다.

마음을 다해 들어주다

엄마 S의 두 번째 편지를 받았다.

지난 일주일 동안 딸과 뜨거운 시간을 가졌습니다. 딸에게 "선생님이 차별한다고 엄마한테 얘기해 줬을 때 귀담아듣지 않아서 미안하고 너의 마음을 무시하고 오히려 선생님 편에 서서 얘기해서 미안해. 앞으로는 너의 말에 집중해서 들으려고 노력할게"라고 진심을 담아 이야기하고 다음날도 또 이야기했습니다.

딸은 마음의 자물쇠도 열고 빗장도 열었습니다. 부당하고, 강압적인 선생님의 지시를 제게 고발했고 자신의 억울함을 수없이 반복해서 얘기했습니다. 길을 걸으며 이야기하다가도 아이 목소리가 높아지고 갈라질 땐 가던 길을 멈춰 서서 엄마의 화나고 속상한 마음을 표현해 줬습니다. 함께 발걸음을 멈추고 서서 아이를 기다렸습니다. 서서 계속 말하도록 놔뒀습니다. 두 눈을 바라보며 아이의 이야기가 끝날 때까지 기다렸습니다. 그렇게 매일매일 한두 시간씩 이야기를 쏟아냈습니다. '이 작은 아이가 이렇게 많은 이야기와 이렇게 많은 상처를 지니고 있었구나. 힘든 시간을 보냈구나.' 아이의 얘기를 들으며 저는 머리를 맞은 듯 무겁고 목이 메였습니다.

일주일 동안 아이의 이야기를 마음을 다해 들어주면서 진짜 엄마가 된 것 같았습니다. 가슴속에서 뜨거운 온천수가 솟구쳐 몸속까지 데워주는 것 같은 소중한 시간이었습니다.

딸은 선생님에게 혼날까 봐 무섭다며 말하지 말라고 했습니다. 하지만 그냥 있기에는 제가 너무 많은 걸 알아버렸습니다. 화가 너무 치밀어서 그냥 있을 수가 없었습니다. 엄마가 선생님을 만나서 차근차근 잘 얘기할 테니 걱정 말라고 여러 차례 안심을 시키고 학교로 찾아갔습니다. 아이 말과 제 마음을 다 이야기했습니다. 이야기 도중에 선생님의 눈에 눈물이 글썽거려서 저도 순간 목이 메여 목소리가 떨리기도 했습니다. 앞으론 그러지 말아달라고 간곡히 부탁을 하고 돌아왔습니다.

2년 반 동안 아이의 가슴은 시퍼렇게 멍들었을 텐데 엄마인 나는 '선생님이 잘 돌봐주시겠지'라는 안일한 마음으로 눈뜬장님처럼 지낸 것이 미안하고 또 미안합니다. 우리 딸이 선생님께 밉보일까 봐 내가 선생님에게 이상한 엄마로 보일까 봐 두려워서 내 마음을 제대로 표현하지 못했던 것 같습니다. 저의 그 무지몽매함이 너무 속상합니다.

딸의 선생님께 아이의 마음이나 나의 부정적인 마음을 표현하기가 왜 이렇게 두려웠던 걸까요. 이번 일을 계기로 내 느낌, 내 마음을 용기를 갖고 적극 표현해 보도록 노력하려고 합니다. 딸아이와 평생 잊지 못할 귀한 시간을 갖게 해주셔서 고맙다는 말을 꼭 전하고 싶었습니다.

딸에게 사과해도 된다고 믿었고 딸이 옳다는 사실을 믿었던 그녀에게 박수를 보낸다. 딸도 옳고 엄마도 옳다. 사람의 마음은 항상 옳다.

아무리 자녀라도
충조평판하지 않기

"죽어버리고 싶어."

딸이 어느 날부턴가 이런 말을 저한테 쏟아부었습니다. 충격이었습니다. '얘가 이런 정도였나?' 허탈감과 자괴감에 괴로웠습니다. 술 먹고 늦게 다니는 것을 걱정하는 내게 딸은 "엄마는 아직도 나를 구속하려 하고 나를 엄마 뜻대로만 하려고 한다"고 난리도 아닙니다. 너를 걱정해서 그런 거라고 말을 하기도 했지만 딸아이의 버릇을 고쳐놔야겠다는 생각이 더 많은 게 사실입니다.

딸이 어릴 때부터 저는 아이와 이야기를 하면서 '왜 이 아이가 이런 말을 할까?' 생각해 보지 못했습니다. 내 생각과 판단으로 결론을 내려놓고 가르치려고만 했습니다. 그게 부모의 당연한 도리라고 생각했습니다. 언젠가 딸아이와 다시 얘기를 해보려고 시도를 했는데 딸은 "난 아직도 자꾸 엄마 눈치를 봐" 하면서 펑펑 울었습니다.

우울증과 대인기피증이 심한 것 같다며 대학원도 휴학하고 집에만 있었습니다. 쇼핑도 별로 하지 않으면서 인터넷 쇼핑 사이트를 뒤지며 밤을 새우고 낮에는 잠만 잡니다. 밤에 잠깐 나가는 날이면 하루도 빠짐없이 술을 마시고 새벽에 들어오고 외박하는 날도 많습니다.

그때마다 저와 충돌했습니다. 그때마다 딸은 이렇게 말합니다.

"내 인생 27년 동안 내 모든 스트레스의 원인은 엄마야."(모든 게 완벽하길 바라는 제가 스트레스의 주범인 게 맞습니다.)

"나를 사랑해서였다고 말하지 마. 그건 엄마가 원하는 거지, 내가 원했던 사랑이 아냐."(딸이 잘되길 바라는 마음으로 모든 것에 간섭하고 잔소리했던 저는 그걸 사랑이라고 착각했습니다.)

딸아이는 "27년 살면서 나는 지금이 제일 행복해. 이걸 막으면 엄마는 내가 불행해지길 바라는 거야"라고 소리치듯 말합니다. 술 먹고 늦게 다니는 걸 엄마로부터 해방된 행복한 시간이라고 우기고 있는 것 같습니다. 자기도 이제 성인이라고 그걸 알아달라는 몸부림으로 보이기도 합니다.

"엄만 내가 행복한 꼴을 못 보지? 난 지금까지 모든 걸 엄마가 허락해야만 할 수 있었어. 내가 지난 5년 동안 얼마나 힘들었는지 엄마는 알아? 새벽마다 죽고 싶어서 매일 울었어."

그 말을 듣고 감전된 듯 충격을 받았습니다. 저에게 받은 상처로 힘들어하는 딸의 마음을 엄마로서 어떻게 해야 할까요? 개별적 존재로 인정하고 존중해 주는 거, 그걸 제가 잘 못하는 것 같습니다.

엄마를 가해자로 몰아붙이는 딸의 속마음에 엄마가 어떻게 접근해서 도움을 줄 수 있을까. 아이의 어느 부분에 공감해 줘야 할까. 아이의 어느 부분이 존재의 문고리인 아이의 느낌일까. 문고리를 찾아 공감하면 문고리가 돌아가고 문이 열린다고 했다.

외형상 딸의 행동이 무척 격하고 난감해서 풀기 어려운 갈등처럼 보이지만 딸은 문제를 내면서 정답을 동시에 알려주는 선생님처럼 친절하게 반복적으로 자기 존재를 그대로 내보이고 있다. 여기가 문이고 이곳이 문고리라고. 벽을 더듬지 말고 제발 이곳을 봐달라고 엄마에게 외치고 있다.

자식들은 부모에게 자기 마음을 하나도 숨기지 않고 드러내는 경우가 대부분이다. 부모가 눈감고 코끼리 만지듯 헤매고 있을 뿐이다. 그녀의 딸도 마찬가지다. 존재의 핵심이 느낌이라고 했다. 거기가 문고리다. 느낌에 공감을 퍼부으면 그 힘으로 문고리가 돌아가고 속마음으로 들어갈 수 있다. 치유가 시작된다.

전혀 동의하기 어려운 마음일지라도

지금 딸이 제일 절박하게 말하고 있는 존재 자체의 느낌은 "5년간 매일 밤 죽고 싶었던 마음"과 "살면서 지금이 가장 행복"하다는 엄마로선 전혀 동의하기 어려운 마음이다. 엄마의 생각과는 달라도 딸의 마음은 옳다. 누군가의 마음은 타인이 옳다 그르다 판단할 영역이 아니다. 마음과 느낌은 충조평판의 대상이 아니라 절대적으로 존중받아야 할 존재의 고갱이다.

나라면 딸에게 "매일 새벽마다 죽고 싶었구나. 그럴 만큼 힘들었구나. 그 순간이 얼마나 끔찍했을까. 새벽마다 그런 마음이었는데 엄마는 그것도 모르고 잠만 잤구나. 정말 미안하다"고 말했을 것이다. 제일 먼저 딸의 죽고 싶었던 마음에 주목하고 인정하고 받아들이겠다. 죽고 싶을 만큼 순간순간이 지옥이었는데 그 고통을 엄마마저 모르고 있다는 생각이 들었을 때 딸은 얼마나 막막하고 절망스러웠을까. "그렇게 고통스러웠는데 버티고 살아줘서 고맙다. 엄마가 아무 도움도 못 줬는데 이렇게 버텨줘서 고맙다. 미안하다"는 말도 하고 싶을 것 같다.

딸이 분명히 말하는 자기 느낌이 또 하나 있다. 불면과 술로 지새우고 있는 지금이 제일 행복하다는 것이다. 나라면 "엄마는 도움도 못 줬는데 네가 그걸로나마 행복하다니까 그래도 다행이다. 알고 보니 술이 널 도왔구나. 술 마시지 말라고 매번 잔소리했던 거 미안해. 네가 행복한 게 엄마도 좋아. 엄마가 돈 더 줄게. 술 마시고 싶으면 편안하게 마셔. 엄마가 돈 더 줄 테니 안주도 제대로 챙겨서 마셔. 엄마가 모르고 그랬어. 너한테 그래도 행복한 구석이 조금이라도 남아있어서 엄마는 그게 고마워. 다행이야. 그동안 잘 모르면서 엉뚱한 소리해서 미안하다"고 말했을 것이다.

어떻게 그렇게까지, 너무 지나친 것 아니냐, 돈을 더 줘가면서 술을 마시라고 할 것까지 있을까 싶어 멈칫하는 마음일 수 있다. 지나

친 게 아니다. 허벅지에 큰 상처를 입어 출혈이 심하면 지혈을 하기 위해 허벅지 윗부분을 끈으로 꽉 동여매야 한다. 그런 순간엔 아무도 너무 조이면 아프니까 살살 하는 게 낫다고 생각하지 않는다. 과다 출혈로 인한 응급 상황에서의 압박은 평시의 스킨십과는 달라야 한다.

마찬가지로 지금 딸의 상황도 지혈을 위해 공감을 퍼부어야 하는 비상 상황이다. 지나친 게 아니라 〈사랑밖에 난 몰라〉라는 노래 가사처럼 엄마는 너의 마음 외엔 아무것도 중요하지 않다는 적극적인 메시지다. 엄마는 네가 어떤 행동을 하든 엄마 맘대로 판단하고 규정하지 않고 너를 전적으로 존중할 것이라는 엄마의 존재 자체에서 나오는 다짐이다.

계몽과 훈계의 본질

나와 함께 의논한 후 그녀는 딸에게 사과를 했다고 했다. '그렇게까지'라고 할 만큼 자기 마음도 얘기했다. 그날 딸은 "이해하는 척하지마. 이제와서 공감하는 척하지마!"라고 소리쳤단다. 그런데 2주쯤 지나면서 밤에 컴퓨터 앞에 앉아 있는 날이 점차 줄기 시작했고 잠을 자기 시작했다. 몇 년 만에 처음 있는 일이라고 했다. 낮밤이 서서히 정상으로 돌아왔다. 술 마시고 늦게 들어오는 날도 점차 줄었다.

두 달쯤 지난 어느 날 딸은 속이 많이 아프다며 엄마에게 함께 병원에 가자고 했다. 하늘이 준 기회를 얻은 양 엄마는 딸의 손을 잡고 병원에 갔다. 그렇게 딸의 문고리를 더듬어 찾아 돌렸던 그녀는 딸과 새로 만나기 시작했다.

공감이란 나와 너 사이에 일어나는 교류지만, 계몽은 너는 없고 나만 있는 상태에서 나오는 일방적인 언어다. 나는 모든 걸 알고 있고 너는 아무것도 모른다는 것을 전제로 하는 말들이다. 그래서 계몽과 훈계의 본질은 폭력이다. 마음의 영역에선 그렇다.

"술 마시러 갈 때 뭐가 그렇게 행복했니?"

나는 도무지 이해할 수 없지만 딸의 마음은 내 마음과는 별개다. 그러니, 그럴수록 딸에게 물어봐야 한다. 묻기도 전에, 알기도 전에 딸에게 내 생각만 쏟아 놓는 것이 사랑이나 교육일 수 없다. 그것은 그냥 심리적 폭력일 뿐이다.

술을 마시고 몸을 망치면서도 행복하다는 딸의 마음을 알 수 없지만 그것 역시 엄마의 생각일 뿐이다. 딸에게는 딸의 마음이 있고 딸의 이유가 있다. 그것은 딸의 경험, 거창하게 말하자면 딸 개인의 역사에서 비롯한 것들이다. 엄마의 마음, 엄마의 역사와는 다른 개별적인 것이다. 그녀는 딸에게 그렇게 끝까지 공감을 하면서 마침내 딸로부터 "사실은 술을 마시면서 비참한 적이 더 많았어"라는 말을 들을 수 있었다.

존재에 집중해서 묻고 듣고, 더 많이 묻고 더 많이 듣다 보면 사람도 상황도 스스로 전모를 드러낸다. 그랬구나. 그런데 그건 어떤 마음에서 그런 건데. 네 마음은 어땠는데? 핑퐁게임 하듯 주고받는 동안 둘의 마음이 서서히 주파수가 맞아간다. 소리가 정확하게 들리기 시작한다. 공감 혹은 공명이다.

누군가의 속마음을 들을 땐 충조평판을 하지 말아야 한다. 충조평판의 다른 말은 '바른말'이다. 바른말은 의외로 폭력적이다. 나는 욕설에 찔려 넘어진 사람보다 바른말에 찔려 쓰러진 사람을 과장해서 한 만 배쯤은 더 많이 봤다. 사실이다.

6

거짓 공감도
공감인가

　　친한 후배가 걱정스럽게 의논했다. 아이가 여섯 살인데 어린이집을 옮기고 반년쯤 지났을 때부터 아침마다 어린이집에 가기 싫다고 억지를 부려서 한바탕 전쟁을 치른단다. 친구들이 같이 놀아주지 않는다며 우는 날도 많다고 했다. 엄마가 아이 이야기를 들어보니 실제로 친구들과 잘 지내지 못하는 것 같았다. 일곱 살 언니 한 명을 중심으로 여섯 살 여자아이들 다섯 명이 5총사라는 이름으로 뭉쳐서 놀았는데 거기에 아이가 끼지 못해서 힘들어한다는 것이다.

　　담임 선생님을 만나 상의를 했지만 요약하면, 후배 아이가 문제가 많다는 얘기였다. 놀이의 주인공이 되지 못하면 울어버리곤 해서 친구들이 싫어한다며 집에서 아이를 잘 지도하라고 조언해 줬다. 함께 아이를 돌봐주고 있는 외할머니, 외할아버지와 후배 부부는 매일매일 아이에게 타일렀다. "울지 말고 친구들에게 잘해. 그래야 친구들이 좋아해"라고. 아침마다 가기 싫다는 아이를 어르고 달래거나 가끔은 혼을 내서 어린이집에 보내야 했다.

그러다 언제부터인가 아이가 화장실에 자주 가는 걸 알게 됐다. 자주 가는 정도가 심했다. 어느 날 세어보니 하루에 서른 번 넘게 화장실에 가고 있었다. 병원에 가서 여러 검사를 했더니 몸에는 아무 이상이 없다면서 의사는 아이가 스트레스 받는 일이 많으냐고 물었다. 그 뒤로 다시 어린이집에 찾아가 현재 아이의 상태를 이야기하고 상의했지만 선생님들은 아이들과 잘 어울려 지내게 하려고 노력하고 있다는 대답만 반복했다. 아이의 상태는 나아지지 않았고 화장실 가는 횟수가 서른 번에서 마흔 번이 되고 가끔은 오십 번 가까이 되기도 했다.

후배의 말을 듣자마자 나는 우선 아이를 어린이집에 보내지 말라고 했다. 여러 가지 복잡한 현실적 상황을 몰라서 한 얘기가 아니다. 화장실에 그렇게 많이 갈 만큼 아이가 엄청난 스트레스를 받고 있는데 그 상황으로 아이를 계속 밀어넣는 것은 문제 해결에 도움이 안 된다.

집에서(어린이집이 아닌 편안한 환경에서) 일단 쉬게 하면서 엄마가 아이와 밀착되어 지내보라고 했다. 아이에게 어떤 일이 있었는지 자세히 물어보면서 얘기를 해보면 좋겠다고 했다. 그렇게 아이의 상황을 자세히 파악하는 것이 무엇보다 필요하다.

아이에게 "이제 어린이집에 다니지 않을 거야. 어린이집 다니면서 마음이 많이 아파서 좀 쉬어야 해. 이제 집에서 놀아도 돼"라고 말해줬더니 아이가 무척 좋아했다고 했다. 화장실 가는 횟수는 여전하지만 그에 대해 조금씩 이야기를 나눌 수 있게 되었다고 했다.

"엄마, 친구들이 나를 끼워주지 않으려고 막 뛰어서 도망갔어. 일곱 살 다빈 언니는 나한테만 파란색 종이를 주고 다른 5총사 친구들에게는 예쁜 분홍색을 주었어. 같이 놀고 싶어서 친구들한테 가면 '너는 여기 들어올 수 없어'라고 하면서 도망가서 문을 닫았어. 나는 한참 문 앞에서 울었어. 나는 맨날 혼자 놀았어."

아이 입에서 어린이집에서 있었던 여러 괴로웠던 상황들이 줄줄이 나왔다. 왜 엄마한테 얘기하지 않았냐고 했더니 "내가 안 간다고 해도 엄마는 매일 가라고 했잖아. 엄마가 화를 낼 것 같아서 말을 할 수 없었어"라고 했다. 어린이집 선생님에게 왜 얘기하지 않았느냐고 했더니 "선생님이 내 말을 믿어줄 것 같지 않았어"라며 하염없이 울었다. 그러면서 이야기 끝에는 항상 그 친구들을 엄마가 혼내줄 수 있는지, 그 모습을 자기가 몰래 보고 있으면 안 되는지를 울면서 묻는다고 했다. 덧붙여 그런 요구의 이유에 대해서도 아이는 말해줬다.

"나는 나만 생각하는 게 아니라 남아 있는 다른 친구들도 생각하는 거야. 나는 지금 거길 안 다니지만 그 친구들이 진짜 걱정된단 말이야."

같이 화내며 맞장구쳐주기

나는 후배에게 아이 말에 눈을 잘 맞추고 들으면서 아이의 마음에 온 체중을 실어 공감해 주라고 했다. 그후부터 후배는 아이가 어린이집 이야기를 하기 시작하면 고개를 크게 끄덕이며 들어주고 맞장구를 쳐주었다. 자기를 따돌렸던 5총사에 대해 울분을 토하면 엄마도 같이 화를 내고 흥분했다. 공감하는 엄마의 마음이 전달되도록 크고 확실하게 말해줬다(다른 사람이 보면 엄마가 지나치다고 생각할 정도로).

"엄마가 나쁜 그 5총사 얘기를 듣고 너무 화가 나서 밤새 잠을 못 잤어. 어떻게 그런 애들이 있지? 우리 딸, 너무 속상하고 힘들었지? 엄마가 혼내줘야겠다. 어떻게 혼내줄까?" 그랬더니 아이는 "정말 혼내줄 거야? 엉덩이를 때려줘. 볼도 꼬집어주고. 큰 소리로 말해서 겁이 나게 해줘" 등 여러 제안을 했다.

그렇게 이야기를 듣다가 어느 날 고심 끝에 "엄마가 어린이집에 가서 5총사를 불러다가 크게 혼을 내주었다"고 아이에게 말했다. 물론 사실이 아니었지만 아이에게 눈을 맞추고 아이가 받은 상처를 들을수록 후배도 견디기 힘들 정도로 화가 난 것은 사실이었다. 진짜처럼 말하느라 힘들었지만 최대한 정말인 것처럼 아이에게 말해줬다.

"어린이집에 가서 5총사를 불러다 세워놓고 ○○이는 꿀밤을 세 대 때리고 ○○이는 볼을 눈물 나게 꼬집었어. ○○이는 제일 나빠서 꿀밤을 다섯 대 때렸고……."

줄줄이 아이들 이름을 대며 각각 어떻게 혼을 내주었는지 어떻게 꿀밤을 때렸는지 얘기했다.

"친구한테 못되게 한 너희들은 벌을 받아야 해. 선생님하고 의논했어. 너희들은 앞으로 한 달 동안 간식을 못 먹게 돼!"

아이는 자기를 따돌렸던 5총사가 엄마에게 혼이 난 이야기를 빨려들듯 듣더니 질문을 쏟아냈다. 누구는 그때 어떤 표정이었느냐, 누구는 엄마 말을 듣고 울었냐, 어떻게 울었냐, 뭐라고 말하더냐, 그럼 간식은 하루에 한 번만 못 먹냐, 두 번 다 못 먹냐 등. 그 뒤에 엄마가 5총사 혼낸 이야기를 계속 들려달라고 해서 세 번이나 똑같이, 처음 했던 이야기와 하나도 다르지 않게 이야기를 해주느라 힘들었단다. 엄마 이야기를 세 번째 듣고 나더니 아이가 눈물이 그렁그렁해서는 이렇게 말했단다.

"엄마, 고마워. 난 이제 자유야."

(여섯 살 아이가 한 말치곤 놀라워서 진짜냐고 여러 번 물었다. 말 그대로다. 진짜다.)

그후 화장실 가는 횟수가 차차 줄더니 정상으로 돌아왔다. 그래도 가끔은 부아가 치미는지 아이는 그후에도 억울했던 상황을 여러 번 이야기했다. 그때마다 온 식구가 같이 화를 내며 맞장구를 쳐주었다. 엄마에 이어 아빠도 어린이집에 쫓아가서 5총사를 혼내주었다. 물론 가짜로. 아빠도 화를 참을 수 없어 한 명 한 명 호되게 혼을 내주었다는 이야기를 해주었다.

차차 5총사 때문에 화가 났던 이야기가 줄었다. 한동안 그 이야기 없이 즐겁게 생활했다. 그러다 4개월이 지나 새 어린이집에 가게 되었을 때 아이는 "엄마, 5총사가 얼마나 나쁜 아이들인지 포스터를 만들어서 새 어린이집이랑 그 동네에 붙였으면 좋겠어"라면서 다시 이야기를 꺼냈다. 그때도 "맞아 맞아!"라고 맞장구쳐주었다. 그랬더니 아이는 금방 까먹었고 지금은 새 어린이집에 잘 다니고 있다.

여섯 살 아이의 고통에 온 체중을 실어 공감한 엄마 덕분에 아이는 자유를 얻었다. 아이가 말한 자유는 어떤 느낌일까. 고통받는 사람을 만났을 때 우리는 내 체중을 실어 공감하는 것에는 별로 관심을 가지지 않고 멀리 떨어져서 깃털만큼의 무게도 얹지 않은 채 손쉽게 손가락으로 지시만 하고 있을 때가 많다. 그렇게 하면 친구들이 좋아하지 않는다, 네가 친구한테 먼저 잘해라 등으로.

고통을 손가락 지시로 덜어낼 수는 없다. 체중을 실어야 한다. 그래서 누군가의 고통에 공감하는 일은 '심리적 참전'이라 할 만큼 에너지 소모가 필요하다. 당연하다. 세상에서 가장 무거운 짐을 덜어내는 일이므로.

그래도 거짓말해도 괜찮을까

후배가 아이의 고통에 공감하지 않으면서 거짓으로 아이 앞에서 공감쇼를 벌인 것은 아니었다. 실제로 아이를 괴롭힌 친구들이 괘씸했고 아이의 화를 풀어주고 싶었지만 진짜 때려줄 수는 없으니 말로 아이에게 가상의 응징 현장을 전한 거였다.

아무리 그렇다 해도 진실이 아닌데 괜찮은가. 내 아이를 보호한다는 명분으로 엄마가 아이에게 한 거짓말은 교육적으로 괜찮은가. 나중에 아이가 다시 그 5총사 친구들을 만났을 때 그것이 진실이 아니라는 사실을 알게 되면 부모에게 배신감이 들지 않을까. 혹은 아이가 나중에 다른 친구들과도 비슷한 문제가 생겼을 때 "엄마, 친구들 또 혼내줘!" 하며 같은 요구를 하면 그때는 어떡하나. 부모의 폭력적 방법으로 문제 해결을 경험한 아이가 나중에 자기도 폭력적인 방법으로 문제 해결을 하려고 하면 어쩌나. 오만가지 생각으로 마음이 복잡할 수 있다.

아이의 고통에 공감하기 위해 그랬다지만 어쨌든 부모가 아이에게 거짓말을 한 것인데, 그게 정당화될 수 있을까에 대한 찜찜함과 부담감도 클 수 있다.

우선 첫 번째로, 과연 아이가 나중에 엄마에게 "왜 때리지도 않았으면서 나를 속였어. 엄마는 거짓말쟁이"라는 말을 하게 될까. 공갈 젖꼭지의 존재를 알고 난 후에 엄마에게 배신감을 느끼지 않듯 자신을 고통에서 해방시켜준 엄마의 행동에 대해 고마운 마음이 생길 가능성이 더 높을 것이다. 거의 백 퍼센트다.

그럼에도 거짓말에 대한 부담으로 마음이 개운치 않을 수 있는 부모들을 위해 그 대목만 떼어내서 집중적으로 생각해 보자. 일상적이고 사소한 거짓말. 여섯 살 딸과 엄마 사이의 이런 풍경은 또래의 자녀를 둔 거의 모든 부모와 자녀 사이에서 흔하게 벌어지는 일이다. 확장해서 말하면 여섯 살 자녀를 두었든 서른 살 자녀를 두었든 별로 다르지 않다. 부모자식 관계만이 아니라 사랑하는 모든 사람과의 관계에서 흔히 벌어지는 일상적 사건이다.

응급 상황에는 응급 대처를 해야 한다

공감에 관한 이야기를 나누는 자리에서 아이 엄마의 동의를 얻어 여섯 살 아이의 이야기를 꺼냈다. 사춘기 아이를 키우는 B가 울먹이며 말했다.

나는 아이가 여섯 살 일 때도, 열일곱 살일 때도 애가 힘든 얘기를 하면 옳고 그름을 먼저 가리고 그 다음에 다른 사람 입장을 말해주고 난 후 아이에게 "왜 그런 일이 있었니?"라고 물었다. 지금 생각해 보면 타이밍이 다 지난 다음에 아이 마음을 물었던 거다. 아이는 참다 참다 어렵게 엄마한테 말을 꺼낸 건데도 그랬다.

내가 엄마라서 나에게 SOS를 보낸 건데. 다정한 엄마면 족한 건데 나는 결과만 가지고 '그러면 안 되고 바르게 커야 한다'는 생각에 다른 사람부터 챙겼다. 뒤늦은 깨달음이지만 나는 훈육이 교육이라고 알고 살았다. 다른 사람들한테 욕 안 먹고, 잘 키우려는 마음이 늘 먼저였다. 타이밍이 있는 건데. 그 타이밍을 놓치면 죽을 수도 있었는데. 지금 생각해 보면 아이가 살아준 게 되게 고맙다. 다음 일은 다음에 처리하면 된다고 생각한다.

'타이밍'이란 말이 사람들 마음에 꽂혔다. 우리 마음에는 응급처럼 보이지 않는 응급이 곳곳에 숨어 있다. 그래서 우리의 일상적인 공감은 나도 모르게 누군가의 목숨을 구하는 심리적인 CPR이 된다.

CPR의 핵심은 타이밍이다. 그 즉시 시행하지 않으면 목숨을 놓친다. 목숨을 잃지 않더라도 치명상을 입는다. 나중에 치료를 하더라도 투입되는 시간과 노력이 엄청나다. 이런 치명상을 몇 번 거듭해서 입다 보면 살아낼 힘이 사라질 수밖에 없다.

하루에 화장실을 40~50번 가야 하는 여섯 살 아이의 몸 상태는 어른도 감당하기 어렵다. 아이의 몸은 전시(戰時) 상황이다. 아이가 엄마에게 하는 말은 119 신고처럼 다급한 요청이다. 비상 요청에는 반응과 대처도 그에 준해야 한다. 비상 상황에서는 비상한 대처가 정상적이다. 비상 출동하는 119 구급차를 속도위반으로 딱지 끊지 않는 것과 같다.

B의 말을 듣고 있던 미혼의 젊은 여성 C가 입을 열었다. 나름 궁지에 몰려 너무 힘들었던 스물두 살의 어느 날 엄마에게 전화를 했던 얘기였다. 다짜고짜 엄마에게 물었단다.

"엄마, 내가 만약 사람을 죽였으면 엄마는 어떻게 할 거야?"

C의 엄마는 간단명료하게 답했다.

"사람을 죽였으면 감옥 가야지."

그 말의 느낌이 어땠는지를 C가 고백했다.

"그 말이 그렇게 슬프진 않았어요. 그때는 그냥 '뭐야?' 하면서 짜증스럽게 전화를 끊었는데 그후로 엄마에게 기대를 접고 살았다는 걸 나중에 알게 됐어요. '사람을 죽이면 감옥에 간다'는 걸 제가 몰라서 물은 게 아니잖아요. 그때 저한테 필요한 건 그냥 위로였어요. 그게 거짓이든 사실이든 아무 상관이 없었어요. 그 위로가 온전히 나를 위한 거라면 저는 그것으로 충분했을 거예요. 여섯 살 아이도 그랬을 것 같아요."

C는 그렇게 말하며 여섯 살 아이가 자신인 양 눈물을 주르륵 흘렸다.

그럼 감옥 가야지라고 했던 엄마의 대답은 질문한 사람의 말의 맥락과 의미를 전혀 못 알아듣는 초등학교 1학년생 수준의 대답이다. 어쩜 초등학교 1학년은 이런 마음의 언어를 더 잘 알아듣는다. 엄마에겐 뜬금없어 보였을 딸의 그 전화는 이미 일상적 이야기가 아니었다.

"엄마, 내가 사람을 죽이면 엄마는 어떡할 거야?"라는 질문은 딸이 보낸 SOS다. 그 엄마는 C가 아기였을 적에는 배고파서 우는 울음인지 기저귀가 젖어서 우는 울음인지를 귀신같이 구분했던 엄마다. 콩떡같이 말해도 찰떡처럼 알아듣던 엄마다. 그 엄마가 치매에 걸린 것도 아닌데 어떻게 말귀를 이렇게나 못 알아들을 수 있을까.

C는 몇 년 뒤 엄마와의 그 대화가 자신에게 큰 상처였다는 걸 깨닫고 엄마한테 그때 왜 그랬느냐고 다시 물어봤다.

"그러게. 내가 왜 그랬나 몰라. 근데 그렇게 말해야 될 것 같았어. 그래야 네가 잘못된 길로 가지 않고 바로 잡힐 것 같았어."

현명했던 엄마를 어리석은 엄마로 만든 것은 옳고 그름, 진실해야 한다는 강박 때문이었을지도 모르겠다.

C의 부모뿐이랴. 대다수 부모들의 마음이나 반응도 한국부모협회에서 지침을 받은 듯 비슷하다. "아이에게 상처를 주려고 그랬겠느냐. 아이를 바로잡아 주고 싶고 제대로 가르쳐야 할 의무가 부모에게

있으니 그랬지."

아니다. 잘 모르고 깊이 생각 안 해서 그런 거다. 그런 게 계몽자의 게으른 자세다. 교육의 거죽을 쓰고 있지만 폭력이다. 아직도 많은 부모들은 아이들에게 가장 중요하게 가르쳐야 할 것 중 으뜸이 거짓말을 하면 안 된다는 것이라고 굳게 믿는다. 이런 관성적인 도덕 강박은 사람 마음에 대한 깊고 입체적인 이해를 방해한다.

여섯 살 아이가 엄마에게 친구들을 또 때려달라고 하면 어떡하냐는 고민이 사라지지 않는다면 이렇게 한번 생각해 보자. 퇴근해서 돌아온 남편 표정이 안 좋아서 "회사에서 무슨 일 있었어? 왜 그래?"라고 물었더니 남편이 화나고 풀죽은 목소리로 대꾸했다.

"오늘 부장한테 욕을 실컷 먹었는데 오후엔 다시 사장실에 불려가서 또. 에이 참."

그럴 때 아내가 "당신처럼 성실한 사람한테 어따 대고 욕이야! 내가 가서 다 박살을 낼 거야. 다 나오라고 그래!"라고 한다면 남편의 마음이 어떨까. 아내가 진짜 회사에 쫓아가지 않을 거란 걸 알면서도 순간 자기 편을 들어주는 아내의 존재 때문에 마음 한쪽에서 해빙이 시작된다. 신기하게도 그렇다.

이런 때 회사에 쫓아갈 마음도 없으면서 큰소리 뻥뻥치며 거짓말 하면 안 되니까 "부장한테 좀 잘하지 왜 또 그랬어. 신경 좀 쓰라고 했잖아!"라고 바른말을 해주면 가정에 평화가 찾아오나. 세상에 정의가 흘러넘치나. 어느 쪽도 아니다.

성인들만 그런 게 아니다. 아이의 마음도 똑같다. 그러니 내가 친구를 한 번 혼내줬다고 다시 또 해달라면 어쩌나 걱정할 거 없다. 그런 염려를 나만 하고 있는 게 아니다. 아이도 똑같이 한다. 나만 생각이 있는 존재가 아니라 아이도 생각이 있다. 아이는 어른들보다 친구 관계가 더 중요하고 결정적이어서 친구 관계를 어른보다 더 예민하게 생각한다.

여섯 살이라고 생각이 없지 않다. 문제가 생길 때마다 엄마가 친구들을 혼내주다가 내 친구가 아예 싹 다 없어지면 어떡하지? 내 친구들이 우리 엄마를 무서워하고 나도 싫어하면 어떡하지? 하는 걱정을 어른보다 아이가 더 많이 한다. 그래서 엄마가 친구들을 또 혼낼까 봐 힘들어도 얘기를 못 꺼낼 수도 있는 게 당사자인 아이다.

나만 여러 생각과 걱정을 한다고 여긴다면 아이를 한 개별적 존재로 바라보지 않아서다. 나도 생각하고 아이도 생각한다. 아이도 나와 같은 한 개별적 존재다. 남편에게 하는 하얀 거짓말은 그닥 염려를 하지 않으면서 아이에겐 강박적으로 거짓말을 절제하는 건 아이를 가르침의 대상으로만 여겨서다. 아이는 내가 가르치지 않으면 모른다고 믿고 있어서다.

충분한 공감만이 아이를 성장시킨다

사람들의 집단 무의식 중 하나가 거짓말에 대한 두려움이다. 거짓말을 허용해야 한다는 뜻이 아니다. 거짓말에 대한 강박에 묶여서 사람 마음을 제대로 보기 어렵다는 말이다. 예를 들어 어릴 때 학교에서 짝꿍을 보호하려는 마음에 선생님이 "걔 어디 갔어?"라고 물었을 때 "잠깐 화장실 갔어요"라고 했다가 그게 아닌 것으로 드러나 선생님이 "나는 거짓말하는 건 절대 용서 못한다"며 친구를 도와주려던 아이의 손바닥을 오십 대 때렸다는 식의 얘기를 정말 많이 듣지 않았는가. '잠깐 화장실 갔어요' 하는 말은 거짓말인가, 친구를 보호하려는 마음인가.

학교에서만 그런 게 아니다. 부모들은 또 부모들대로 집에서 그런 식이다. 정의나 도덕 등에 대한 강박이 공감의 방해물이 되어 사람 마음을 치명적으로 다치게 하는 경우가 너무 많다.

헌정 사상 가장 파렴치하고 부도덕한 동시에 집요할 정도로 돈에 집착했다고 평가받는 한 전직 대통령의 어머니는 평생을 자식에게 정직해야 한다고 가르쳤다. 그 어머니는 실제로 그렇게 사셨다 들었다. 하지만 그 아들인 전직 대통령은 새빨간 거짓말로 온 나라를 속이고 엄청난 뇌물을 수뢰한 혐의로 감옥에 갇혔다. 계몽은 계몽이고 사람은 사람, 서로 별개였다. 사람을 움직이는 것은 계몽이 아니다.

엄마로부터 충분한 공감을 받고 자유를 얻은 아이는 상처 이전과는 '또다른 아이'로 성장한다. 그래서 비슷한 상황을 다시 접해도 아이는 지금의 이 아이가 아닌 '또다른 아이'로서 그 상황을 마주하게 된다. 비슷한 상황을 만난다고 다시 원점으로 돌아가지 않는다.

날씨는 하루하루의 바람과 습도, 주변의 기압 등 주변 모든 상태와의 상호 작용을 거치며 계속 달라진다. 사람 마음도 그렇다. 한순간도 고정되지 않고 계속 움직이고 달라진다. 치유를 경험한 마음은 성장하는 방향으로 움직인다. 그렇게 아이는 '또다른 아이'가 된다.

사람 마음의 이런 이치를 알게 된다면 나중에 아이가 친구들을 또 혼내달라는 요구를 할까 봐 걱정할 필요도 없고 부모에게 배워서 폭력적으로 문제 해결을 하지는 않을까 조바심 낼 것도 없다. 상처가 치유되는 과정에서 여섯 살 아이는 "아무리 힘든 일이 있어도 그게 끝이 아니구나. 해결하고 벗어날 수 있는 거구나. 엄마는 언제나 내 편이구나" 하는 것을 몸으로 익힌다. 그 힘으로 삶을 단단하게 살아갈 수 있다. 사람이 배우고 알아야 하는 것은 이런 것들이다.

존재에 집중해서 묻고 듣고,

더 많이 묻고 더 많이 듣다 보면

사람도 상황도 스스로 전모를 드러낸다.

그랬구나. 그런데 그건 어떤 마음에서 그런 건데.

네 마음은 어땠는데

핑퐁게임 하듯 주고받는 동안

둘의 마음이 서서히 주파수가 맞아간다.

소리가 정확하게 들리기 시작한다.

공감 혹은 공명이다.

●

안전하다는 느낌만 있으면

상처받은 사람은 어떤 얘기보다도

그 얘기를 하고 싶어 한다.

자기 얘기를 잘 들어줄 것 같은 기미가

조금이라도 보이는 사람을 만나면

낯선 상황이나 낯선 사람이라도

어떤 식으로든 그 말을 꺼내는 경우가 많다.

이해받고 위로받고 싶어서다.

··· 지금까지 읽어오며
  마음이 어떤가요?

이 순간 떠오르는 단어나 문장이 있다면
세 가지 정도 적어보세요.

어떤 단어, 문장들이 떠오를 땐 이유가 있을 것입니다.
그 느낌이나 기억들 옆에서 한참 머물러보세요.

삶의 한복판에서 느끼고 경험한 것들

나는 정신과 의사가 아니다. 정신과 전문의 자격증을 딴 지 오래지만, 어느 한 분야의 전문가에 국한되지 않는다는 혹은 국한되지 않고 싶다는 의미에서 그렇다. 나는 치유의 현장에서 온전한 한 사람이다. 이 책도 한 분야의 전문가로서 쓴 글이 아니라 한 사람인 내가 온몸으로 체험하고 터득한 심리치유에 관한 내 이론과 경험을 옮긴 글이다. 내 안에서 터져 나오는 얘기를 구술하듯 옮겼다.

그 중심에는 내 반려이기도 한 그가 있다. 내가 체험한 모든 경험에는 언제나 그가 함께 있었다. 실제적으로도 상징적으로도 그렇다. 우리는 서로가 서로의 배후다. 내 경험이란 그와 함께 살아온 삶에서 비롯한 깨달음이다.

나는 슬픔의 천재, 행복의 천재다. 그가 내게 붙여준 별칭이다. 감정의 영역에서 나는 재벌이 맞다. 상처로 점령당한 사람을 만나면 한 시인의 표현처럼 "가장 먼저 울기 시작해서 가장 마지막까지 울고", 특별할 게 없어 보이는 일상에서도 소소한 즐거움들을 낱낱이 건져 올리며 행복해 한다. 내 삶의 비밀병기인 이런 감정적 재능은 그에게서 받은 폭포수 같은 집중과 공감에서 비롯한 것임을 나는 안다.

그와 내가 서로에게 업고 업히며 살아온 시간 속에서 우리 삶은 점점 수월해졌고 모든 것이 또렷해졌다. 그 모든 것들은 우리가 만나는 사람과 상황마다 스미고 번졌다. 그래서 평화로웠다.

큰일을 결정하기 전에 우리는 농반진반으로 프로스트의 시를 인용하며 둘의 역할을 정한다.

비가 바람에게 말했습니다.

'너는 밀어붙여 나는 퍼부을 테니'.

—로버트 프로스트, 「쓰러져 있다」 중

그는 자신의 책 『내 마음이 지옥일 때』 에필로그에 이 시를 인용했다. 그땐 내가 바람이었다. 내가 밀어붙이고 그가 퍼부었지만 이번엔 내가 비다. 많은 이들에게 오래전부터 반복해서 들었던 질문에 대한 답을 퍼붓듯 썼다.

그 질문은 "굳이 전문가를 찾아가지 않아도 스스로 치유할 수 있는 방법은 없나요?"다. 거기에 대한 답을 하는 일이 내 마지막 사회적 역할이지 않을까 생각했다. 그 답이 이 책이다. 어떤 종류의 관계든, 어떤 종류의 갈등이든 무차별하게 적용할 수 있는 치유에 관한 한 원형적 강렬함과 간결함을 지닌 공감의 전모를 밝히는 일. 그것이 숙제의 본질이었다.

공감의 실체를 알고 삶에 적용할 수 있으면, 많은 경우 전문가를 찾지 않고도 치유받고 치유해 주며 살 수 있다. 갈등이나 문제가 미연에 예방되므로 불필요한 에너지 소모가 역대급으로 줄어든다. 분명한 팩트다. 그런 바탕 위에서 공감을 해부학자처럼 낱낱이 펼쳐서 보여주고 싶었다.

책상머리나 병원 진료실에서 도출된 이론이 아니다. 숨이 멎고 살점이 떨어져나가는 것 같은 고통의 현장들, 끝없이 이어지는 크고 작은 일상의 상처들 속에서 사람의 속마음을 만나며 그 한복판에서 얻어낸 나의 결론, 나의 경험담, 사례연구집이다. 무술로 치면 품새가 돋보이는 화려한 무술이 아니라 위력이 핵심인 실전 무술이다. 이것으로 사람 목숨도 구하고 늪에 빠진 사람을 건져 올리기도 했다.

내 느낌이나 견해, 결론을 기존의 정신의학적 관점과 이론들에 맞추려 애쓰지 않았다. 그에 맞게 완화, 순화, 타협, 순치시키지도 않았다. 그깟 게 대수냐는 마음으로 썼다. 뇌 과학과 약물학으로 사람 마음의 거의 전부를 설명하고 해석하려드는 최신 정신의학계의 흐름을 알지만 크게 의식하지 않았다. 흐름에 맞춰 내 경험과 직관을 편집하려 들지 않았다. 오로지 내가 느끼고 경험한 것들을 내 시선, 내 태도에 입각해서 통합하고 정리했다.

이번엔 바람이었던 그는 평소보다 더 강하게 밀어붙였다. 사실 그는 적정심리학의 첫 시작을 만든 사람이나 다름없다. 정신의학이라는 틀 안에서 안온하게 머물던 나를 끝없이 시험에 들게 했고 흔들리게 만들었다. 치유와 관련한 그의 질문에 내가 정신의학적 결론을 말하면 그는 늘 "그게 다냐?"고 되물었다. 20여 년을 일관되게 그랬다. 매 순간 도전이 되었던 그의 질문에 대한 답을 찾는 과정이 적정심리학의 근간이 되었다.

나는 축구선수 지단을 좋아한다. 철벽 수비수들에 둘러싸여 공격의 실마리가 좀처럼 보이지 않는 순간에도 지단이 움직이면 순식간에 공간이 만들어지곤 했다. 그 속에서 결정적인 골이 나왔다. 그 순간들을 아직도 떨리게 기억한다. 자신이 창조해낸 공간에서 펼치는 지단의 축구는 아름다웠다.

공감이 그렇다. 옴짝달싹할 수 없을 것처럼 숨 막히는 고통과 상처 속에서도 공감이 몸에 배인 사람은 순식간에 공간을 만들어낼 수 있다. 없는 것 같던 공간이 순식간에 눈 앞에 펼쳐진다. 사람들 마음속에서 공감이 하는 일이다. 사람은 그렇게 해서 사지를 빠져나올 수 있다. 공감의 힘이다. 그렇게 놀랍고 아름다운 공감의 힘을 내가 가진 경험과 정성을 다해 펼쳐놓았다. 그의 말에 의하면, 이것이 지금 내가 가진 나의 모든 것이다.

2018년 9월
정혜신

당신이 옳다

초판 1쇄 2018년 10월 10일
초판 54쇄 2025년 1월 10일

지은이 | 정혜신
펴낸이 | 송영석

주간 | 이혜진
편집장 | 박신애 **기획편집** | 최예은 · 조아혜
디자인 | 박윤정 · 유보람
마케팅 | 김유종 · 한승민
관리 | 송우석 · 전지연 · 채경민

펴낸곳 | (株)해냄출판사
등록번호 | 제10-229호
등록일자 | 1988년 5월 11일(설립일자 | 1983년 6월 24일)

04042 서울시 마포구 잔다리로 30 해냄빌딩 5 · 6층
대표전화 | 326-1600 **팩스** | 326-1624
홈페이지 | www.hainaim.com

ISBN 978-89-6574-666-9